JN225118

東アジア通交圏と国際認識

田中健夫著

吉川弘文館

目　次

挿　図

第一　倭寇と東アジア通交圏

はじめに

十四世紀から十五世紀にかけて東アジアの諸国家・諸地域間の交流に大きな役割を果した倭寇の実態を究明して、その本質を推理し、この時期に形成された東アジア通交圏の特質を解明しようとするのが本稿の目的である。この問題は、従来の日本史・中国史・朝鮮史等の諸国史の一部またはその集合として把握しようとするのは困難であり、また適当でもない。陸地中心の歴史観から離れて、陸地を包摂した海を中心にした視座の導入が必要である。すなわち、国家や民族という既成の枠組みから解放された歴史観が要求されるのである。

一　ヴェールの彼方の倭寇像

まず、これから述べる倭寇とは一体なにをさすかを説明しておこう。恣意的な解釈のはいる余地が少なく、また、最も抵抗の少ない考え方として、「倭寇とは諸文献に倭寇またはそれと類似した文字で記されたもの」と規定しておくことにする。倭寇の文字で示されるもの自体の内容が、時間や場所の推移にともなって多様に変化するので、倭寇の内容や性格を一括して表現する概念を見出すことは困難なのである。

一般に通用している倭寇観は千差万別と称しても過言ではなく、その倭寇像はきわめて曖昧である。倭寇像を曖昧にした原因の第一は、倭寇に関する文献がそのもののなかに本来具有していたものであり、第二は、その曖昧な性格の史料をもとにして後世の史家や読書人が先入観と自由な解釈とによって勝手な倭寇像を形成したことにある。

倭寇の文字はもともと朝鮮半島の人や中国人による造語であり、その史料は当然、朝鮮半島・中国等の外国史料である。ここでは日本の史料は副次的な意義しかもっていない。

朝鮮半島における日本関係史料は、文禄慶長の役以前のものは決して多くはない。基幹になる史料としては『高麗史』『高麗史節要』『朝鮮王朝実録』（『李朝実録』ともよばれている）『海東諸国紀』『老松堂日本行録』くらいのものである。『高麗史』は高麗王朝滅亡後六〇年を経た一四五一年（朝鮮文宗元）に、金宗瑞・鄭麟趾らが撰進した紀伝体の史書であり、『高麗史節要』は『高麗史』成立半歳後の翌年作られた編年体史書で、両書の史料的価値に上下はない。『朝鮮王朝実録』は朝鮮の太祖から哲宗にいたる朝鮮王歴代の編年体史書で、春秋館・実録庁で編纂した。『海東諸国紀』は一四七一年（成宗二）議政府領議政申叔舟が王命によって撰進したもので、海東諸国（日本・琉球）の情勢と通交の沿革ならびに使人接待の規定を収録し、朝鮮の交隣政策の基本となる文献となっていたものである。『老松堂日本行録』は一四二〇年（世宗二、応永二十七）応永の外寇直後に日本回礼使として来日した宋希璟の紀行で、日朝関係のことばかりでなく、日本の政治や社会に関する鋭い観察をふくみ、その史料的価値は高い。これらの史料に共通していることは、その成立の時期がすべて十五世紀以降であること、すなわち、倭寇が最も猛威をふるった高麗王朝時代に編纂された文献ではなくて、朝鮮王朝時代になってからの文献であることである。倭寇を猖獗させたのは高麗王朝の悪政であり、倭寇を鎮圧したのは朝鮮王朝の功績である、という叙述の姿勢がしばしば散見されるのである。これらの史料に見える倭寇像には、外国史料であるというヴェールと、朝鮮王朝時代の史料であるというヴェールとが二重に掛けられていたのである。

中国大陸の倭寇に関する史料には『元史』『明実録』『明史』『明史稿』『大明一統志』等があるが、これらの史料群もまた多くの制約のもとに成立したものであり、倭寇像を明瞭に描きだしているとはいいがたい。

倭寇集団の厖大な人員・船舶・馬匹等に関する報告、侵略の激しさ、残忍さ、被害の状況などは誇大に記録されることが多い。担当者の功績を大きく見せ、また、その無能をかくすためにも倭寇の惨害は大きければ大きいほど好都合だったにちがいない。また、自国の山賊・海賊などを倭寇として報告している例も少なくなかったであろう。朝鮮半島・中国大陸、また日本列島等の官憲が捕捉することに苦しんだ倭寇は、文献のうえでもまた捕捉しがたい存在なのである。

つぎに、倭寇像を曖昧なものとした後世史家・読書人の諸見解について述べねばならない。曰く、倭寇の活動は日本人の輝かしい海外雄飛の具現である。曰く、倭寇は海の男のロマンである。曰く、倭寇の本体は日本商人であり、寇賊の行為はその変形にすぎず、武装商人団とよぶべきである。曰く、倭寇の主体は瀬戸内海の海賊衆であり、八幡大菩薩の幟を立てて行動した。曰く、倭寇は名主・荘官・地頭を中心とする農・漁民の集団である。曰く、倭寇の行動は土一揆と対置される民衆の反体制運動である。曰く、倭寇は悪党化した日本の武士によって統率指導された朝鮮人の海賊集団である、等々である。これらの見解には倭寇の一面をいい当てているものもある。しかし、これだけが倭寇であるというのは追求不足の思い込みといわねばならない。従来の倭寇像はあまりにも先入観にもとづく思いこみ、あるいは希望的な思い入れによって満たされていたのである。とくに明治以後敗戦までの倭寇観には、日本の海外発展策や富国強兵策が強く投影していた(1)。

二　朝鮮史料に見える倭寇の活動

『高麗史』に見える倭寇の記載は、「倭、東萊郡を寇す」（原漢文。以下、本章では漢文は読み下し文で引用する）のように侵寇の地点のみを記した簡単なものから、「倭船百余艘、順天府を寇す」というように倭寇の規模を示したもの、漕船を掠奪したとか、倉米万余石を掠めたとか、掠奪の対象を示したもの、「我が師敗績し、死傷甚だ多し」「士卒死者十八、九」「（倭寇）船三百余艘を焼く」というように高麗側の被害状況を示したものなどがある。

このような記述にもとづいて、高麗王朝末期の倭寇活動の様相を見てゆくことにしよう。倭人の朝鮮半島侵寇に関する記事は十三世紀の前半にはすでに現われているが、高麗で「倭寇」という固定した観念ができあがり、倭寇の文字が熟字として用いられるようになったのは一三五〇年（高麗忠定王二、日本観応元、正平五）以後とすべきである。この年は、日本では観応擾乱の時期に当っている。

『高麗史』忠定王二年二月の条には、「倭、固城・竹林・巨済・合浦を寇す。千戸崔禅・都領梁琯等戦いてこれを破る。斬獲三百余級なり。倭寇の侵はこれより始まる」とある。『高麗史節要』もほぼ同文で、「倭寇の興るはこれより始まる」としている。この年の干支が庚寅だったので「庚寅以来の倭賊」（恭愍王二十一年十月乙未条）などというよび方が行われるようになった。(2) ひき続いて、この年の四月には一〇〇余艘、五月には六六艘が順天府を襲い、六月には合浦（会原）長興府を、十一月には東萊郡を襲った。以後、連年倭寇の記事が『高麗史』に見えるようになる。

高麗恭愍王の治世（一三五二—七四年）は朝鮮半島における倭寇活動が本格化した時期で、倭寇関係記事の見えないのは前後二年間しかない。倭寇が目標にしたのはおもに食糧で、租米を運搬する漕船と租米を備蓄する倉庫が攻撃にさらされた。全羅道では、一三五四年四月に四〇余艘、翌年四月には二〇〇余艘の漕船を掠奪した。一三五八年四月には倭寇の襲撃をおそれて沿海の倉庫を内陸部に移転させたが、一三六〇年閏五月には江華島の米四万余石が掠奪された。このころから倭寇の婦女子掠奪の記事も見えるようになり、首都開京（開城）の近くにまで倭寇が出没するようになった。一三七三年には「人民を殺掠し、数百里騒然たり。京城大《おおい》に震《ふる》う」（恭愍王二十二年六月丙申条）と書かれた。青山公亮は、首都附近を攻撃したのは、そこが租米の集中地であったことのみによるのではなく、中央政府に脅威をあたえることで通交の正常化をかちとろうとする意図が倭寇にあったのではないかと推測している(3)。

辛禑の治世（一三七五―八八年）になると倭寇の猛威が極点に達した。『高麗史』「金先致伝」によると、辛禑の初年に倭人藤経光が恐喝して食糧を求めたことがあり、金先致は経光の誘殺を謀って失敗したと記し、その後に「これより前は倭は州郡を寇するも人畜を殺さず。これよりは入寇するごとに婦女・嬰孩を殺して遺すことなし。全羅・楊広沿海の州郡は蕭然として一空となる」と記している。楊広は現在の忠清道のことで全羅・楊広の二道は慶尚道とともに「国家の腹心」（『高麗史』食貨志）とよばれた三南肥沃の地である。経光の事件が倭寇激化の最大原因になったとは思えないが、この時期から倭寇による婦女子の殺戮が始まり、朝鮮半島の内陸部まで侵入する大規模騎馬集団が出現した。『高麗史』では、のちに朝鮮王朝の創始者となった李成桂の活躍の記事も目立つようになる。成桂は生来武勇にすぐれ、とくに射芸に長じていたといわれ、向元派の崔瑩と対立して向明派の領袖となった。倭寇の討伐でも戦功をたて、一三八〇年（辛禑六）九月の南原の戦いでは倭寇の大軍を撃破した（『高麗史節要』辛禑六年九月条、『朝鮮太祖実録』首部）。このときの倭寇の首領は阿只抜都《あきばつ》といったが、年齢は一五、六歳、容姿は端麗で、白馬で戦場を駈けめぐって驍勇無比、高麗軍は接触をさけた。成桂は弓でこれを射殺して大勝を得、川の流れは戦死者の血で六、七日間も赤く、一六〇〇余の馬を捕獲したという。

阿只抜都は一見固有の人名のようであるが、阿只 a-ki は朝鮮語で幼児を意味し、抜都 batur は蒙古語で「勇敢無敵の士」を意味する。阿只抜都は高麗人が敵の勇将につけたニックネームと解すべきである。(4) それでも阿只抜都はさきの藤経光や高麗に投降した倭人の公昌（『高麗史節要』辛禑元年六月条）、覇家臺萬戸（博多将軍の意、『高麗史節要』辛禑三年五月条）などとともに名前の判明している数少ない倭寇の一人である。『高麗史』等の倭寇に関する記事は、被災地、被害状況、防禦軍の兵力・活動、李成桂の事績の顕彰などに終始していて、倭寇の実態を明らかにする記事はほとんど見当らないのである。

一三八八年（嘉慶二・元中五）六月、李成桂は辛禑を廃して辛昌を擁立した。辛昌の在位は一一ヵ月にすぎなかったが、倭寇が最後の暴威をふるった時期である。つぎの恭譲王（在位一三八九―九二年）のときに高麗王朝は滅亡して、朝鮮王朝が成立した。恭譲王の治世から朝鮮の太祖（李成桂）・定宗・太宗の時代を経過する間に、倭寇の勢力は次第に弱くなり、倭寇集団の内部に変質・分解が始まり、投化倭人（降倭）・使送倭人・興利倭人（販売倭人）等に吸収され、やがて倭寇の活動は終息の方向をたどっていった。(5)

朝鮮王朝時代の倭寇の特色は、高麗王朝時代の倭寇にくらべると規模がいちじるしく小さくなり、おおむね数艘から十数艘くらいまでの小編成で、侵寇地も沿海地方に限られるようになったことである。

十四―十五世紀の倭寇は、史料によって見るかぎりでは商人としての行動はほとんど見えず、米や人民の掠奪者や殺戮者の面が強くあらわれている。物を持たない集団が物のあるところを襲って物を手に入れるという単純な行為の繰り返しが中心になっていたのである。

三　大規模倭寇集団の実体

1　大規模倭寇の様相

最盛時の倭寇は、巨大な人員、船舶、馬匹を擁した集団であった。その規模を明らかにし、大規模化の原因を探ることは、倭寇の特質を理解するうえで欠くことのできない作業である。

前にあげた一三五〇年二月の記事には「斬獲三百余級」とあった。戦功は過大に書かれるのが常であるが、三〇〇という数字は少ないものではない。同年四月が「百余艘」、五月が「六十六艘」、六月が「二十艘」である。とくに五月の記事は、「六十六」という端数のうえに「十三級」（一三人）を斬ったと加えてある。誇張した記事とばかりはいいがたいのである。船舶は大きさや乗員数が一定していたわけではなく、その人数を正確に知ることは不可能である。当時の遣明船のような渡洋大船では一〇〇—一五〇くらいの人員を乗せていたが、倭寇の船はこれより小さく、乗員数は『海東諸国紀』にみえる二〇—四〇人、あるいは多くても八〇人くらいと推定される(6)。「百余艘」を額面通りに信用すれば、二〇〇〇から一万六〇〇〇人以上におよぶ大集団で、「斬獲三百余級」もさして不自然な数字にはならない。

倭寇集団は軍隊的に編成されていたわけではないから、数人から万余におよぶもの、数艘から数百艘におよぶものまで雑多であった。一〇〇艘以上の記事を『高麗史』『高麗史節要』から年代順にひろいあげてみよう。

一三〇艘（一三五一年八月）　四〇〇艘（一三五八年）　二一三艘（一三六三年四月）　二〇〇余艘（一三六四年三月）　三五〇艘（一三七四年四月）　二〇〇余艘（一三七七年六月）　一三〇艘（同年十一月）　一〇〇余艘（一三八〇年五月）　五

〇〇艘（同年八月）　大船一二〇艘（一三八三年五月）　一五〇艘（一三八五年九月）

倭寇の人員や騎馬の数字の判る事例をあげよう。ただし、少ないものは示さない。

斬獲三〇〇余級（一三五〇年二月）　撃倭三〇〇〇（一三六四年五月）　斬首数百級（一三七三年二月）　斬一〇〇余級（一三七六年十月）　擒三人・獲兵仗及馬一七〇余匹（一三七七年十月）　倭賊騎七〇〇・歩二〇〇〇余（一三七九年五月）　獲馬一六〇〇余匹（一三八〇年九月）　斬二〇級・獲馬七〇匹（一三八一年六月）　獲男女五〇余人・馬二〇〇余匹（一三八二年四月）　斬八〇余級・獲馬二〇〇余匹（同年同月）　斬三〇余級・獲馬六〇匹（同年五月）　斬五〇余人（一三八三年六月）　倭賊二〇〇余騎・斬三級（同年七月）　斬八級、奪其兵仗及馬五九匹（同年同月）　倭賊二〇〇余騎・斬三級（同年八月）　倭賊一三〇〇余人（同年同月）　斬二〇余級・獲馬七二匹（同年十月）　倭賊一〇〇余、奪本国被虜二〇余人（一三八四年一一月）　斬五八級・獲馬六〇余匹（一三八八年八月）　慶尚道元帥朴葳、兵船一〇〇艘を以て対馬島を撃ち、倭船三〇〇艘を焼く（一三八九年二月）

断片的な数字を列挙したが、最盛時の倭寇は三〇〇―五〇〇艘の船団、千数百の騎馬隊、数千の歩卒を擁した大集団で行動していたことになるわけである。それに婦女もふくまれていた。

つぎに、船数の意味を考える参考に若干の史料をあげよう。一四一九年（世宗元、応永二十六）、応永の外寇（己亥東征）のとき対馬に派遣された朝鮮軍は兵船二二七艘、兵員一万七二八五であった（『朝鮮世宗実録』元年六月庚寅条）。朝鮮で水軍が最も整備されたのは太宗の時代であるが、各道兵船の総数は四二八艘であり、それに一八五艘を加えて六一三艘にしたのである（『朝鮮太宗実録』八年三月庚午条）。己亥東征では朝鮮全兵船の三分の一強が動員されたことになる。このとき朝鮮軍は対馬の兵船大小一二九を奪い、そのうち二〇艘だけ接収し、他は焼却した（『朝鮮世宗実録』元年六月癸巳条）。この事例と比較してみても倭寇船団の規模がいかに大きく、またいかに大きな脅威を朝鮮半島におよぼしていたかは容易に理解されるであろう。

2　日本人と高麗・朝鮮人との連合

倭寇の構成員について検討しよう。当然のことながら、まず倭人について考えねばならぬ。倭人という表現には日本人というのよりも多少軽侮の意味がこめられている。朝鮮半島の史料に、北方の女真人のことを野人と称しているのと同類である。

朝鮮史料で倭寇の構成を示す言葉に「三島倭寇」がある。日本の対馬・壱岐・肥前松浦の三地方のことをさすものと推定される。(7)

対馬と壱岐とは日本列島と朝鮮半島との結接点に飛び石のように位置し、彼我ともにこれを倭寇の巣窟と考えていた。また松浦地方の住民もはやくから朝鮮半島をおびやかす存在であった。藤原定家の『明月記』には、一二二六年（嘉禄二）に松浦党と号する鎮西の凶党が数十艘の兵船でかの国の別島（巨済島か）に行って合戦したという風聞を載せている（嘉禄二年十月十七日条）。

なかでも対馬島は朝鮮半島と一衣帯水の地であり、かの地に向かう船の大半はこの地を経由した。一三七七年の慶尚道元帥禹仁烈の飛報では「倭賊、対馬島より海を蔽いて来る。帆檣相望む。已に兵を遣わして要衝を分守せしむ。然れども賊勢方に張り、防戍の処多く、一道の兵を以て軍を分ち、守勢甚だ孤弱なり」として、援軍を要請している（『高麗史節要』辛禑三年三月条）。朝鮮王朝時代になると倭寇の首魁が多くその部下とともに朝鮮側に投降したが、そのなかでは対馬の関係者の数が圧倒的に多い。田村洋幸は太祖・定宗・太宗・世宗時代に降倭となった林温以下三〇人の出自・系譜を検討しているが、対馬出身者または対馬関係者が一九人、壱岐の者が五人、松浦地方の者が一人、不明者が五人である。(8) 分解期の倭寇には対馬島主の使人を称した者が多かったことも注意しておかねばならない。「対馬島主宗貞盛使人」などはよく見られるところであるが、使人はかならずしも実際に貞盛の部下であった者だけではなく、使人を称することを許された者、勝手に使人を自称した者もふくまれていたと考えなくてはならない。

三島以外の海賊については、のちに通信使として来日した朴瑞生が、一四二九年（永享元）朝鮮に帰国した時の報告書のなかで、九州地方や瀬戸内海各地の海賊にふれ、宗氏・大内氏・宗像氏・大友氏・松浦党諸氏が海賊を統制しうる立場にあったとしている（『朝鮮世宗実録』十一年十二月乙亥条）。ただし、これら諸地域の海賊がすべて倭寇の構成員であったと短絡的に考えることは危険である。

日本列島における倭寇の出身地では対馬が最も多いが、そのことは対馬島民が倭寇の主体であったことと同時に、対馬島経由の倭寇が多かったことを示すものといえよう。それにしても最盛時の倭寇船団をすべて対馬島民あるいは対馬島経由者と考えるのは少しく無理なのではなかろうか。三〇〇―五〇〇艘といえば万余の集団である。後年、豊臣秀吉が朝鮮出兵のときに船舶の調達に苦心したことから逆推しても、当時、日本国内でこれだけの数の船が造られ、対馬島に集められたとは思われない。日本の船が玄海灘や朝鮮海峡の波濤をこえて朝鮮半島に殺到することが実際にあり得たのであろうか。大量の人員・船舶・馬匹の洋上移動を考えると、倭寇は日本人のみの海賊集団であるという考えは不自然であり、放擲せざるをえないのである。

以上の前提に立つとき、倭寇集団の構成員として考えられるのは、(1)日本人のみの集団、(2)日本人と高麗・朝鮮人と連合した集団、(3)高麗・朝鮮人のみの集団、の三者である。(1)が洋上行動の点から考えて無理が多いとすれば、(2)と(3)が倭寇の主力であった可能性はきわめて高くなるのである。

一四四六年（世宗二十八、文安三）、判中枢院事李順蒙は上書のなかで「臣聞く。前朝（高麗朝）の季《すえ》、倭寇興行して民聊生せず。然れども其の間倭人は一、二に過ぎずして、本国（高麗）の民仮りに倭服を着して党を成し乱を作すと」と記している（『朝鮮世宗実録』二十八年十月壬戌条）。この言は朝鮮王朝時代の要路にあったものの倭寇認識を示すものとしてきわめて重要である。すなわち、倭寇の主体は倭人の服装をした高麗人で、日本人は一〇―二〇％にすぎなかったというのである。この事実を裏付けるのは『高麗史節要』の禾尺《かしゃく》・才人に関する記述である。一三八二年（辛禑八）四月条に「楊水尺群聚し、詐りて倭賊となり、寧越郡を侵し、公廨・民戸を焚く。判密直林成味等を遣わして之を追捕し、男女五十余人・馬二百余匹を獲す」とある。『高麗史』もほぼ同内容であるが、「禾尺はすなわち楊水尺なり」と説明を加えている。禾尺は楊水尺とも水尺ともいわれ、牛馬の屠殺や皮革の加工、柳器の製作などに従事していた賤民集団である。禾尺の仮装倭寇集団には女性もふくまれており、二〇〇余匹の馬もあったことに注目しておきたい。ついで『高麗史節要』辛禑九年六月の条をみると、「交州・江陵道の水尺・才人、詐りて倭賊となり、平昌・原州・栄州・順興等の処を寇掠す。元帥金立堅・体察使崔公哲、五十余人を捕斬し、妻子を州郡に分配す」とある。この記事では禾尺に才人が加わっている。才人は仮面芝居の集団で、禾尺とともに一般の朝鮮人からは異民族とみられて、伝統的に蔑視をうけていた賤民集団であった。これも妻子をまきこんだ大集団だったのである。

一三八八年（辛禑十四）八月、大司憲趙浚は時務策のなかで、禾尺・才人対策を述べ、

水尺・才人は耕種を事とせず。坐して民租を食す。恒産なくして恒心なし。山谷に相聚し、詐りて倭賊を称す。其の勢畏るべし。早く之を図らざるべからず。願わくは、自今所居の州郡は其の生口に課して以て其の籍を成し、流移することを得ざらしめ、授くるに曠地を以てし、耕種を勤むること平民と同じくせしめよ。其の違《たが》うものあらば所在の官司之を縄せよ。

（『高麗史節要』辛禑十四年八月条）

としている。これは外患としての倭寇に対する対策というよりは内憂としての倭寇に対する政策である。倭寇の問題

はこの時期の高麗王朝にとっては外政よりも内政の課題となっていたのである。

禾尺・才人のような底辺の民衆のほかに、一般の農民もまた倭寇の構成員に加わったことは推測に難くない。高麗では中期以後、私的所有地の農荘が拡大した。農荘の増加は、王城に住む王室・宗室・官僚等の収入を増したが国庫の収入を圧迫し、官僚に俸禄の支給ができないようになった。また、地位に応じて田地と柴地とを支給する田柴科《でんさいか》制が崩壊し、公民は逃散流亡し、良賤の身分秩序は混乱してその苦役は奴隷以上になり、妻子を売り、無食を訴えるありさまであった(9)。逃散した下級官吏や農民はつねに倭寇に転化しうる状況下におかれていたのである。このように考えるとき、さきに倭寇構成員の(3)としてあげた高麗・朝鮮人のみの倭寇集団の数は意外に多かったのではあるまいか。朝鮮王朝の時代になって倭寇活動が一応鎮圧されたのちでも、済州島あたりの人民が倭人の服装で掠奪を行うことが絶えなかったのは、この後遺現象といえるかもしれない（『朝鮮成宗実録』二年十二月壬午・三年二月甲午・四年十月辛巳条等）。

倭寇の構成員の主力を(2)(3)と想定すれば、その大規模化の原因をはじめ、朝鮮半島の内陸部に侵入し得た事情も、長期にわたって活動を持続し得た理由も容易に説明がつくことになるのである。

倭寇集団が保有した巨大な船舶の数は、倭寇に掠取された高麗の兵船や漕船がそのまま倭寇集団に転用されていたと考えるべきである。大編成の大船団がはるばる海洋をこえて朝鮮半島にたどり着いたと考えるよりも、はるかに自然な推測である。大騎馬隊のことも構成員が高麗・朝鮮人であれば容易に説明がつく。馬の調達と輸送とは日本の基地からでは至難のことである。十五世紀の遣明船では、初期には朝貢品のなかに馬がふくまれており、三、四頭から二〇頭を送っていたが、馬の海上輸送が困難だったので、馬の代りに黄金の銚子等を送ることにしたことがあったほどである（『蔭涼軒日録』文明十九年五月十九日条）。倭寇集団の一〇〇〇頭をこえる馬匹は海上輸送によるものではなく現地調達によったものであろう。

倭寇は日本人の集団であるという先入観をすてて虚心に史料を検討してゆけば、「倭寇のうち倭人は一、二にすぎなかった」という李順蒙の言は、倭寇理解に大きな示唆をあたえてくれるのである。

3　連合の諸要因

大規模倭寇集団は日本と高麗・朝鮮両国人民との連合によって成立したのであるが、その連合を可能にした諸要因を、第一に連合の主体、第二に連合の舞台、第三に連合の論理、に分けて考察することにしよう。

第一の連合の主体は前述した倭寇の構成員である。日本の対馬・壱岐・松浦等の地方は明媚な風光には恵まれているが、農業の生産性はきわめて低く、交易と漁業が重要な生活の手段であった。一四四四年に壱岐から朝鮮に帰った招撫官姜勧善は「対馬・一岐・上松浦等の地は人居蕭条とし、土地は褊小かつ甚だ瘠薄なり。農業を事とせず。いまだ饑饉を免れずして、恣に作賊を行う。その心は奸暴なり」と報告している（『朝鮮世宗実録』二十六年四月己酉条）。倭寇が高麗の租米を目標にして漕船や倉庫を襲ったのは、食糧に対する切実な要求があったからである。朝鮮半島の人民を掠奪したのは労働奴隷を確保することとともに被虜人の送還が割りのよい交易だったことに因る。倭寇は被虜人を自身で送還するほかに、被虜人を他の送還者に提供することによって利益を得、送還者はその行為の代償として朝鮮の木綿等の物資を得たのであり、被虜人の送還は一種の奴隷貿易であったということができる。三島の飢民はつねに倭寇に転化する要因を内包していたのである。朝鮮半島における連合の主体は先に示したように禾尺・才人等の賤民層と、土地制度紊乱の犠牲となった農民等で、高麗王朝の政治的空白によって生みだされた存在であった。

第二の連合の舞台はいうまでもなく朝鮮半島であり、さらに中国大陸の山東方面までひろがっていった。済州島や対馬島は楽屋に相当する役割を分担した。蒙古襲来後の朝鮮半島は田制が紊乱し、軍備は弛緩し、一種の政治的空白の状態が現出していた。異民族の侵入は、一方では国家・民族の意識を高揚させはしたが、一方では国家の崩壊によってそれへの帰属意識を希薄にした。異民族支配にともなう混沌と無秩序とは倭寇活動に恰好の舞台を提供したのである。

倭寇活動と済州島の関係を直接実証する史料はとぼしいが、その存在は十分注目に価する。朝鮮半島の西南海に位置する済州島（耽羅）は、最初百済、ついで新羅に属し、高麗では初めは郡ついで県とした。この間、六六〇年に百済が滅亡した後は独立し、新羅と対抗するために日本に臣属を請い救援を求めた。[10] 高麗朝では耽羅の王族を女真の酋長などと同様に待遇した。[11] 高麗の元宗が元に降伏した時には三別抄《さんべつしょう》軍は珍島に入って抵抗の拠点にしたが、この時日本に請援の使者を送った。[12] 三別抄軍はその後さらに済州島に移って反抗を続けた。村井章介は「三別抄は、日本との間に対等・平等の国際関係を構想しうる視野を獲得していた、といっていいだろう」と推定している。[13]

済州島が完全に朝鮮王朝の領域に入るのは世宗朝以後であるが、『朝鮮世宗実録』の「地理志」には「済州牧」と記載されている。一二七七年に元がこの島を直轄して牧場としたことがあるからである。倭寇集団の大量の馬匹には済州牧のものも多く混っていたに相違ない。一三七二年四月、恭愍王は明皇帝に「請討耽羅表」を送り、そのなかで「島夷恭ならず。敢て朝天の路を阻む」とし、さらに倭賊が海にあって馬を赴京進献するのをさまたげているとした（『高麗史』恭愍王二十一年四月壬寅条）。十五世紀後半一四八二年の史料だが、「済州の人民、沿海諸邑に流寓し、既に附着することなし。又禁防なく、出入自由なり。或は倭人の言語・衣服を効《なら》い、海島に往来し、潜に剽竊を行う」という報告がある（『朝鮮成宗実録』十三年閏八月戊寅条）。済州島民は朝鮮王朝に対する帰属意識が薄かっただけでなく、倭寇そのものであった事情を語る史料ということができよう。済州人が倭人の言語・衣服を模倣したのは、それが単に朝鮮の官憲の目をあざむくのに都合がよかったからなのか、また倭人との間に何らかの一体感を共有していたためなのかは今後の検討課題となろう。とくに言語を共有した事実には重大な意義を認めねばなるまい。

対馬島については、すでにしばしば述べてきたが、ここでは朝鮮側の対馬観について一言しておこう。応永の外寇の直後に、朝鮮国王から対馬島主宗貞盛に充てた文書に「対馬の島たる、慶尚道の鶏林に隷す。本《もと》是れ我が国の地なり。載せて文籍に在り。昭然考うべし。第《ただ》その地は甚だ小、また海中に在るをもって往来を阻《へだ》て、民居せず。是において倭奴の其の国（日本）に黜《しりぞ》けられ帰する所なき者みな来投して集り、以て窟穴となす」（『朝鮮世宗実録』元年七月庚申条）とあった。これに対し、対馬島の使者は「本島（対馬島）は本《もと》大国（朝鮮）牧馬の地なり」（同、三年四月己亥条）といったという。対馬は本来朝鮮の領地であったという朝鮮側の認識は、応永の外寇における東征軍派遣の一つの根拠にもされていた。このことは対馬島民の側に朝鮮に対する帰属意識があったという証拠にはならないが、朝鮮側の対倭寇策の根底にはつねにこうした考え方が存していたことを示している。応永の外寇のとき、朝鮮側から対馬に対して、全島の住民を朝鮮の地に移住させるように提案した背景には、このような対馬観があったのである。対馬島は済州島とともに倭寇劇の重要な楽屋になっていたということができよう。

第三の連合の論理について述べよう。大規模倭寇を構成した日本人と高麗・朝鮮人の動きは日本将棋（小象棋）の駒の場合とよく似ている。敵方の駒を手に入れるとそれがただちに味方の駒となって機能するのは、チェス・囲碁・中国将棋などでは見られない日本将棋の特色である。倭寇を構成した日本人と朝鮮人の間には、おそらく「不倶戴天」などという意識はとぼしく、「昨日の敵は今日の友」的な意識が濃かったに相違ない。高麗王朝の国内政治の空白と日本の南北朝内乱とは、両国民の国家・民族への帰属意識を弱めることはあっても強める方向に作用したとは考えられない。しかしながら、連合の論理は強固な原理に裏づけられていたものではなかったから、連合が連帯へと発展して旧体制を打倒してそれに代るということにはならなかった。連合を繰り返しながら大規模化していった倭寇は、一面ではつねに崩壊の因子を内包していたのである。『高麗史』には倭寇集団を撃破して被虜人を取り返した記事が多く見られるが、被虜人は戦闘が行われていた段階では倭寇集団の一員であったかもしれないのである。敵・味方、高麗軍・倭寇軍というように明瞭に識別することができずに流動的であったところが倭寇の特色であったように思われる。共通の利害があれば連合し、活動の舞台があれば連合するのが倭寇であり、朝鮮半島と日本列島の政治秩序が回復し、両国の政権担当者間に連繫が成立したとき、倭寇は当然消滅してゆく運命にあったのである。

このような倭寇連合の論理を見抜いたのが朝鮮王朝の懐柔策であり、通交者に官職を授ける授職の制度、図書（銅印）を授ける授図書の制度が設けられた。受職人・受図書人は朝鮮で通交貿易の特権を認められ、対馬島主宗氏は日朝通交の管理者としての立場を保証された。高麗・朝鮮王朝からの、室町政権はじめ日本の諸勢力に倭寇の禁圧・統制を要求する外交折衝も大きな成果をあげた。

高麗・朝鮮王朝と元・明王朝との間でも倭寇問題をめぐって連繫が成立した。双方の王朝にとって倭寇は共通の障害物であり、中国王朝は朝鮮半島の王朝に倭寇防衛を要請するとともに火薬を提供して支援し、朝鮮側も倭寇の動静を詳細に中国に通報した。また被虜人の問題も双方の王朝に共通した悩みで、相互に送還のために協力した。(14)

倭寇は朝鮮の通交秩序に組みこまれ、投化倭人・使送倭人・興利倭人に変質・分解し、日朝両国の新しい体制のなかに吸収されていったのである。(15)

四　東アジア通交圏の形成

1　倭寇の行動圏

大規模倭寇が半世紀以上も存続し得た一因は、倭寇活動を背後から支援した東アジアの通交圏の存在にある。ここでは倭寇の行動範囲を解明するために、掠奪の二大目的とした米と奴隷の行方を追ってみよう。

倭寇は朝鮮半島の南部が蕭然として一空となったといわれるほど莫大な量の米穀を掠取した。しかし、その米穀を倭寇がどのように処分したかについては徴すべき史料がない。考えられるのは、(1)倭寇が自身の食糧として消費した、(2)日本や他の後背地に運搬して交易販売した、(3)朝鮮半島の内部で処分した、の三点である。このなかで最も消費量が多かったと推測されるのは(3)の場合である。すなわち、朝鮮半島の農民の手から官庫に移された米穀が、倭寇の手で朝鮮半島の人民に還元されたのである。掠取米穀の最大の消費地は他ならぬ朝鮮半島だったと考えられるのである。(1)の場合は、三島をはじめとする倭寇の根拠地における消費である。朝鮮王朝時代になり平和が回復した時期でも、対馬島に対してだけは毎年多量の米豆が朝鮮から送られていたことから逆推しても、倭寇根拠地で消費した米穀は少なくなかったと思われる。(2)の場合は、博多・那覇などの市場を経て、九州地方・日本国内・琉球国内等に運搬され消費されることであるが、これについては実証する材料がない。数量的には最も少ないか、あるいは皆無であったとしてよいであろう。

倭寇の行動圏ないし後背地を明確に推測させるのは倭寇が掠奪した被虜人の動向である。被虜人は日本国内で「奴婢」として奴隷的に使役されることもあったが、多くは送還・転売など一種の交易の対象とされていた（『善隣国宝記』

応永十六年遣朝鮮書。『朝鮮世宗実録』十一年十二月乙亥条）。

被虜人送還の方法には、高麗や朝鮮の使者が日本に来て贖帰（あがないかえる）する方法と、日本人が集めて送還する方法があり、さらに琉球に転売された被虜人を琉球国王が朝鮮に送還する方法などがあった[16]。送還が直接倭寇の手によって行われずに、室町政権・諸大名・諸豪族・琉球国王・商人などを通じて行われたのは、被虜人が交易・転売の対象となっていたからである。送還の事実の背後にアジア的な奴隷貿易市場があった事実を見逃すわけにはゆかないのである。

贖帰のことが初めて見えるのは『高麗史』「鄭夢周伝」である。それによると、夢周は一三七七年禁賊要求のため博多の九州探題今川了俊のところに来たが、そこで倭賊が高麗の子弟を奴婢としているのを見、高麗の諸大臣を説いて私貲《しし》を出させ、尹明に書を託して贖帰をはかった。賊魁は書辞の懇惻なのを見て被虜人一〇〇余人を送還し、以後、高麗の使者はかならず被虜人を連れ帰るようになった、としている。倭寇の首領は書辞を理解する教養をもっており、九州探題は贖帰に協力的だったのである。高麗時代に来日した李子庸、朝鮮時代になって来日した金巨源・崔龍蘇・李藝・朴和・金恕・崔在田等の使節はいずれも被虜人をともなって朝鮮に帰国した。日本の方から直接送還したことも『高麗史』には多く見えるが、送還者は「日本」「日本国」「覇家臺（博多）」などとあり、特定の人名を記していない。ただ、一三八八年七月の記事では「日本国使妙葩・関西省探題源了俊」が二五〇人を帰して大蔵経を求めたとしている（『高麗史』辛禑伝）。妙葩は春屋妙葩、源了俊は今川了俊のことであるが、この派遣には室町政権が深く関与していたと推察することができよう。

朝鮮王朝時代になると被虜人送還は急激に増加する。一三九二年から一四三四年までに被虜人を送還した者を地域別にあげてみよう。日本国王や大内氏のほかに、対馬島では島主沙弥霊鑑・宗貞茂・宗貞盛をはじめ宗祐馬・賊主早《そう》田左衛門大郎《だ》があり、壱岐島では僧建哲・知主源良喜・志佐・上万戸道永・万戸多羅古羅があり、肥前松浦地方では駿州太守源定・駿州太守源円珪・平戸代官金藤貞・丹州守源延・宇久源鋭らがいた。九州地方では松浦党諸氏のほかは筑前と薩摩が多い。筑前では源了俊・九州探題源（渋川）道鎮・筑前太守蔵忠佳、薩摩地方では薩摩守総州藤伊久・薩摩州守藤原頼久・市来寓鎮蔵親家・藤原頼時・三州（薩摩・大隅・日向）都摠日向太守源久豊である。このほか、特殊なものでは日本国都源道将（斯波義将）も見える。ほかに個人名で登場するものも多く、僧侶や興利倭人、あるいは大名等の使人を称する者があった。彼らは当然のこととして反対給付を求め、それを手に入れた。大部分は木綿などであるが、梵鐘や大蔵経などを求請することもあった。

これらの地域の人々が被虜人を送還したのは、彼らが直接間接に倭寇と接触できる立場にあったことを示している。反面から見れば、彼らの居住空間は倭寇もまた自由に行動することのできる空間だったのである。被虜人が具体的にどの地方に分布していたかは明らかにできないが、そのうちの何人かは京都にまで運ばれており、転売によって分布の範囲はかなり拡大したものと思われる。

被虜人は日本の領域をこえて琉球にまでも転売された。琉球中山王察度《さっと》は、一三八九年・一三九〇年・一三九四年・一三九七年の四回にわたって被虜人を朝鮮に送還し、太宗は一四一六年に至って「本国人（朝鮮人）倭のために擄せられ、琉球国に転売せらるる者甚だ衆し」という状況のもとに護軍李藝を琉球に派遣して四四人を送還させている（『朝鮮太宗実録』十六年正月庚申条）。一四二九年に至っても琉球にはなお朝鮮被虜人で在留するものが多く、帰国を希んでいた。また朝鮮人が報復的に日本人の奴婢を買って帰り朝鮮の奴婢としようとすることもあった（『朝鮮世宗実録』十一年十二月乙亥条）。倭寇の奴隷貿易は朝鮮・日本・中国・琉球をまきこんで東アジア一帯に波及し、ながく尾をひいたのである。

十四―五世紀は中国・朝鮮・日本・琉球等の国内で新しい胎動がはじまった時期であるが、アジア全域という観点からみても、また新しい時代を迎えつつあったのである。南方諸地域の船舶の北上がこれを象徴している。

一三六八年、朱元璋によって漢民族国家を回復した明では、対外政策として外国船の来航は進貢船に限る朝貢政策、国内政策として中国人が海外に出ることを禁じた海禁政策を採用した。この二つの政策は海寇集団の横行を防ぐ政治目的のために実施されたのであるが、一面では明王朝政府の海外貿易独占の財政的目的にも適うものであった。海禁は一三七一年以降数次にわたって発令され、最初は中国人と外国人の交易を禁止したものだったのだが、のちには中国人の海上活動を全面的に禁止するようになった(17)。この政策には中国大陸沿岸の海賊や密貿易者の行動を封ずるとともに倭寇の活動を制約しようとする意図がこめられていた。十四世紀以後、暹羅《シャム》・爪哇《ジャワ》・旧港《パレンバン》等の南方各地に発展していた華僑や新興琉球王国の商人はこの政策によって大きな打撃をうけた。朝貢以外には中国と直接貿易する方法が断たれてしまったのである。南方諸地域の華僑や琉球商人にとって、日本と朝鮮は新たな通商の対象として浮びあがってきた。そして、彼らは倭寇と接触することになるのである。

一三九一年七月、暹羅斛国（暹羅、アユタヤ）の使者が日本に一年ほど滞留したのち高麗に到り土物を献じた（『高麗史』恭譲王三年七月戊子条）。暹羅船は一三九三年には朝鮮に向かう途中日本で海賊にあい、一三九七年にも途中で倭寇に捕えられ、逃れて朝鮮に渡った（『朝鮮太祖実録』三年七月壬寅・五年七月丙寅・六年四月乙巳条等）。また一四〇六年八月に爪哇の使者陳彦祥が朝鮮に到ったが、貨物は倭人に掠奪されたと言い、同年九月には対馬の宗貞茂の使者が「南蕃船」から掠奪したものだと称して、朝鮮で蘇木・胡椒・孔雀を献じて却けられたことがある（『朝鮮太宗実録』六年八月丁酉・九月壬午条）。旧港船は一四〇八年と一四一二年の二度若狭小浜に来着した。明王朝から旧港宣慰使司という従属国に準ずる地位を認められていた華僑集団の船である。日本では南蛮船とよんだ。一四一九年にも南蛮船は博多を目標に来航し、海上の怖畏を避けて薩摩領内に碇船し、翌年博多に回航された。[18]
琉球は中山王察度が明に使者を送って一三七二年に朝貢国となり、一三八九年には高麗に使者を送って倭寇による被虜人を送還した（『高麗史』辛昌伝）。琉球と朝鮮王朝との関係は一五〇〇年まで継続するが、初期は被虜朝鮮人の送還が主であり、琉球船は倭寇の襲撃を受けることが多く、また琉球国使を偽称するものが現われて琉球と朝鮮との直接交渉をさまたげることが多かった。[19]十五世紀初頭における尚巴志王統成立後、琉球は暹羅・三仏斉《シュリービジャ》・爪哇・満剌加《マラッカ》・蘇門答剌《スマトラ》・巡達《スンダ》・仏太泥《パタニ》・安南《ベトナム》等の各地と多彩な交易活動を展開した（『歴代宝案』）。これら諸地域の物資は直接間接に倭寇の手に渡ったにちがいなく、倭寇は琉球と接触することによってその影響範囲をさらに拡大することになった。倭寇を意識して実施された明の海禁政策は、結果的には東アジア諸地域間を相互に結ぶ活発な貿易活動を生み、倭寇を存続させる一因となったということができる。

2　華夷新秩序と諸国の対応

十四世紀末から十五世紀初頭にかけては、アジア各地に新国家形成の胎動が始まった。征服王朝の元を倒して漢民族の国家を回復した明王朝は周辺の諸国に積極的にはたらきかけて通交の秩序を樹立しようとし、周辺諸国家もまたこれに対応しながら自国の国際的な立場を確保しようとした。

中国が諸外国に対応する原理としたのは華夷思想である。中華（華夏）と夷狄とを区別し、中国を天下の中央に位置づけ、その周囲に東夷・西戎・南蛮・北狄が住むと考えたのが中華思想で、これが中国の周辺諸民族に対する政策として定着するのは春秋・戦国時代以後とされる。周辺諸国の首長の朝貢と中国皇帝の頒賜という通交の形式は、前近代の東アジアでは国際秩序の基本型として定着していたのである。[20]

蒙古族の支配から漢民族支配を回復した明王朝は、政治の理念に儒教を採用し、周辺諸国を華夷思想にもとづく通交体制のなかに組みこむことに意を注いだ。一四〇二年（建文四、応永九）、建文帝が足利義満に充てた詔書のつぎの文は、中国側の理想を適確に表現している。

覆載の間、土地の広きことは数を以て計るべからず。古の聖人疆《さかい》して之を理《わ》け、貢賦・力役を出し、礼義を知り、君臣・父子の大倫に達するにおいては、号して中国と曰《い》う。而して中国の外、能く義を慕いて来る王あらば、いまだ嘗て予《あた》えて之を進めざるはあらず。他あるに非ざるなり。天下を牽きて同じく善道に帰せしむる所以《ゆえん》なり。朕大位を嗣ぎてより四夷の君長朝献する者は十百を以て計《かぞ》う。苟も大義に戻《もと》るに非ざれば皆礼を以て之を撫《やす》で柔んぜんことを思う。（『善隣国宝記』）

また一四〇三年の永楽帝制書には、「天地の中、華夷一体、帝王の道は遠邇仁を同じくす」（『善隣国宝記』）とある。華夷の分の強調と皇帝の徳を慕う四夷の君長の朝貢とが、中国が目標とした国際秩序だったのである。中国ではこの秩序を構築するために諸外国の朝貢使節団を優遇して貿易特権をあたえ、朝貢者以外には中国との通交貿易を禁止した。海禁政策は朝貢体制を維持するために大きく機能したのである。

つぎに、日本・朝鮮・琉球が中国の方針にいかに対応していったかを考えてみよう。

明の太祖洪武帝はその交渉の相手とすべき日本国王（四夷の君長）を良懐（征西将軍懐良《かねよし》親王）と想定していた。室町政権の足利義満ははやくから明との通交を希望していたが、太祖はこれを陪臣すなわち国王の資格を具えていないものとみて入貢を拒否した。義満は一三九四年（応永元）に将軍職を退き、一四〇一年（応永八）になって建文帝のもとに使者を送り、ついで成祖永楽帝との間に外交関係を成立させ日本国王に冊封された。このことは日本が東アジア通交圏の一翼を担う存在として正式に認められた画期的な事件であった。この時、室町政権は華夷の体制に順応するために重要な決定を行った。それは、外交権を司法・行政・軍事などの将軍に属する政治権力から分離させたことである。征夷大将軍は日本国内では武家政権の首領であり中央権力として認められていたが、国際社会では四夷の君長ではなく天皇の臣下にすぎなかったのである。義満は日本国王に冊封されることによりはじめて君長の地位を認められ、外交権行使の資格を獲得した。このことは、従来、天皇（公家政権）のものであった外交権を国王（武家政権の首領）が奪取したことを意味する。室町政権期を通じて、日本国王号と征夷大将軍の称号とはかならずしも同一人格によって保有されていないが、それは武家政権が国際社会に対応するためにやむをえず行った外交権分離の結果であった。室町政権は国内に対しては将軍政権、国外に対しては国王政権という二重の構造をもつ複合的な政権となったのである(21)。また、日本国王は国際社会すなわち漢字文化圏に対応するために漢字・漢文学の素養を持った独自の教養集団を保持する必要にせまられた。外交文書を解読し、またそれを作成し、漢字文化圏の知識人と対等に交渉することができたのは、当時、中国の士大夫層の教養を身につけていた五山禅僧以外にはなかった。五山を掌握することは、武家として公家の伝統的教養と対抗するためにも好都合であった。瑞渓周鳳が一四七〇年（文明二）に『善隣国宝記』を撰述したのは、外交の事務が五山僧に委ねられてすでに年を重ね、文書作成の先例を後世に遺す必要が生じたことを物語るものである。

　華夷の秩序は皇帝と国王という上下の関係だけでなく、諸国王相互間の横の関係においても規制力を持つべきものであったが、室町政権はこれを忠実に実行してはいない。日本国王は、中国の皇帝に対しては「日本国王臣」と称し、正朔を奉じて中国の年号を使用し、使節は必ず上表文を持参したが、朝鮮や琉球に対してまでこの方針が一貫していたわけではなく、独自の対応の方法をとった。朝鮮の首長に対する文書では充書に朝鮮国王と書いたが、自身は原則として日本国王とは書かず、また明の年号も使用しなかった。琉球国王充ての文書は、「りうきう国のよのぬしへ」

として日本年号を使用し、国内の家臣にあたえた御内書《ごないしょ》と形式を同じくする仮名書きの文書であった。(22)

高麗・朝鮮は対外政策の基本方針に事大交隣を掲げていた。事大は宗主国である中国に対し藩属国として誠実に奉仕することであり、交隣は隣接する藩属国相互間に対等通信の関係を維持しようというのである。室町政権に対してはその首領を日本国王と認識して対等の国際儀礼（敵礼《てきれい》）を保とうとしたのである。しかしこれは原則であって、朝鮮側では室町政権との交渉が倭寇の禁圧にあまり有効ではなく、また被虜人の送還や激増する通交者の統制についてもさしたる成果を期待することができないと認識し、国王よりもむしろ巨酋（有力守護大名）や諸酋（中小大名・諸豪族）と多元的な関係を結んで直接交渉する方針を採用した。(23)とくに対馬の宗氏には特権を認めて通交管理の役を課し、朝鮮の通交秩序の一翼を分担させたのである。建て前と本音とをたくみに使い分けることが、明と日本との中間で平和的通交を持続させるために必要だったのである。

琉球王朝の華夷秩序への対応はかなり流動的である。明に対しては、最初、中山・山南・山北の三王が別々に中国から冊封を受け、のちには中山王のみが朝貢するようになる。琉球では閩人《びんじん》三十六姓と称された中国福建省からの移民とその子孫に外交文書の作成・管理を委ねて漢字文化圏との広範な交易活動を始めた。基本的には交隣の関係であるが、それが諸国におしなべて適用されたわけではない。ちなみに朝鮮との交渉は、『海東諸国紀』に「或は直ちに国人を遣わし、或は日本人商販の其の国（琉球）に在る者に因りて使となす。其の書は或は箋、或は咨、或は致書とし、格例一ならず。其の称号・姓名また定まらず」と書かれている。文書における箋は下位のものから上位に充てるもの、咨または致書は同位者間の書式である。琉球と朝鮮との国際間における秩序関係は朝貢か通信か不明確のまま推移していたのである。仮名文化圏である日本との交渉は前述した通りであり、むしろ華夷秩序を無視したものであった。

以上のように、華夷秩序は周辺諸国の政治や外交を細部まで規制するものとはならなかったが、その影響は政治・文化面で決して少なくはなかった。とくに国家統治理念としての儒教は朝鮮に大きな影響をおよぼした。仏教主義の高麗を倒した李氏の朝鮮としては王朝の正当性を保証するために明皇帝の冊封を受けたが、太宗は高麗時代の腐敗した仏教に代って明が一国の文教とした儒教を朝鮮でも国教として採用し、権近を重用して仏教を排斥した。その結果、厖大な高麗版大蔵経の価値は救国の経典から恰好な輸出品へと転化した。日本・琉球にとってはまさに垂涎の重宝であり、大蔵経を求めて国王使をはじめ多くの使者が朝鮮に渡った。日本や琉球の教養集団にとっても当然のことながら儒教の教養が要求された。明王朝の儒教主義による華夷秩序形成への意図は、玉突き的に朝鮮・日本・琉球の儒教・仏教界に影響をおよぼし、東アジアを連繋させる役割を果したのである。

華夷秩序が、明皇帝に朝貢する資格を四夷の君長すなわち国王に限定したことは、東アジア国際通交の正式の単位も国王でなければならないという風潮を生んだ。十五世紀の東アジアは国王通交の時代だったのである。日本・朝鮮・琉球の政権主宰者は国際的活動を行うためには皇帝の冊封が必要条件であった。一三九一年に暹羅国王使が高麗に到ったとき、その国書に姓名がなく、ただ小円印だけがあって、高麗側の不審をまねいたのは国王使の条件が重んぜられた一例とみることができよう（『高麗史』恭譲王三年七月戊子条）。

琉球王朝ではその初期に、中山・山南・山北の王が明に朝貢していることが『明太祖実録』『明太宗実録』『明仁宗実録』『明宣宗実録』に見えるが、生田滋は三山の王がそれぞれ別個に明に入貢したことについて、「中山王の使節という名目だけでは琉球から明にむかう朝貢船を必要な回数、隻数だけ派遣できず、山北王、山南王の名前をも利用しなければならなかった」とし、山北王・山南王は中山王の朝貢の代役にすぎなかったのではないかと推定している。(24)「必要な回数・隻数」という点で多少疑問がのこるが、国王が朝貢者の単位であることを指摘した点で注目すべき見解といえよう。国王は藩属国相互の交通においても重要な存在であった。対馬の早田六郎次郎や博多の僧道安が琉球国王使となった事実や琉球国王使を偽称する博多あたりの人物が多く朝鮮に渡ったのは、国王使が他の通交者よりも朝鮮で破格の好遇を受けたからにほかならない。

日明通交においては熾烈な勘合《かんごう》の争奪があったが、朝鮮との通交においては日本国王使を偽称する者が現われ、足利義政は朝鮮国王成宗に対し、日本国王使であることを証明する通信符（象牙符）の新給を要請した。[25]

『朝鮮王朝実録』を見ると、十五世紀に三つの架空の国の使者が現われている。紀南宝国客人・久辺国主李獲の使者閔富、夷千島王遐叉の使者宮内卿である。紀南宝国客人は一四〇六年朝鮮に到り土物を献じたが、これは紀伊の人であり、『朝鮮太宗実録』ではあまり関心を示さず「倭奴の別種」であると記しているのみである（六年四月甲戌・十年九月辛未条）。久辺国主の使者が朝鮮に到ったのは一四七八年（文明十）である。国主の称号は対馬島主の称号と対応するのかもしれない。久辺国は琉球の近くの島ということになっているが、朝鮮側ではこの国の存在に疑問をいだき閔富に質問をあびせた。閔富は薩摩の人で解答は渋滞をきわめた（『朝鮮成宗実録』九年九月己未・十一月庚申・十三年閏八月庚辰条等）。夷千島王の使者は一四八二年に日本国王源（足利）義政の使者と同行して朝鮮に到った。夷千島とは現在の北海道・千島地方のことであるが、書契を見た朝鮮側はこの使者に対しても疑問を持った（『朝鮮成宗実録』十三年四月丁未・癸亥・五月庚辰条）。久辺国・夷千島両使者に共通するのは、ともに架空の国の使者であり、ともに日本人であり、ともに大蔵経を求め、ともに拒否されたことである。前者が国主の使者であり、後者が島王（のちには島主）の使者であったことは相違している。いずれにせよ、大蔵経のような重宝を求めるには国主とか島王とか国の代表者を称するのが好都合と判断されていたための行為だったと推量される。これも国王通交時代の派生現象の一つであったといえよう。

国際交流の担い手にとっては、広汎な国際認識、相手から信頼される誠実性や高度な識見、折衝や取り引きにおける才腕等が必要なことはいうまでもない。しかし、それにもまして要求されるのは相互に意思を通ずる能力である。すなわち、東アジアの共通語である漢字・漢文を理解し、またそれを駆使して相手に自己の意思を伝えられることが最低の条件であった。このような能力を持ったものは、(1)五山僧などの知識階層、(2)中国人・朝鮮人・琉球人その他の外国人、(3)国際混血児とその子孫、(4)九州地方の商人群、である。

3 国際交流の担い手

室町政権が教養集団として五山を把握していたことはすでに述べたが、絶海中津・中巌円月・雪村友梅・椿庭海寿・月心慶円・無我省吾・愚中周及らは漢詩文だけでなく会話にも堪能であった。とくに絶海の詩は明僧如蘭から「日東語言の気習なし」と評せられたほどであった。[26]遣明上表文を起草したのは絶海中津・惟肖得巌・瑞渓周鳳・横川景三などの詩文僧で、三度遣明使節にえらばれた堅中圭密も中国語によく通じていたという(『善隣国宝記』)。一四三三年遣明正使として入明した龍室道淵はもと中国明州の出身で筑前博多の聖福寺で薙髪した人物である。十六世紀の遣明船で正使となった謙道宗設や綱主《ごうしゅ》宋素卿も中国人である。五山の東班《とうはん》衆には経理会計の才にすぐれた者が多く、所属寺院以外の顕密寺院や公家・武家の荘園の経営を代行する者もあったことなどから考えると、五山には対外折衝の才能にすぐれた人物が多く集まっていたようである。遣明船では従僧・居座《こざ》・土官《とかん》として乗船するものが多く、学芸修行のために渡航するばかりでなく、商才を認められて渡航するものも少なくなかった。

外国人が最も活躍したのは通事としての舞台である。通事は来朝使節の応対や渡航折衝の際の単なる通訳にとどまらず、通交関係の諸事務を広汎に担当した。多くは倭寇により被虜人として日本に連れてこられ、機を得て通事に登用されたもので、室町政権から給禄を受けていた。(27)一四〇一年の遣明船を演出したのは筑紫の商客（博多商人）肥富《こいつみ》であったが、正使になったのは足利義満の側近で同朋衆だった祖阿である。禅僧以外で遣明船の正使になったのは祖阿だけである。林屋辰三郎は、祖阿と『大乗院日記目録』応安七年十二月十七日条の天竺聖《ひじり》とは同一の人物ではないかと推定している。(28)この天竺人の聖と楠葉の女の間に生まれた混血児が、遣明船貿易に活躍した楠葉西忍である。(29)外国人として社会的な影響が大きかったのは陳外郎一族である。日本に最初に来たのは順祖宗敬で、博多におり、その子宗寿大年は義満に召されて京都に入り、明への使者にもなった。その子が月海常佑、さらにその子が祖田有年である。歴代みな禅僧との交りが深く、中国・朝鮮の使節の応接や医事に活躍した（『幻雲文集』『老松堂日本行録』『翰林葫蘆集』）。対馬の秦盛幸は唐人といわれ、朝鮮通交の書契・文引を管掌し、またみずから受図書人として朝鮮に渡航した。(30)

博多を中心とする九州地方の商人の行動は南島にまでおよぶ多彩なものであるが、日本国内の史料よりも『朝鮮王朝実録』の方が詳細に記録している。活躍が注目される数人を紹介しよう。

まず、前述した陳彦祥なる人物から記そう。この人物は一三九四年、暹羅国の使人として朝鮮に到り、書雲副正の職をあたえられているが、その前年には日本で賊のために礼物を掠奪されている（『朝鮮太祖実録』三年七月壬寅・八月甲戌条）。ところが一四〇六年には爪哇国の使者となって朝鮮に入っている（『朝鮮太宗実録』六年八月丁酉・九月壬申条）。一四一二年になると「爪哇国亜列陳彦祥」という個人の資格で孫の実崇を派遣し、実崇は日本の博多を経て朝鮮に到った。『朝鮮太宗実録』は陳彦祥のことを「琉球の別種なり」としている（十二年四月乙亥条）。暹羅・爪哇両国の使人として、また個人の資格で南方（暹羅・爪哇）―琉球―九州（博多・対馬）―朝鮮のルートで行動していたのである。陳彦祥は超国家的な国王使請負人であった。

宗金ははじめ僧を称していたが、『海東諸国紀』に「富商、石城府代官宗金」と書かれた人物である。大友氏の配下で博多の代官をつとめたことがあり、受図書人であり、その子宗家茂も受職人・受図書人であった。朝鮮との間では、自らの図書による貿易、子弟・使人による貿易、朝鮮使護送による貿易、日本国王の遣使に便乗した貿易、斯波・渋川・大友・少弐氏等の下請的な貿易など、博多を背景として莫大な量に達する貿易を行った(31)。宗金の子の宗性春は一四六八年には遣明一号船の土官になり、一四七五年には日本国王の意を朝鮮国王に伝える使者になっている。

金源珍は日本人とも朝鮮人ともいわれる。記録の初見では一四二三年に肥州太守源省の使者として朝鮮に渡っている。朝鮮側にすすめて島津氏との交渉を仲介して被虜人の送還を実現させた。一四三〇年には「倭通事」として琉球長史梁回の書契を朝鮮にもたらしている。金源珍は琉球・薩摩・肥前・朝鮮の線上で活動した人物であった(32)。

対馬の早田六郎次郎は賊主といわれた土豪左衛門大郎の子で、一四二九年には図書を受け、翌年宗貞盛の使者として琉球に渡り、さらにその翌年には琉球中山王の使者を朝鮮に導いている。また一四三三年には朝鮮の使者になって琉球に渡るなど、朝鮮・対馬・琉球を結ぶうえで重要な役割を演じた(33)。宗氏もまた琉球との交流に積極的な関心をいだいていたのである。

博多の道安は大友氏管下の僧だが、一四五三年琉球国使と称して富山浦に入り、日本・琉球両国地図を献じた（『魯山君日記』端宗元年三月戊辰・七月己未条）。一四五五年に受図書人となり、一四五七年には護軍の職を受け、一四五九年朝鮮に到ったときには、琉球の書契や礼物は対馬で奪われてしまったと報告している（『朝鮮世祖実録』三年七月壬午・五年正月癸巳条、『海東諸国紀』）。

博多の佐藤信重も大友氏の管下、富商定清の女婿であり、一四七一年に琉球国王使として朝鮮に渡り、中枢府同知事の職を受けた（『海東諸国紀』）。

これらの商人群に共通しているのは、主従関係や身分秩序による規制がきわめて弱く、国王使や大名使等を兼ねることがあり、また自ら朝鮮の官職・図書等の通交上の特権を獲得し、外に向っても内に対しても縦横に行動する立場を確保し、それを十分に活用していることである。国籍が不明な人物もあり、いわば自由の民の色彩の濃い存在であった。商人や使人等には倭寇から転じた者が多く、商人の行動圏と倭寇の行動圏とは、ある面では一致し、ある面では複雑に交錯しあっていたのである。

4　「海東諸国総図」の成立

一四七一年（文明三、成宗二）、朝鮮で申叔舟が撰述した『海東諸国紀』の巻首に「海東諸国総図」（図11、本書一〇六―一〇七頁）が付けられている。[34] この地図は日本・琉球の世界最古の木版印刷地図というだけでなく、十五世紀における東アジア諸国の世界認識を具象的に描きだしたものとして貴重な歴史的産物である。

『海東諸国紀』の地図は、(1)「海東諸国総図」、(2)「日本本国之図」、(3)「日本国西海道九州之図」、(4)「日本国一岐島之図」、(5)「日本国対馬島之図」、(6)「琉球国之図」、(7)「熊川薺浦之図」、(8)「東萊富山浦之図」、(9)「蔚山塩浦之図」の九種であり、(1)は、(2)から(6)までを合成したものである。(7)(8)(9)は、朝鮮三浦の図である。

海東はもともと朝鮮人にとっては朝鮮半島をさした言葉であり、高麗粛宗のときの鋳銭は「海東通宝」と名付けられている（『高麗史』食貨志）。ところが『海東諸国紀』における海東は日本と琉球をさしている。これは朝鮮半島における海東観念の拡大である。申叔舟は日本と琉球とを海東諸国と認識することによって、それが朝鮮と共通の地域社会を構成する国家群であることを表現したかったのではないだろうか。

(2)（図12）は、秋岡武次郎によれば平安時代から江戸時代までに作成された行基式日本図の一種で、北海道が「夷島」の名で独立の島として地図上に描かれた最初のものであるという。周辺に、夷島・扶桑・瀛洲・羅刹国・女国・三仏斉・雁道・佐渡州・支・大身・勃海・勃楚・大島・黒歯・志摩州・見付島・隠岐州・箕島・大漢・尾渠の諸島・諸地域が描かれている。夷島・佐渡州・大島（伊豆の大島）・志摩州・隠岐州・箕島（見島）は実在の日本の島、他は日本以外の地域である。羅刹国と雁道とは『海東諸国紀』以前の地図にも見え、中世日本人の海外認識の一つとして登場していたもので、前者は食人鬼の住所、後者は渡り鳥の雁の通過地と考えられていた島である。他の地域の名は(2)にはじめて現われるもので、『南史』『列子』『史記』『後漢書』『宋史』『淮南子』『山海経』『三才図会』等に見える。三仏斉・勃海（渤海）は実在の地名だが、この地図では位置が完全に誤っている。他は仮想の地域名である。これらの地域名が日本地図上に描かれたのは、日本人の関心が中世以降海外に向って開かれてきたことを示すものといえよう。ただ海外知識といっても、ここに見られるように中国文献にあるものをそのまま記入したもので、きわめて不正確なものにすぎなかった。

(3)（図13）は、はじめは(2)とつながっていた行基式日本図の一部と考えられるが、九州に対する朝鮮人の関心が深かったので独立の地図として作成したのであろう。博多や文字関（門司）の表記法は原図のまま、愁未要時（住吉）などは原図に朝鮮人が書き加えたものと思われる。

(4)（図14）・(5)（図15）は、(2)(3)とは性格を異にし、行基式日本図とは異なる地図をもとにしたと考えられる。「風本浦、倭訓間沙毛都浦」とあるのは日本の地名の読み方を漢字で示したもの。「豊崎郡」（トヨサキ）という日本式な表記法がある一方で、地名表記は原則として音標式にしたがい「皮多加地浦」（比田勝）という類の表記法を用いている。これは壱岐・対馬の地理にあまねく通じた朝鮮人か対馬島人で、朝鮮の漢文をよく理解したものの手によって作られたものとしか考えられない。書状官として日本に渡ったことのある申叔舟がみずから作成に関与した地図かもしれない。

(6)（図16）は、日本人または琉球人が作成した地図と推定される。東恩納寛惇は大西《オオニシ》・浦傍《ウラソイ》・玉具足《タマグスク》・中《ナカ》具足・池《イケ》具足・郡《コオリ》島・粟《アワ》島・鳥《トリ》島などの表記法が漢字の音訓を併用して地名を写していることを指摘し、「此の地名註記は朝鮮漂民又は申叔舟自身の手になつたものではなくして、日本人の手になつたものと想像する外はない」としている。

つぎに地図が作成された過程について述べよう。一四五三年、博多の道安が琉球中山王の書を持って朝鮮に到り、このとき「日本・琉球両国地図」をもたらした（『魯山君日記』端宗元年五月丁卯・七月己未条）。その後、一四六二年、琉球の使者普須古が朝鮮に到ったとき宣慰使李継孫が琉球国図に拠りながら扶桑・瀛洲・羅刹国・大身・大漢・勃楚・三仏斉・黒歯・渤海《（マヽ）》・尾渠等の国の所在を質問した（『朝鮮世祖実録』八年二月癸巳条）。これらの地域名は、完全に(2)の本州周辺の地域名と一致する。李継孫の拠った地図は『海東諸国紀』(2)(3)の地図の原図に相違ない。そしてこの原図は道安が朝鮮に伝えた地図だったのである。申叔舟は道安の地図すなわち(2)(3)(6)に(4)(5)を加えて(1)を合成したわけであるが、対馬・壱岐・琉球を異様に大きくあつかい、九州がそれにつぎ、本州を比較的小さく描いたのは申叔舟の関心の度合をそのまま図上に移したと考えてよいであろう。

申叔舟は朝鮮王朝第一の名君といわれた世宗の股肱として事大交隣策を推進した中心人物であり、「海東諸国総図」の作者としては最適任者であった。日本人の標準的地理認識を盛りこんだ行基図と九州地方の商人群を中心とした南島認識と朝鮮人による対馬・壱岐の認識とを、碩学申叔舟が一図に凝結させたのである。

「海東諸国総図」は日本人・朝鮮人・琉球人が合作したものであり、かれらが共有した十五世紀の東アジア認識を具体的に表現したものであった。

むすび

十四―十五世紀の倭寇の考察に当り、その特色の一つである大規模集団発生の問題に焦点を合わせて論じてみた。日本史とか朝鮮史とかの視点からだけでは把握しきれないことが多いので、視座を倭寇の立場にすえて叙述することをこころみた。

大規模倭寇の実体は日本・朝鮮両国人民の連合にほかならなかったことを指摘し、その原因や環境等については可能なかぎり多面的に考察を加えた。この大規模倭寇の発生は、当時の東アジアの諸情勢と密接な関連をもっていた。東アジアにおいては明帝国の建国を機に、華夷秩序にもとづく新しい通交圏が成立した。表面上は国王通交の時代を現出したのであるが、実際の国際交流は、国家・民族とか主従関係とかに制約されることの少ない自由の民によって担われていた。自由の民のなかには倭寇からの転向者や倭寇による被虜人も多く混じっていたのである。限られた史料の制約のもとで推理を重ねてまとめあげた論考であるが、倭寇の実像と東アジア通交圏の特質の解明にいくらかでも迫り得たとすれば幸いである。史料の解釈や考察の方法について御批判を期待したい。

注

（1）田中健夫「中世海賊史研究の動向」（同『中世海外交渉史の研究』東京大学出版会、一九五九年、二五七―二九五頁）。

（2）『報恩院文書』には一三六六年（貞治五）高麗使者金龍らのもたらした元の征東行中書省の劄付があるが、そのなかにも「自㆓至正十年庚寅㆒、有㆓賊船数多㆒、出㆑自㆓□〔貫〕国地面㆒、前来㆓本省合浦等処㆒、焼㆓毀官廨㆒、搔〔騒〕㆓擾百姓㆒」と記されている。中村栄孝「『太平記』に見える高麗人の来朝」（同『日鮮関係史の研究』上、吉川弘文館、一九六五年、二〇六頁）参照。
（3）青山公亮『日麗交渉史の研究』（明治大学文学部研究報告東洋史第三冊、一九五五年）八三頁。
（4）末松保和「阿只抜都」（『国史大辞典』一、吉川弘文館、一九七九年、九五頁）。
（5）田中健夫「倭寇の変質と日鮮貿易の展開」（前掲注(1)書、一二一―三四頁）。
（6）応永の外寇のときに対馬に来襲した朝鮮軍の人員と船数から推定した数字は平均して一隻約八〇人となる（『朝鮮世宗実録』元年六月庚寅条）。
（7）田中健夫、前掲注(5)論文、七―一二頁。
（8）田村洋幸『中世日朝貿易の研究』（三和書房、一九六七年）一〇一―一四三頁。
（9）田村洋幸、前掲注(8)書、一四四―一五五頁。有井智徳『高麗李朝史の研究』（国書刊行会、一九八五年）二六三―二八一頁。
（10）森公章「古代耽羅の歴史と日本――七世紀後半を中心として――」（『朝鮮学報』一一八、一九八六年）参照。
（11）奥村周司「医師要請事件に見る高麗文宗朝の対日姿勢」（『朝鮮学報』一一七、一九八五年）。
（12）石井正敏「文永八年来日の高麗使について――三別抄の日本通交史料の紹介――」（『東京大学史料編纂所報』一二、一九七七年）。
（13）村井章介「高麗・三別抄の叛乱と蒙古襲来前後の日本（上）（下）」（『歴史評論』三八二・三八四、一九八二年、のち『アジアのなかの中世日本』校倉書房、一九八八年、に収録）参照。
（14）有井智徳「十四・五世紀の倭寇をめぐる中韓関係」（前掲注(9)書、四二五―五一六頁）。
（15）田中健夫、前掲注(5)論文。
（16）石原道博「倭寇と朝鮮人俘虜の送還問題（一）」（『朝鮮学報』九、一九五六年）。
（17）佐久間重男「明朝の海禁政策」（『東方学』六、一九五三年、のち『日明関係史の研究』吉川弘文館、一九九二年、四二一―五一頁、に収録）。
（18）和田久徳「十五世紀初期のスマトラにおける華僑社会」（『お茶の水女子大学人文科学紀要』二〇、一九六七年）。
（19）田中健夫「朝鮮と琉球の関係の諸時期とその特質」（同『中世対外関係史』東京大学出版会、一九七五年、三〇〇―三一一頁）。
（20）西嶋定生『中国古代国家と東アジア世界』（東京大学出版会、一九八三年）四〇三―四〇八頁。田中健夫、前掲注(19)書、一〇

—二〇頁。

(21) 田中健夫「足利将軍と日本国王号」(同編『日本前近代の国家と対外関係』吉川弘文館、一九八七年、三—四二頁、のち、同『前近代の国際交流と外交文書』吉川弘文館、一九九六年、に収録)。

(22) 田中健夫、前掲注(21)論文。同「文書の様式より見た足利将軍と琉球国王の関係」(同『対外関係と文化交流』思文閣出版、一九八二年、一〇六—一三〇頁)。

(23) 田中健夫、前掲注(19)書、九五—一五二頁。

(24) 生田滋「琉球国の「三山統一」」(『東洋学報』六五—三・四、一九八四年)。

(25) 田中健夫「勘合符・勘合印・勘合貿易」(前掲注(22)書、七七—一〇五頁)。

(26) 玉村竹二『五山禅僧伝記集成』(講談社、一九八三年、三八〇頁)。

(27) 小葉田淳『中世日支通交貿易史の研究』(刀江書院、一九四一年)二二二—二二五頁。

(28) 林屋辰三郎・網野善彦・伊藤鄭爾・今谷明・上山春平・田中健夫・森浩一『中世の都市と民衆』(新人物往来社、一九八六年)一〇—一二頁。

(29) 田中健夫「遣明船貿易家楠葉西忍とその一族」(前掲注(1)書、一一六—一四七頁)参照。

(30) 田中健夫、前掲注(19)書、一八〇—一八一頁。

(31)(32)(33) 田中健夫「日鮮貿易における博多商人の活動」(前掲注(1)書、三五—六五頁)参照。

(34) 『海東諸国紀』をあつかった研究で最も詳細なのは、中村栄孝「『海東諸国紀』の撰修と印刷」「朝鮮初期の文献に見える日本の地名」(前掲注(2)書所収)である。地図については秋岡武次郎『日本地図史』(河出書房、一九五五年)、琉球の地名については東恩納寛惇『黎明期の海外交通史』(帝国教育会出版部、一九四一年、のち『東恩納寛惇全集』3、第一書房、一九七九年に収録)がある。なお、本書第四論文参照。

〔補記〕

本章の旧稿には、東京大学史料編纂所所蔵『海東諸国紀』の「海東諸国総図」「日本本国之図」「日本国西海道

九州之図」「日本国一岐島之図」「日本国対馬島之図」「琉球国之図」を図版で掲載したが、本書では第四論文と重複するので割愛した。地図の説明は同論文を併読していただければ幸いである。

本章の旧稿を執筆した一九八七年（昭和六十二）以後に発表された、主要な関連論著をあげる。宋希璟著・村井章介校注『老松堂日本行録――朝鮮使節の見た中世日本――』〈岩波文庫〉（一九八七年、なお『史学雑誌』九六―九に私の紹介がある）、田中健夫編『日本前近代の国家と対外関係』（吉川弘文館、一九八七年）、村井章介『アジアのなかの中世日本』（校倉書房、一九八八年）、網野善彦『日本論の視座――列島の社会と国家』（小学館、一九九〇年）、申叔舟著・田中健夫訳注『海東諸国紀――朝鮮人の見た中世の日本と琉球――』〈岩波文庫〉（一九九一年、底本の地図および本文の影印と読み下し文・訳注・解説を収録）、網野善彦『海と列島の中世』（日本エディタースクール出版部、一九九二年）、網野善彦他編『海と列島文化』全一一冊（小学館、一九九〇―九三年）、荒野泰典・石井正敏・村井章介編『アジアのなかの日本史』全六冊（東京大学出版会、一九九二―九三年）、村井章介『中世倭人伝』〈岩波新書〉（一九九三年、なお『歴史学研究』六五七に私の書評がある）、田中健夫編『前近代の日本と東アジア』（吉川弘文館、一九九五年）、網野善彦『悪党と海賊――日本中世の社会と政治』（法政大学出版局、一九九五年）、『日中文化交流史叢書』全一〇巻（大修館書店）の大庭脩・王暁秋編『〔1〕歴史』（一九九五年）、田中健夫『前近代の国際交流と外交文書』（吉川弘文館、一九九六年）等である。

夷千島王については、高橋公明「夷千島王遐叉の朝鮮遣使について」（『北海道史研究』二八、一九八一年）、村井章介「朝鮮に大蔵経を求請した偽使について」（田中健夫編、前掲『日本前近代の国家と対外関係』所収、のち村井、前掲『アジアのなかの中世日本』に改題収録）、長節子「夷千島王遐叉の朝鮮への書契にみえる「野老浦」」（『地方史研究』二四四、一九九三年）、同「夷千島王遐叉の朝鮮遣使をめぐって㈠㈡」（『九州産業大学国際文化学部紀要』一・二、一九九四・

九五年)、同「朝鮮へ遣使した「夷千島王」の王名―遐叉・遐叉・遐乂―」(『西南地域史研究』一〇、文献出版、一九九五年)があり、最後の論文で王名を「遐叉」と推定しているので、本章でもこれに従った。

済州島に関しては、高橋公明「中世東アジア海域における海民と交流――済州島を中心として――」(『名古屋大学文学部研究論集』XCVIII、史学33、一九八七年)、同「済州島出身の官僚高得宗について」(『名古屋大学文学部研究論集』107、史学36、一九九〇年)、同「中世の海域世界と済州島」(前掲『海と列島文化』4、東シナ海と西海文化、一九九二年)が発表された。

琉球関係では多くの業績が公刊されたが、さしあたって高良倉吉『琉球王国史の課題』(ひるぎ社、一九八九年)、『新琉球史――古琉球編――』(琉球新報社、一九九一年)、和田久徳「琉球と李氏朝鮮との交渉――一五世紀東アジア・東南アジア海上交易の一環として――」(石井米雄・辛島昇・和田久徳編『東南アジア世界の歴史的位相』東京大学出版会、一九九二年)、喜舎場一隆『近世薩琉関係史の研究』(国書刊行会、一九九三年)、高良倉吉『琉球王国』〈岩波新書〉(一九九三年)、宮本義己「室町幕府と琉球使節――琉球船貢物点検問題の実相とその意義――」(『南島史学』四五、一九九五年)、丸山雍成編『前近代における南西諸島と九州――その関係史的研究――』(多賀出版株式会社、一九九六年)をあげておく。なお、本書第二論文の〔補記〕参照。

本章第三節「大規模倭寇集団の実体」に関連しては、高橋公明や村井章介の説をあわせて全面的に批判した浜中昇「高麗末期倭寇集団の民族構成――近年の倭寇研究に寄せて――」(『歴史学研究』六八五、一九九六年)が発表された。比較のうえ御批判をいただきたい。

第二　相互認識と情報

はじめに

国家・民族・地域の情報と、それに基づいて形成される異国・異域認識とは、国際関係の動向や性格を決定づける重要な素因の一つである。私はさきに「中世東アジアにおける国際認識の形成」と題する一文を草し、国際情報が伝達・形成される経緯を検討し、さらに国際認識の地域的類型として、㈠中華型、㈡中国周辺型、㈢島嶼孤立型、の三類型を想定し、それらが文化的落差・経済的需給関係・軍事的緊張等の諸条件によって変容する過程を論じたことがある(1)。

本稿では、前稿で論じたことを念頭におきながら十五世紀から十七世紀にかけての東アジア諸国・諸民族間の相互認識の具体的様相を考察するとともに、その差異を比較し、それが東アジアの国際関係の展開にどのように影響したかを考えてみたい。前稿と併読してもらえれば幸いである。

一　中国の類書に見る異民族認識

前近代の東アジアでは、中国はすべての面で先進国の地位にあり、中国人が周辺の諸国・諸民族をどのように意識していたかという問題は、東アジアの国際認識を探ろうとするに際しては第一に考察されねばならない。

明《みん》末以後の中国では、広範な読者を対象とした絵入り日用百科全書とでもいうべき類書が数多く刊行されているが、そのなかに収録されている諸国・諸地域の人物図は、中国人の外国人観を視覚的に図像表現したものであり、中華型国際認識の一面を端的に表わしたものということができる。ここに見られる中国人の認識は、百科全書的な情報に基づいて組みたてられた、きわめて独善的で興味本位な認識であった。

管見に入った類書のなかで日本人像・朝鮮人像・琉球人像を収めているもののうち、検討の対象にしたのは、つぎの諸書である。

(A)『万金不求人』一八巻五冊　南波松太郎氏所蔵
「万暦甲辰（三十二年、一六〇四）夏月／詹氏西清堂梓」の刊記がある。(2)

(B)『諸書博覧』六巻七冊　国立公文書館内閣文庫所蔵
表紙に「不求人」、内題は「新鍥万軸楼選刪補天下捷用諸書博覧」とある。
承明甫編　万暦三十二年（一六〇四）刊。(3)

(C)『三才図会』一〇六巻　国立公文書館内閣文庫他所蔵
撰者王圻の万暦三十五年（慶長十二、一六〇七）の序があり、子の王思義が校訂して万暦三十七年に刊行した。(4)

一九七〇年（中華民国五十九年）台北成文出版社有限公司刊行の六冊本と、一九八八年上海古籍出版社刊行の三冊本の影印がある。

(D)『学府全編』三五巻一〇冊　国立公文書館内閣文庫所蔵
『内閣文庫漢籍分類目録』（一九五六年）二九七頁には「万用正宗不求人全編」の書名で出ている。内題は前記のほか「分類万用正宗」「分類学府全編」等五種の名称が用いられている。最終巻に「万暦歳次丁未（三十五年、一六〇七）／潭陽余文台梓」の刊記と、第一巻に「万暦己酉歳（三十七年、一六〇九）仲春吉旦」の序がある。「分類学府全編」の第一三巻が「諸夷門類」である。(5)

(E)『万宝全書』三五巻六冊　国立公文書館内閣文庫所蔵

「書林三槐堂／王泰源梓行」の刊記がある。内容から考えて崇禎元年（寛永五、一六二八）以後のほど遠からぬ時期に成立したものと推定される。(6)

(F)『増補万宝全書』一巻二冊　東京大学総合図書館所蔵

「乾隆四年（元文四、一七三九）春王月毛煥文増補識」の序があり、嘉慶丙寅（十一年、文化三、一八〇六）刊行。(7)

(G)『絵図万宝全書』二〇巻三冊　東京大学総合図書館所蔵

「乾隆四年春王月毛煥文増補識」の序は、前掲(F)『増補万宝全書』と同じだが、「同治甲戌（十三年、明治七、一八七四）新刊」の刊記がある。巻冊の構成は(F)と同一ではない。なお、東京大学の目録カードの書名は『増補万宝全書』になっている。

1　着衣の高麗国人

中国の類書に登場する朝鮮半島の住民は例外なしに「高麗国」人と称されている。新羅・百済・朝鮮の名称は類書には登場しない。多くの類書の刊行された十七世紀の朝鮮半島に存在したのは李氏の朝鮮王朝であって、高麗王朝ではなかったのだが、一般の中国人にとっては、国名の変更などは意に介すほどの事件ではなかったのである。(8)このことは一般の日本人が中国の王朝交替にこだわらずに、唐国・唐人と呼んでいたことや、朝鮮人を高麗人と呼んでいた

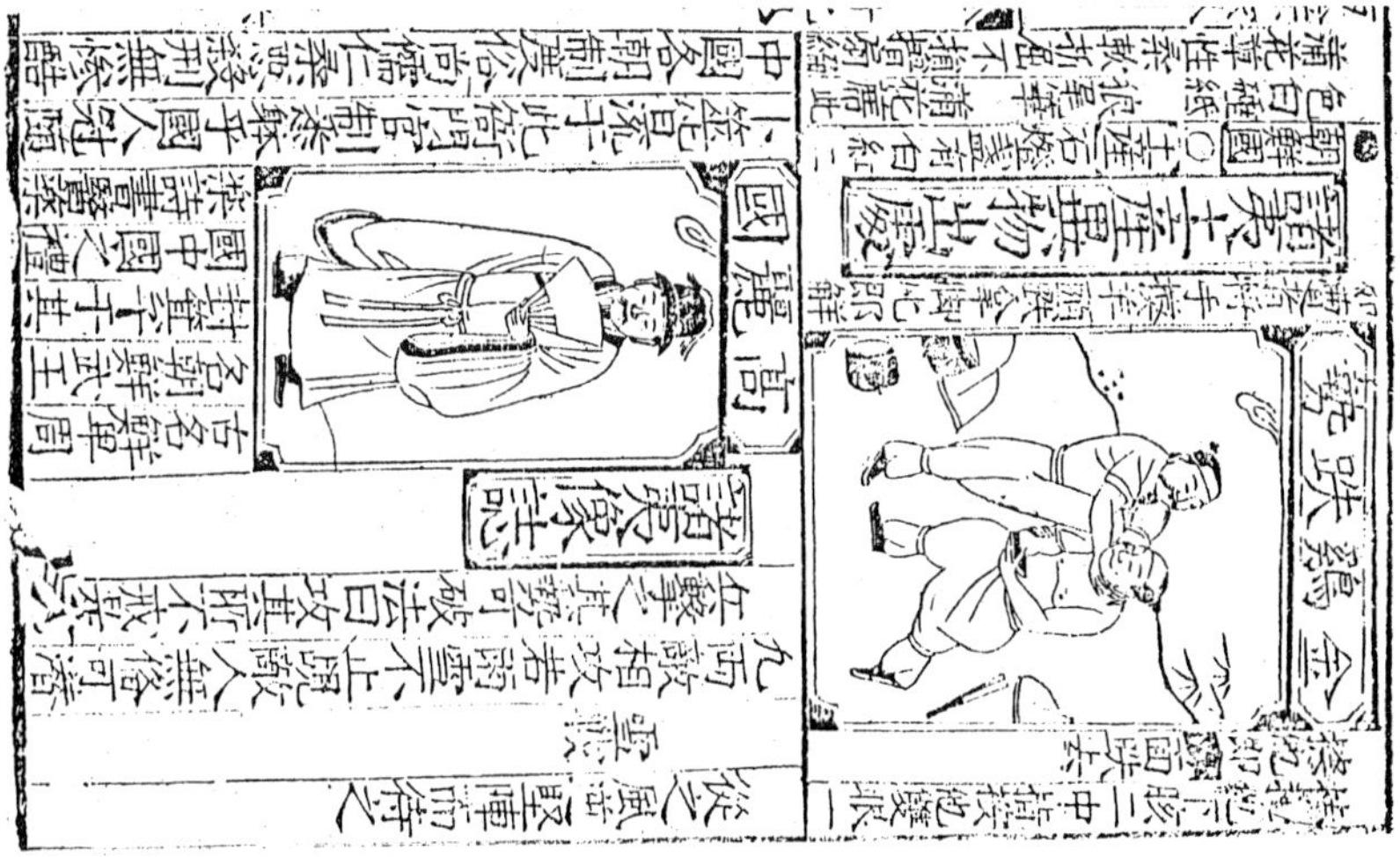

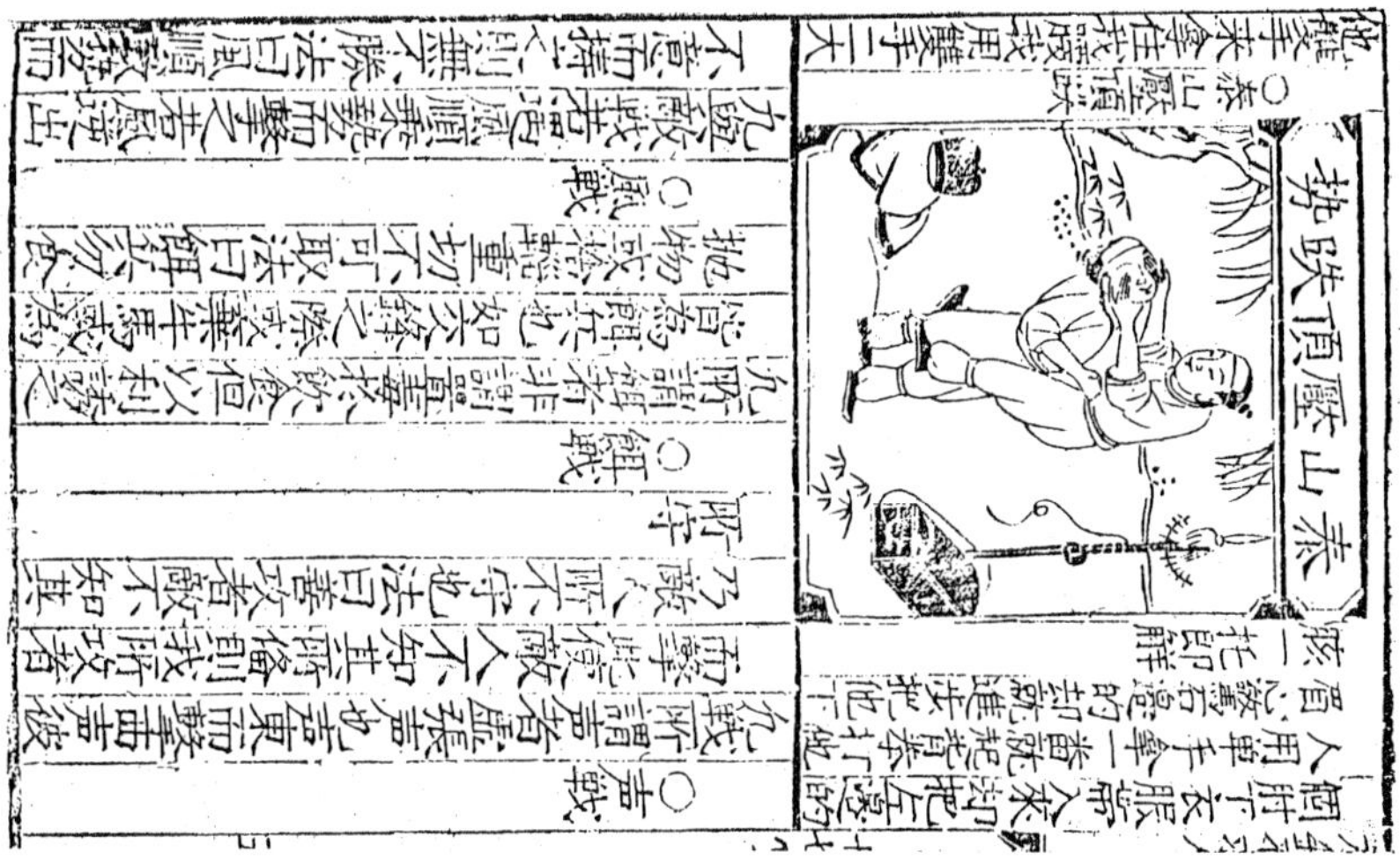

図1　(A)『万金不求人』(南波松太郎氏所蔵)(その1)

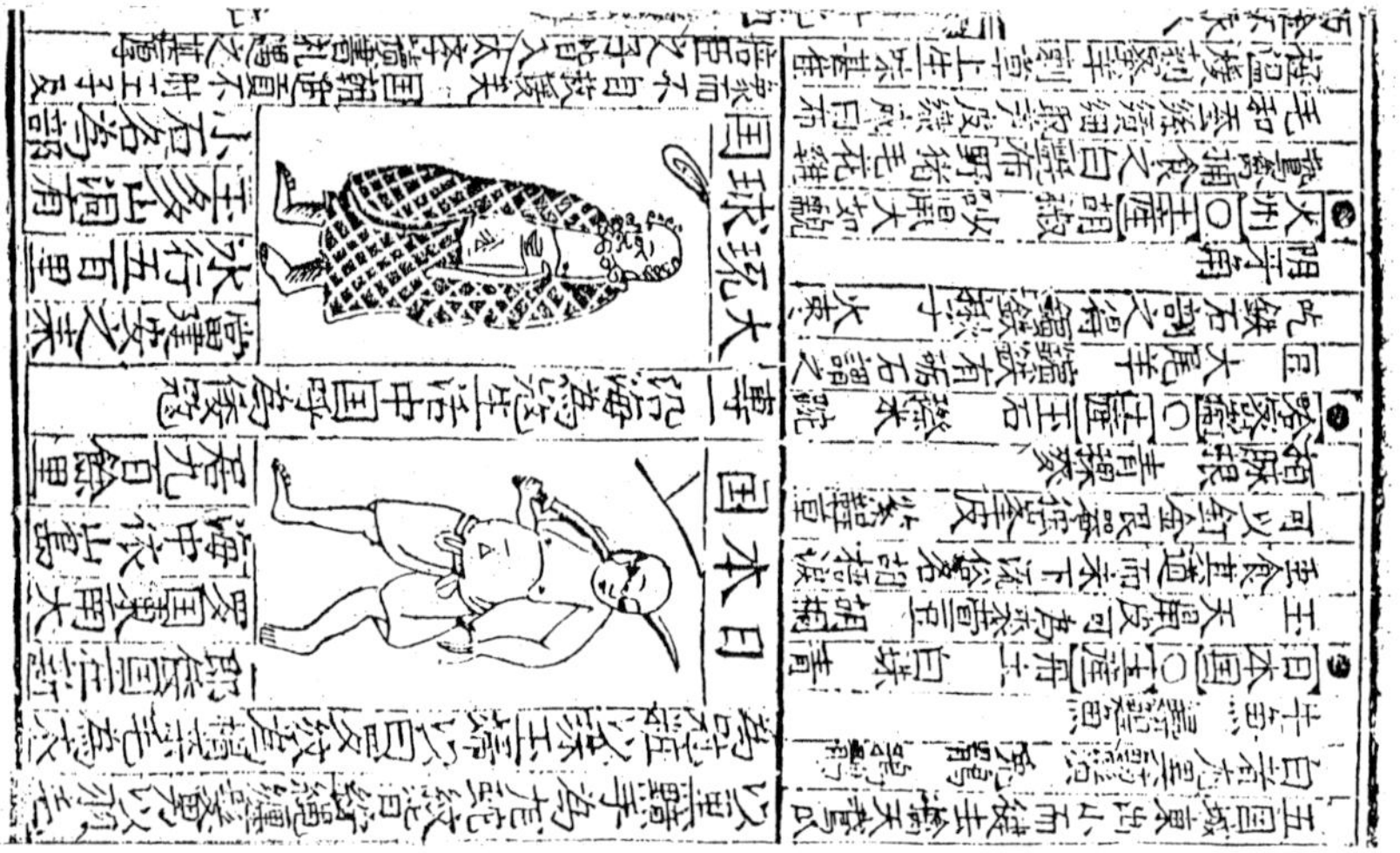

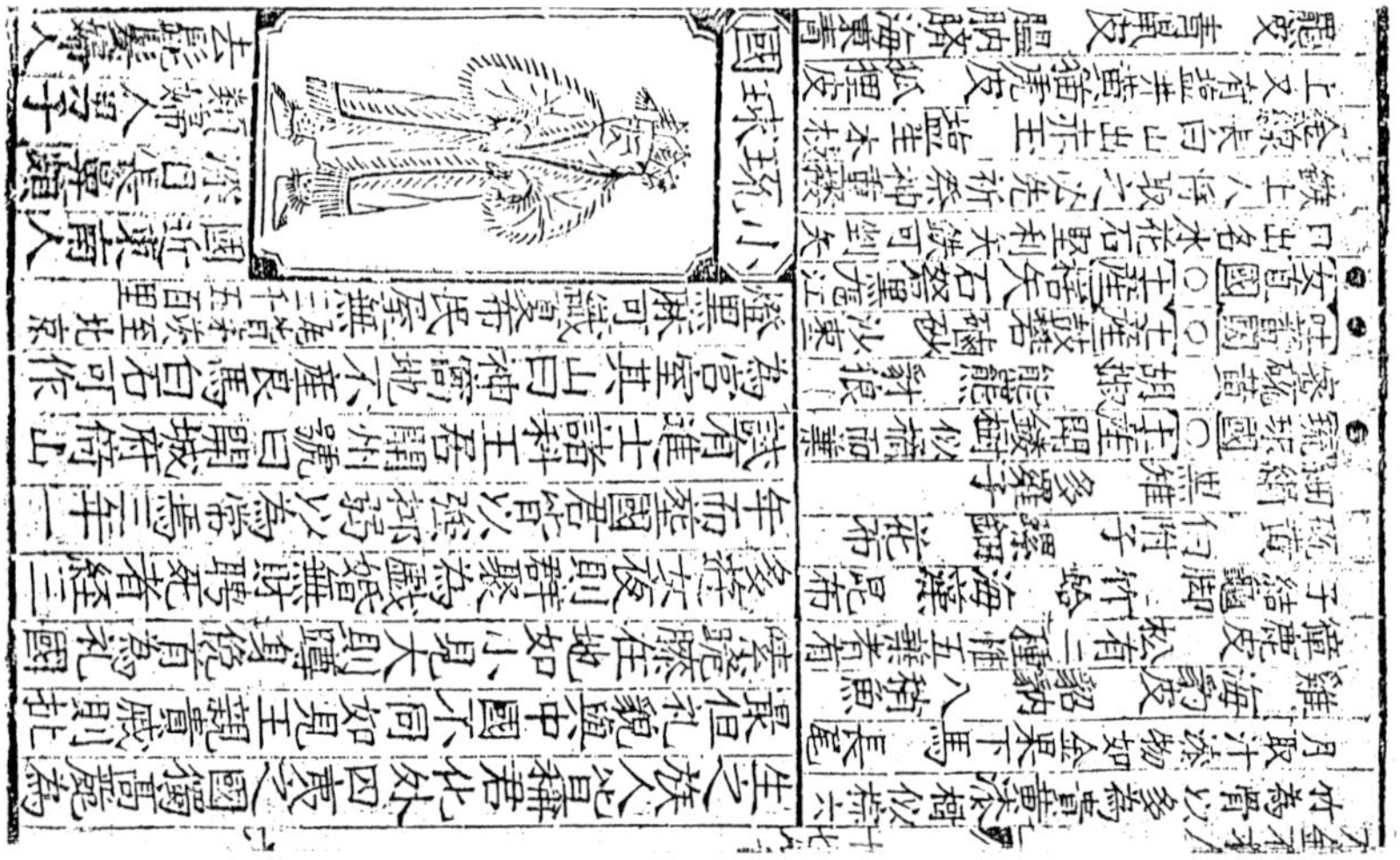

図1　(A)『万金不求人』南波松太郎氏所蔵（その2）

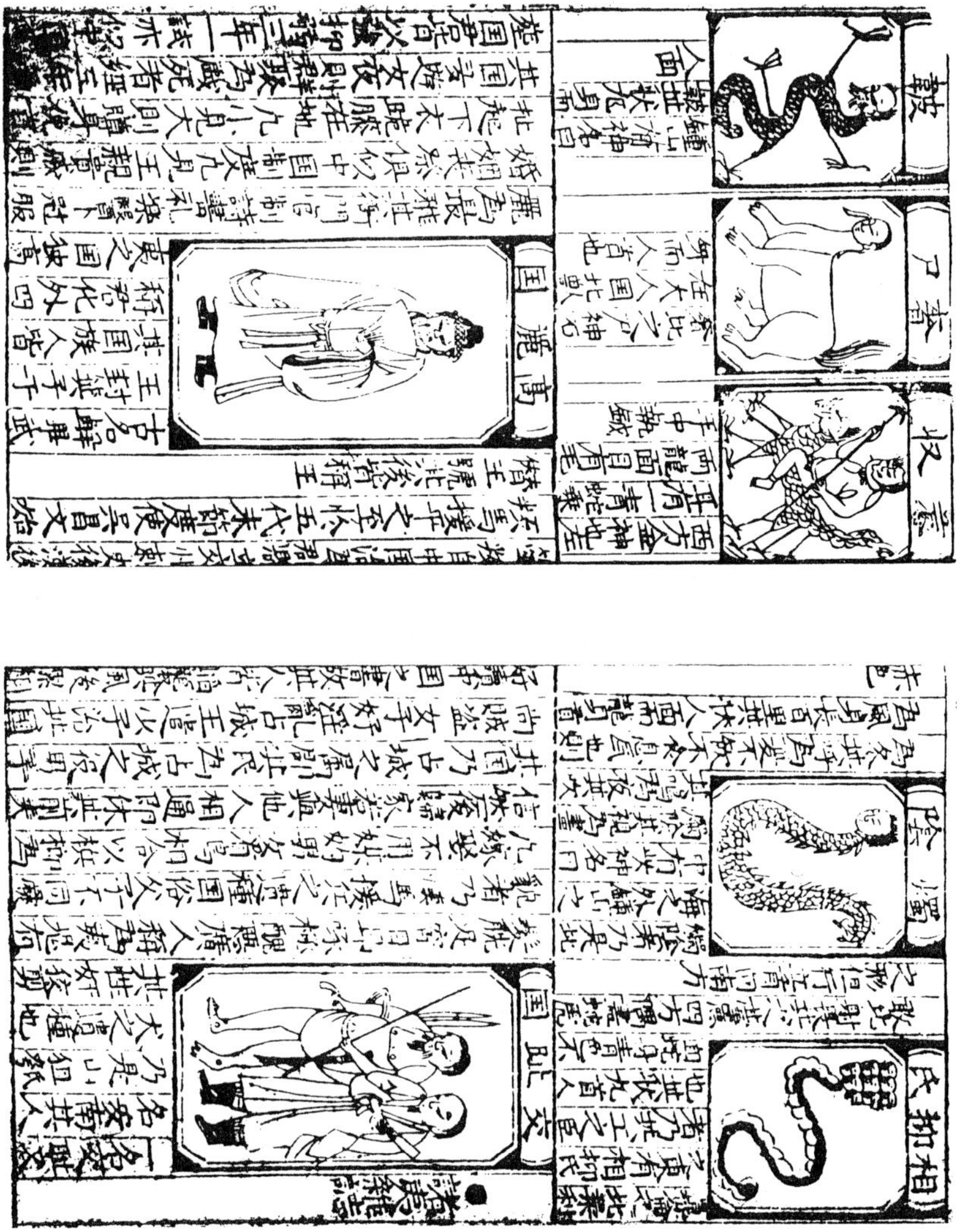

図2　(B)『諸書博覧』(国立公文書館内閣文庫所蔵)(その1)

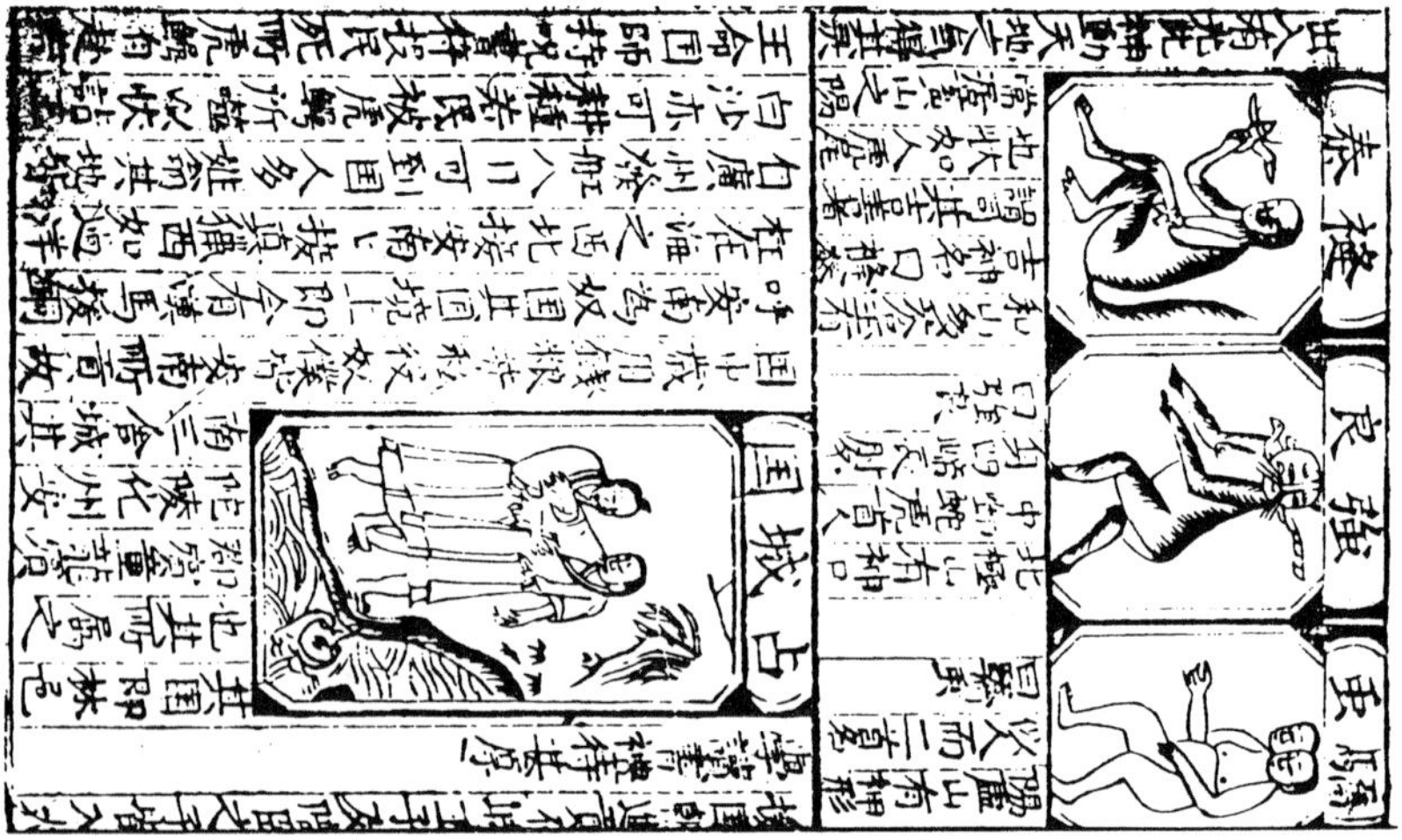

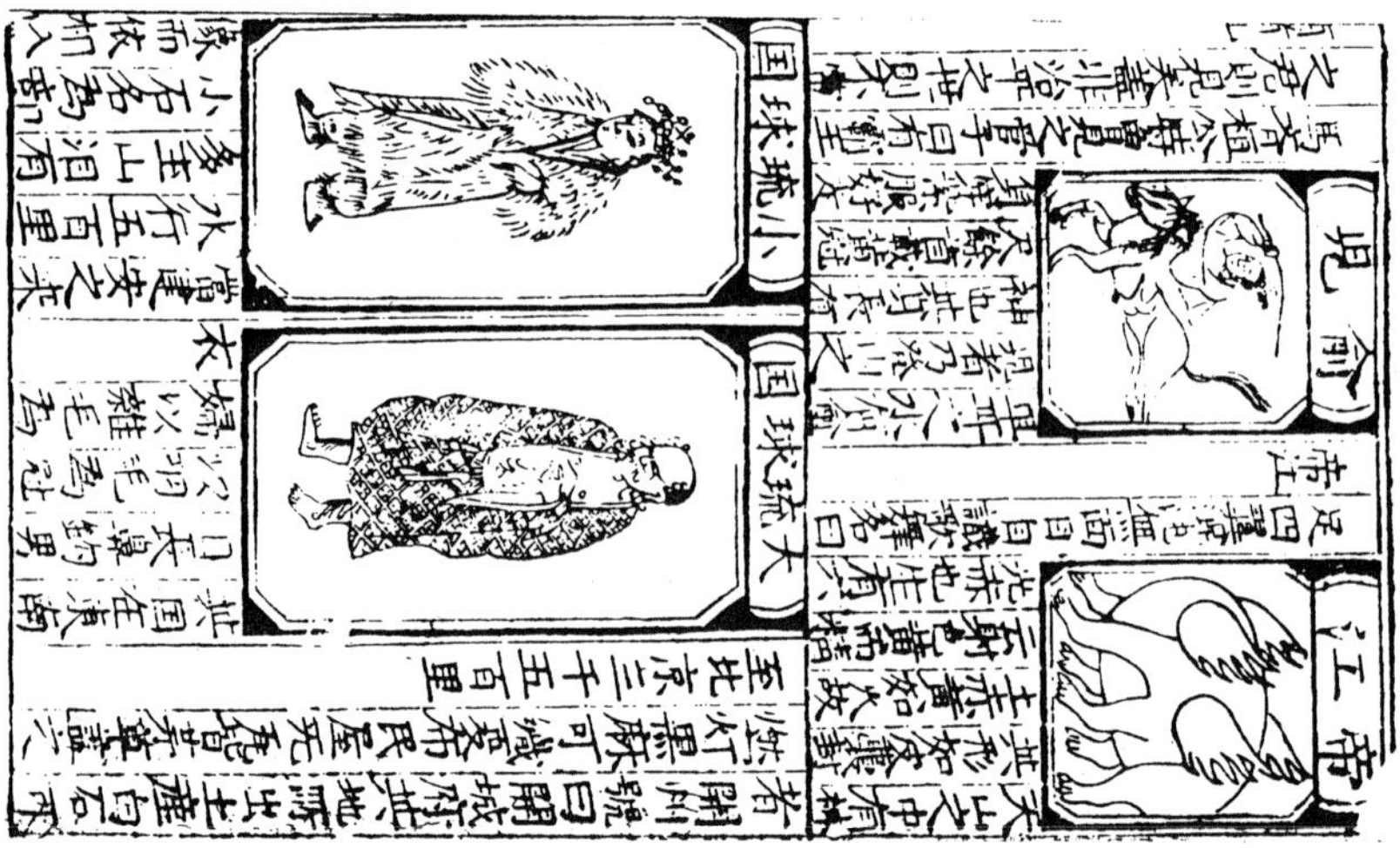

図2　(B)『諸書博覧』(国立公文書館内閣文庫所蔵)(その2)

高麗國古名鮮卑周名朝鮮武王封箕子於其國中國之禮樂詩書醫藥卜筮皆流于此衙門官制衣服悉隨中國各朝制度俗尚儒仁柔惡殺刑無慘酷但禮貌與中國有差如見王親貴戚則扯襟入膝在地如小見大則蹲身俛首為禮如中國人見賊寇不敢仰視之類此與狄之風俗習以為常焉地不產良馬白石可作燈具黒麻可織夏布其國治東西二千里南北千五百里王居開州號曰開城

府

図3 (C)『三才図会』（国立公文書館内閣文庫所蔵）（その1）

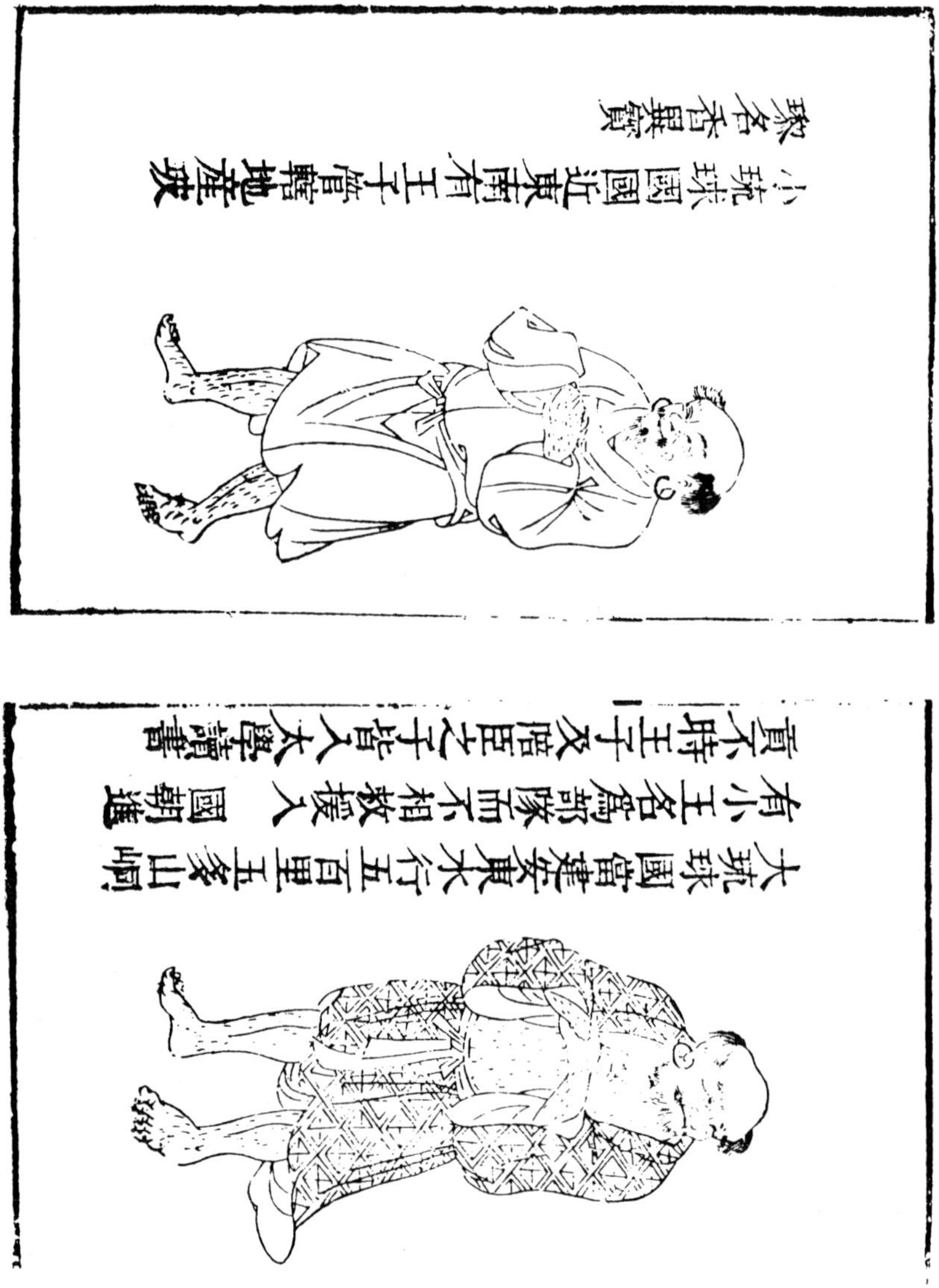

図3　(c)『三才図会』(国立公文書館内閣文庫所蔵)(その2)

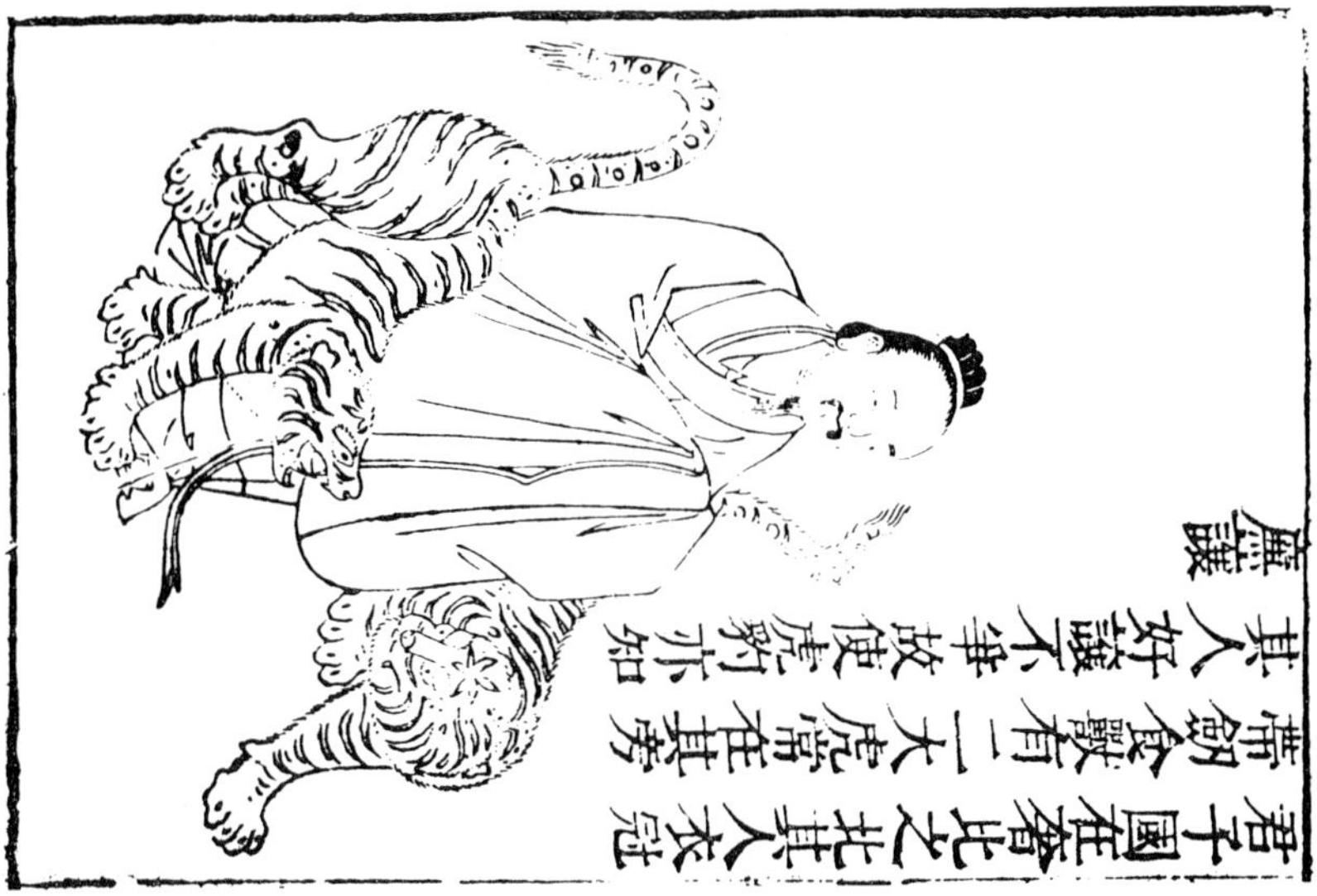

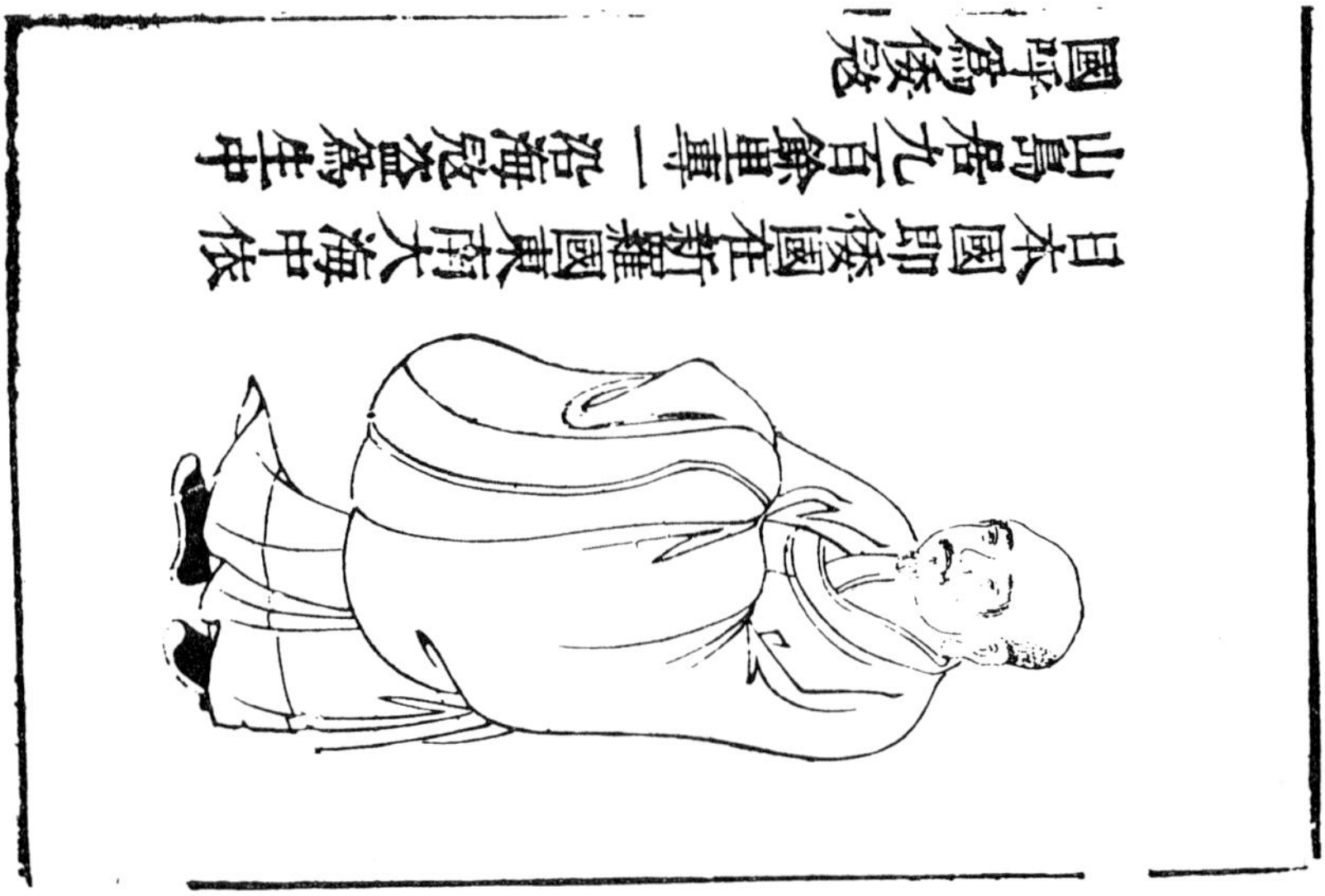

図3 『三才図会』(国立公文書館内閣文庫所蔵)(その3)

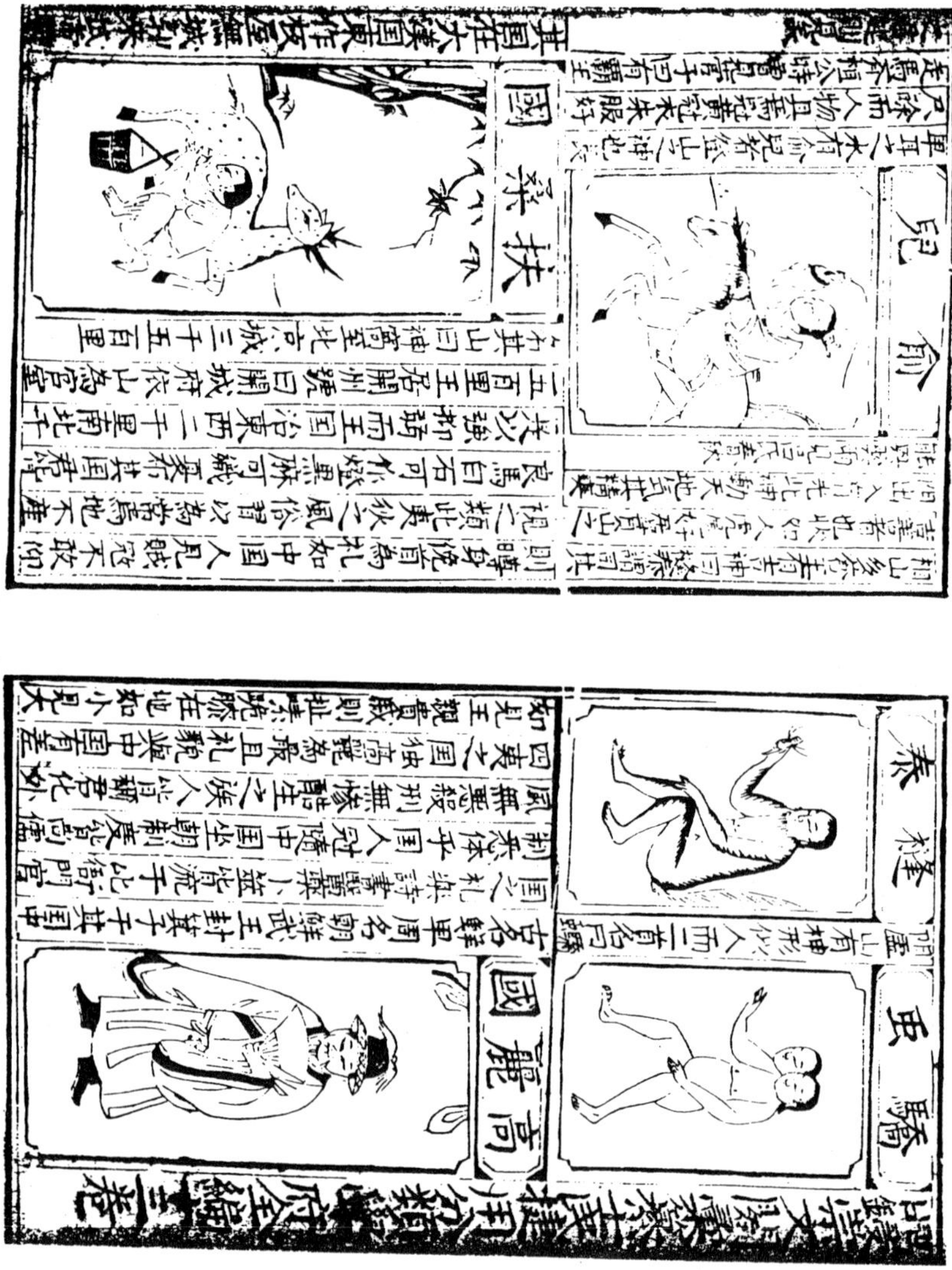

図4　(ロ)『学府全編』(国立公文書館内閣文庫所蔵)(その1)

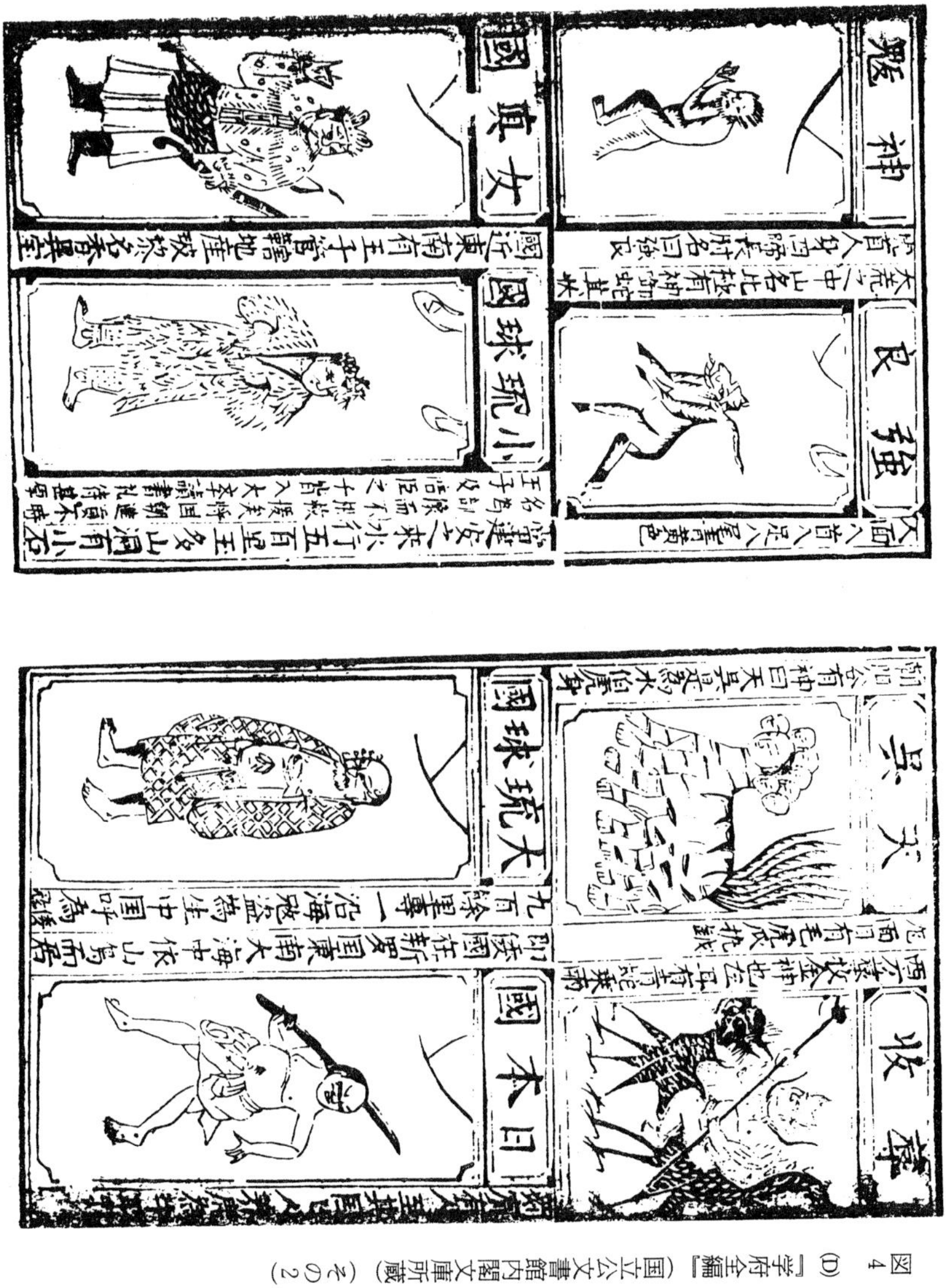

図4　(D)『学府全編』(国立公文書館内閣文庫所蔵)(その2)

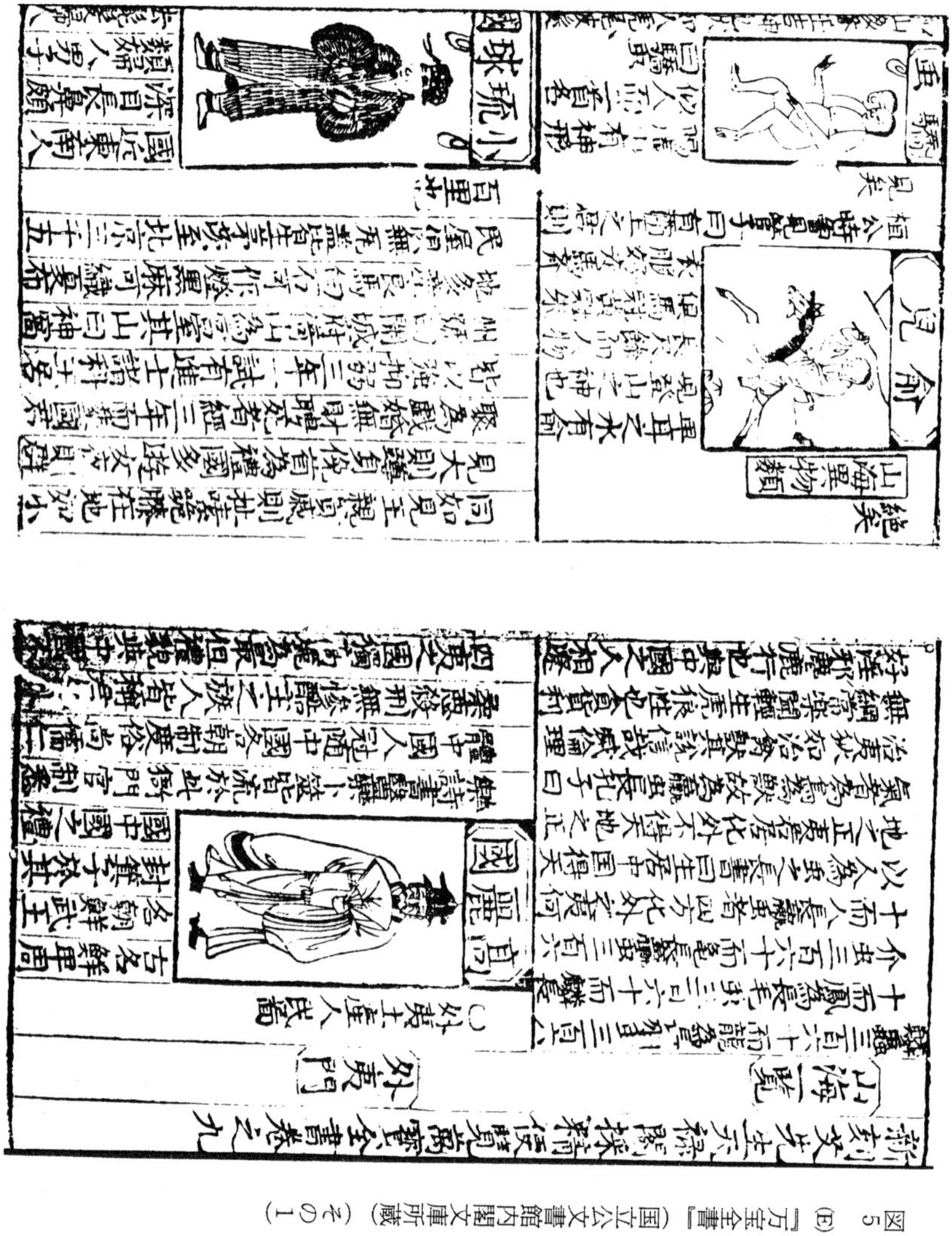

図5　(巳)『万宝全書』(国立公文書館内閣文庫所蔵)(その1)

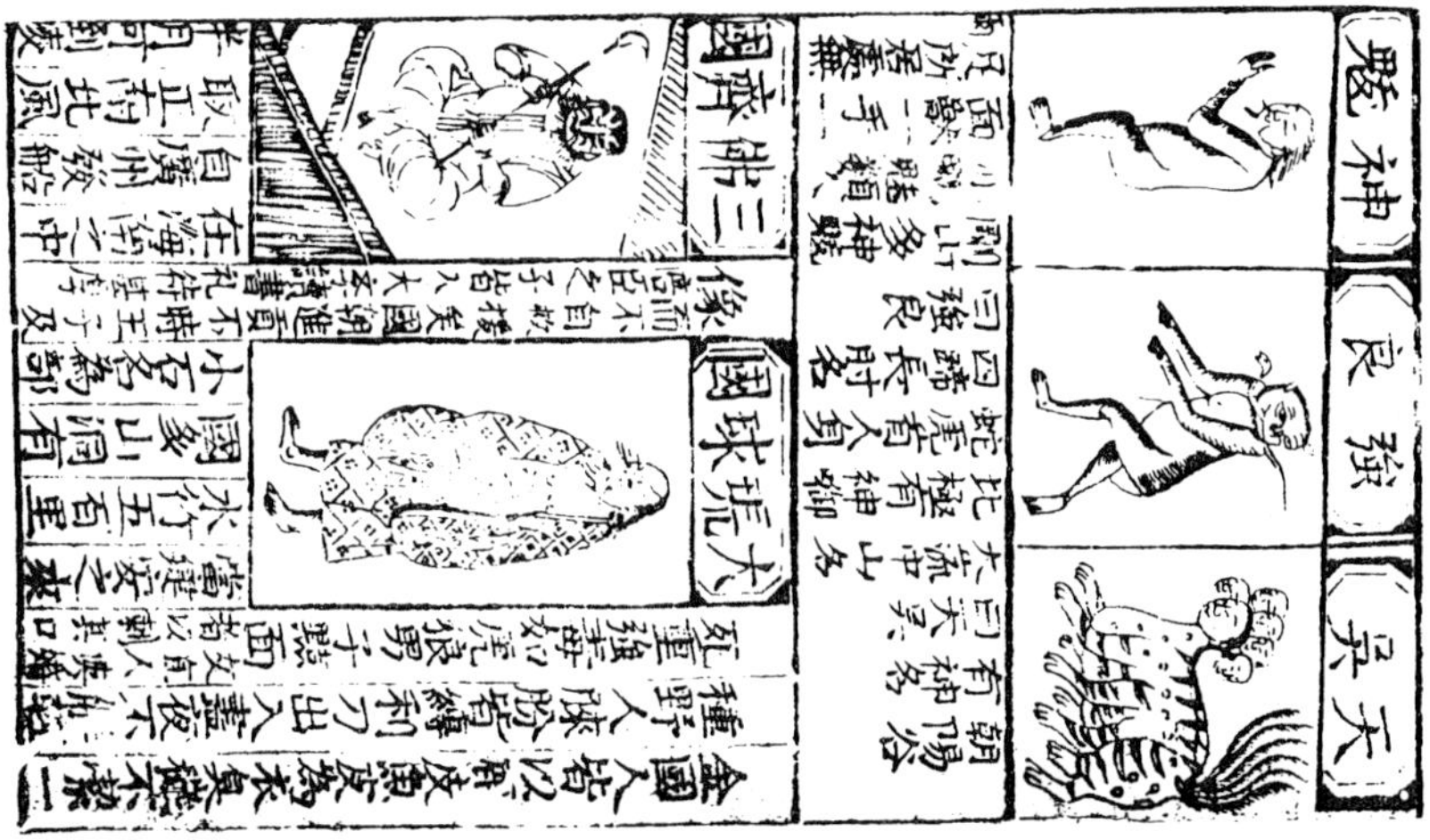

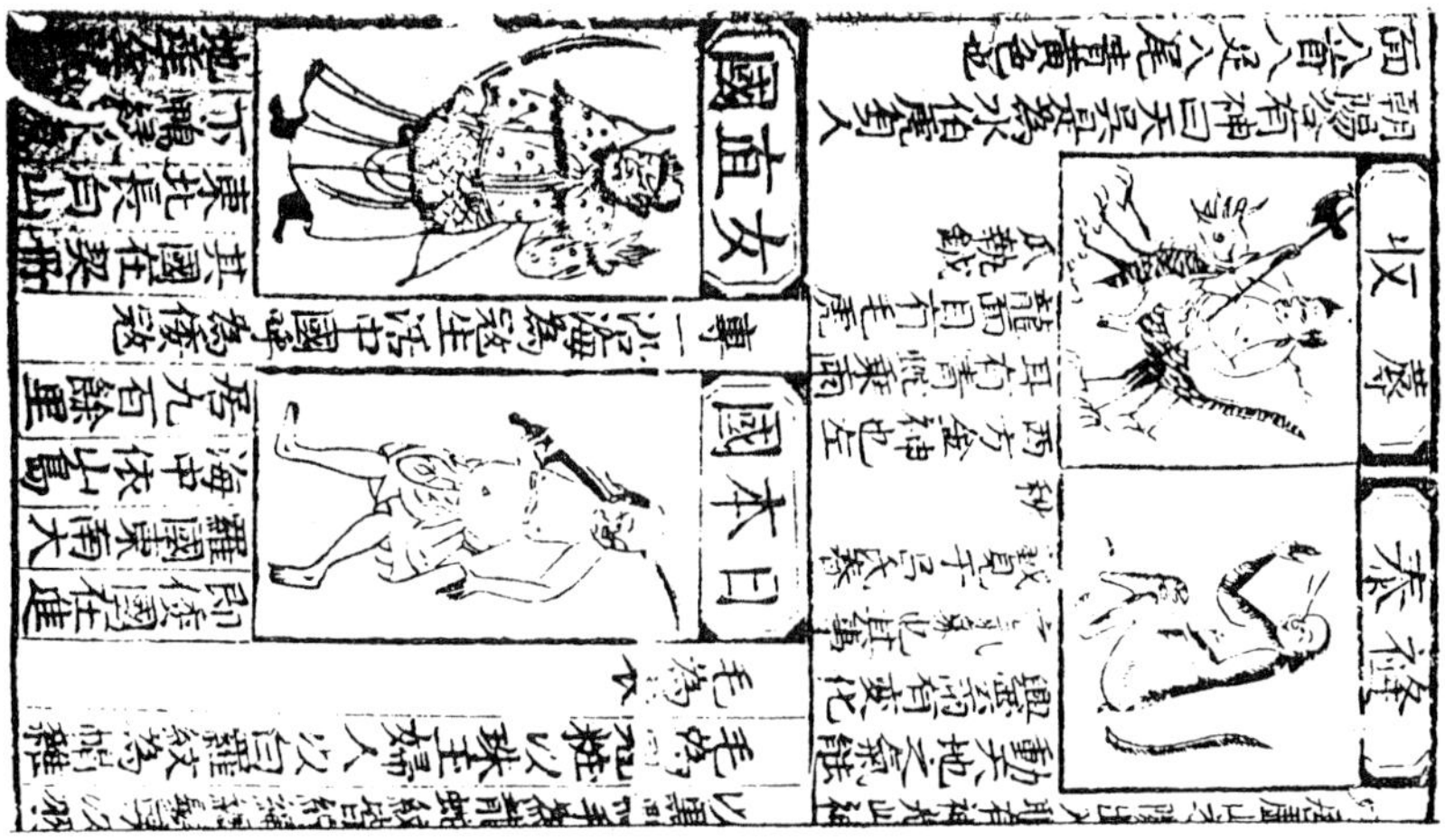

図5　(E)『万宝全書』(国立公文書館内閣文庫所蔵)(その2)

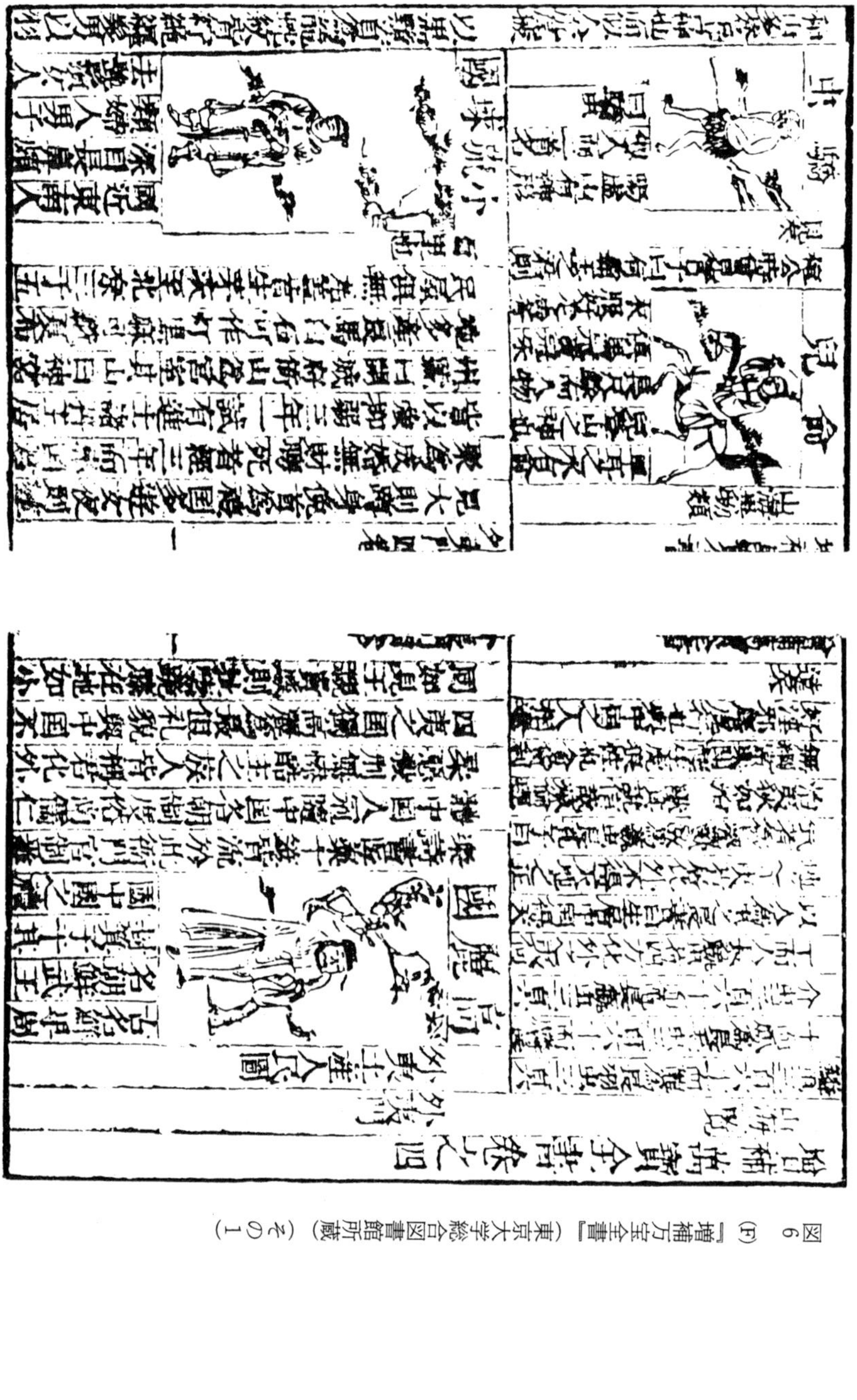

図6　(F)『増補万宝全書』（東京大学総合図書館所蔵）（その1）

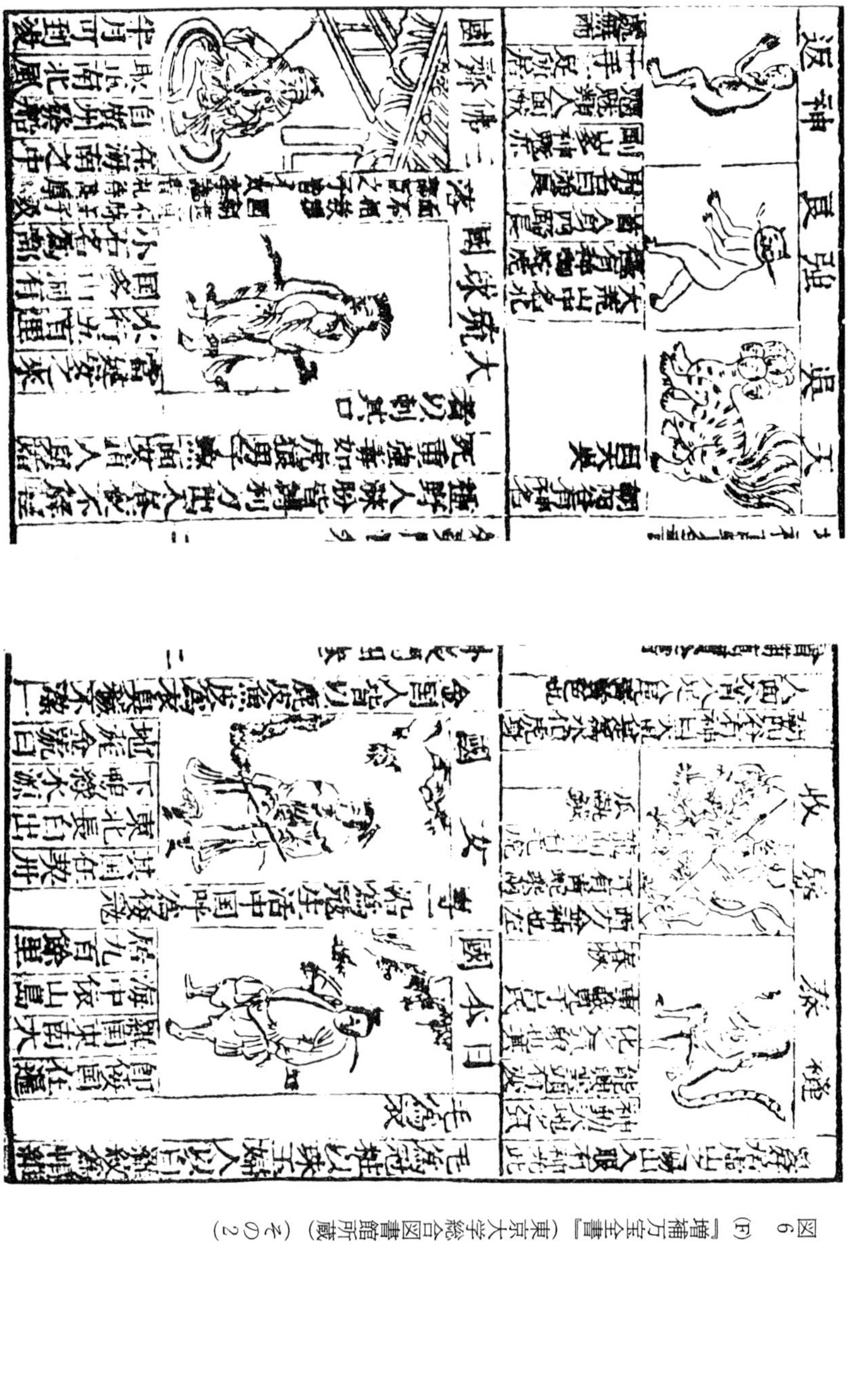

図6　(F)『増補万宝全書』(東京大学総合図書館所蔵)(その2)

図7　(G)『絵図万宝全書』（東京大学総合図書館所蔵）（その1）

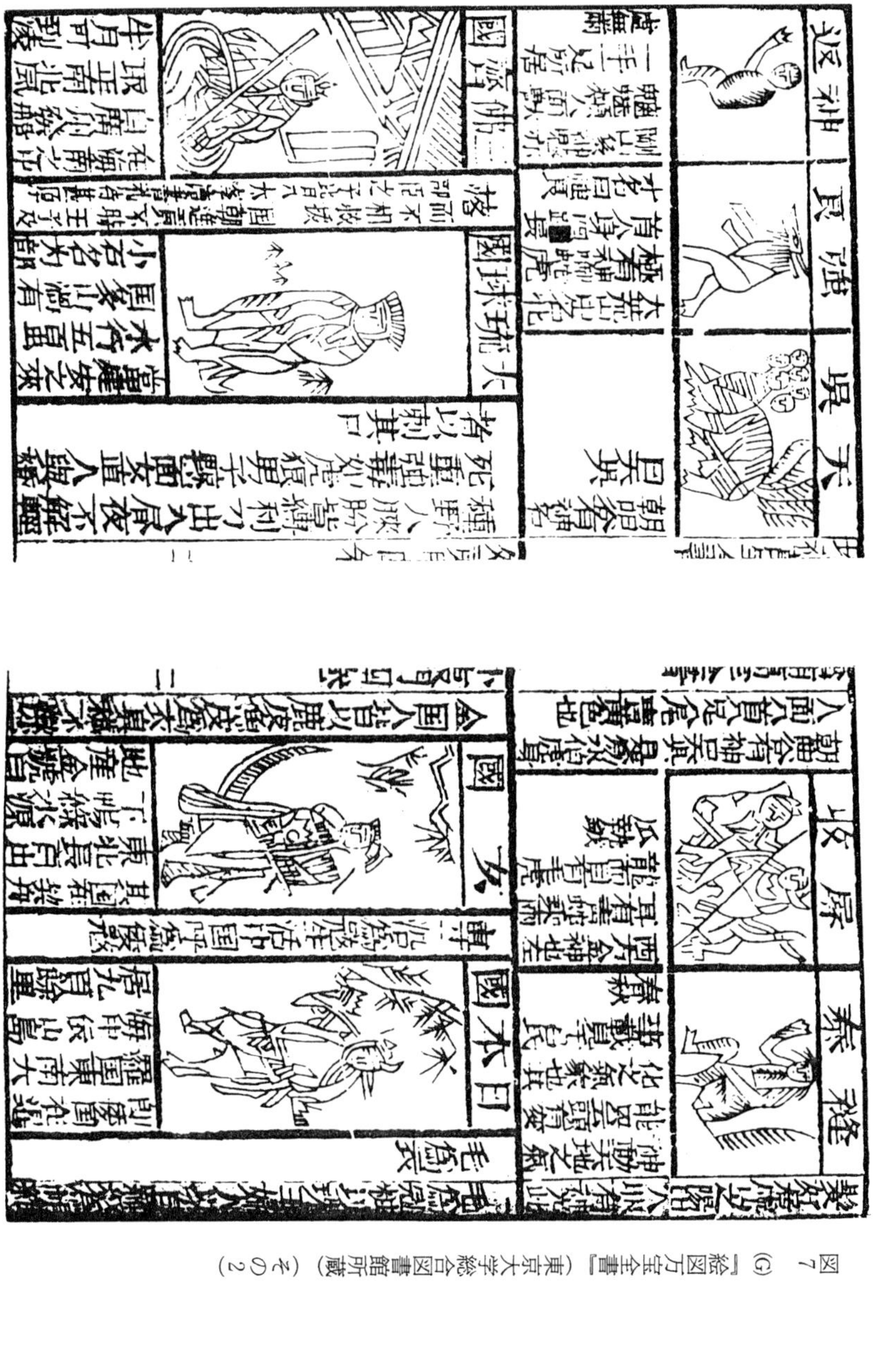

図7　(G)『絵図万宝全書』(東京大学総合図書館所蔵)(その2)

ことと類似している。異国（異民族）認識の不正確さ曖昧さは現代にまで通じる国際認識の特質の一つである。

(A)『万金不求人』の説明文は、表題を「高麗国」と横書きし、

古名鮮卑、周名朝鮮、武王封二箕子于其国一、中国之礼楽・詩書・医薬・卜筮、皆流二于此一、衙門・官制悉躰乎、国人冠随二中国各朝制度一、俗尚二儒仁柔一、悪二殺刑一、無二惨酷一、生之族人皆称レ君、化外四夷之国、独高麗為レ最、但礼貌与二中国一不レ同、如見二王親貴戚一、則扯素跪膝在地、如小見レ大、則蹲レ身俛レ首為レ礼、国多二遊女一、夜則群聚為二戯婚一無二財聘一、死者経二三年一而葬、国君皆以レ強抑レ弱、以為レ常焉、三年一試有二進士諸科一、王居二開州一、号曰二開城府一、倚レ山為二宮室一、其山曰二神窩地一、不レ産二良馬一、白石可レ作レ燈、黒麻可レ織二夏布一、民屋無レ瓦、皆茅茨、至二北京一三千五百里、

とある（図1、その1参照）。王居を開城府というなどと書いてあるから、高麗王朝に関する記事であることは明らかである。この文は大きく変改されることなく、(B)『諸書博覧』、(C)『三才図会』、(D)『学府全編』、(E)『万宝全書』、(F)『増補万宝全書』、(G)『絵図万宝全書』へと引き継がれてゆくのである。

人物図は、(A)から(G)に至るまで特筆すべき相違点はない。すなわち頭に帽をいただき、口ひげをたくわえ、長袖の衣服をまとい、履《くつ》を履き、手に扇子をもった人物を正面から見た像である。(C)『三才図会』だけは側面から見たもので扇子をもたず、両手を組んでいるが、帽・長袖・履の様式は同様である。(F)『増補万宝全書』には背景に樹木が配され、(G)『絵図万宝全書』はデフォルメがいちじるしく、人物・服装の細部を明確に知ることはできない。

文と絵との両方から考えられる中国類書の朝鮮人観は、東海の礼儀を知り、文物・制度の整備された、中華文化圏のなかの王国ということになろうか。ちなみに、(A)『万金不求人』と(G)『絵図万宝全書』とのあいだには実に二七〇年の年月の経過が存在するが、(G)の絵は(A)の極端な踏襲簡略化、文は単なる敷写しである。このことは、中国の類書

には海外情報を積極的に導入して海外認識を訂正しようとする意志などは、まったくなかったことを示している。

2　はだかの日本国人

中国人には、日本人の姿はかの『職貢図』(9)の倭国使以来、はだしの人物という固定観念があったようである。いわゆる『魏志倭人伝』(『三国志』「魏志」東夷伝・倭人伝)以来の伝統的観念かもしれない。なお『職貢図』の百済国使は衣冠や履を着けている。

(A)〜(G)の各書の表記は、例外なしに「日本国」となっている。

まず、(A)『万金不求人』の文章からみよう。表題は「日本国」と横書きし、

即倭国、在二新羅国東南大海中一、依二山島一居、九百餘里、専一沿レ海、為レ寇生活、中国呼為二倭寇一、

とある(図1、その2参照)。冒頭の文章は、明末の記事としては不適切だが、「新羅」とあるところからみると『旧唐書』倭国伝にある「在二新羅東南大海中一、依二山島一而居」に拠ったものかもしれない。「九百餘里」以下の文章は十六世紀の倭寇を意識した文章である。

絵は、半裸で、衣服は腰のまわりにあるだけで、はだし、大刀を肩に担ぎ、頭髪を月代《さかやき》のように剃りあげ、顔を右に向けた、いわゆる倭寇図独特のタイプである。この絵は、(D)(E)にもほぼそのまま継承されている。

(B)『諸書博覧』には、「日本国」についての絵も文章もまったくない。

(C)『三才図会』は、文章は(A)とほとんど変わらないが、絵の方は僧形で履を履いている。室町時代に勘合船の使節として入明した禅僧の姿を表わしたものであろう。

(D)『学府全編』と(E)『万宝全書』は文章も絵も(A)『万金不求人』とほとんど変わっていない。ただ、(E)『万宝全

書』では、文章で「新羅」とあったのを「進羅」と誤写している。

(F)『増補万宝全書』と(G)『絵図万宝全書』とは、それぞれ(E)『万宝全書』の増補改訂版ということだが、人物図が着衣の像になっているのが大きな特色である。明王朝時代以来固定していたはだかの倭寇像が、清王朝の時代になって大きな変改をみせたのである。これは中国人の倭寇観＝日本人観の変容と考えてもよいであろう。なお文中の、(A)(C)(D)の「新羅」、(E)の「進羅」が、(F)(G)ではさらに「暹羅」に誤写されている。異国認識が厳密ではなかったことを示す一つの例である。

3　はだしの大琉球国人と小琉球国人

『隋書』東夷伝の「流求国」の記述は、台湾島に関する記述なのか、沖縄島に関する記述なのか、あるいは両者をふくめた地域の記述か、一部は台湾で一部は沖縄を示したのか等について、明治以後の研究者によってさかんに議論されたが、現在では基本的には沖縄島を念頭において書かれたものとする考えが有力である。[10]

明王朝の末期には、大琉球は沖縄島、小琉球は台湾島として明らかに別の地域と考えられており、地図などでも両者が混同されることはなかった。

(A)『万金不求人』の「大琉球国」の説明文は、

当㆓建安之来㆒、水行五百里、玉多山洞有、小石名為㆓部象㆒、而不㆓自救援㆒矣、　国朝進貢不㆑時、王子及倍臣之子皆入㆓太学㆒読書、礼㆓遇之㆒甚厚、

とある（図1、その2参照）。最初の部分は意味不明だが、これを『隋書』「流求国」伝と対比すれば判読することができる。「建安之来」は「建安郡東」の写しちがい、建安は福建省の地名である。「水行五百里」は「水行五日」の、

「部象」は「部隊」の写しちがいである。「国朝」以後の文章が明代の琉明関係をふまえて書かれた記事で、琉球の子弟が多く太学（北京の国子監）に学んだことが注目されている。

「小琉球国」の説明文は、

国近二東南一、人深目・長鼻、頗類二婦人一、男子去二髭髪一、婦人以レ黒黯レ手為二龍蛇紋一、皆紵縄纏レ髪、男以二羽毛一為レ冠、粧以二珠玉一、婦以二白羅紋一為レ帽、雑毛為レ衣、

とある（図1参照）。これは、『隋書』「流求国」伝の、

人深目・長鼻、頗類二於胡一（中略）、男子抜二去髭鬢一、身上有レ毛之処、皆亦除去、婦人以レ墨黥レ手為二虫蛇之文一、

の文と、同書のこれより前にある、

男女皆以二白紵縄一纏レ髪、従レ項後盤繞至レ額、其男子用二鳥羽一為レ冠、装以二珠貝一飾、以二赤毛一形製不レ同、婦人以二羅紋白布一為レ帽、其形正方、織二闘鏤皮幷雑色紵及雑毛一以為レ衣、

の二文を合わせ、筆写に当って少し誤ったと考えれば納得できよう。文中の闘鏤（樹）はガジュマルと考えられる。『万金不求人』には、すでに刊行されていた『元史』の「瑠求」伝を参照した形跡はまったく認められない。

(B)『諸書博覧』（図2）では、「大琉球国」の説明文は(A)の「小琉球国」の説明文の一部を省略したもの、「小琉球国」の説明文は(A)の「大琉球国」の説明文と同じである。すなわち(A)の場合と説明文がいれかわり、逆になっている。

(C)『三才図会』（図3、その2）は、「大琉球国」の説明文は(A)とほぼ同文だが、

当二建安東一、水行五百里、玉多山峒有、小王名為二部隊一、而不二相救援一、入二国朝一進貢不レ時、王子及陪臣之子皆入二太学一読書、

とあり、「小琉球国」の説明文は、

国近㆓東南㆒、有㆓王子㆒管轄、地産㆓玻黎・名香・異宝㆒、

とある。

(D)『学府全編』（図4、その2）は、「大琉球国」の説明文は(A)の説明文と、「小琉球国」の説明文は(C)の説明文とほぼ同文である。

(E)『万宝全書』（図5）は、「大琉球国」の説明文も「小琉球国」の説明文も(A)の説明文とほぼ同じである。

(F)『増補万宝全書』（図6）と(G)『絵図万宝全書』（図7）は、(E)の説明文を継承しているにすぎないが誤写がある。

人物図について考察しよう。「大琉球国」からみよう。(A)『万金不求人』の絵は、はだかではなく、衣服をつけているが胸をはだけ、帽子はなく、はだしであごひげが濃いのが特徴である。この絵は(B)(C)(D)(E)の諸書にうけ継がれている。ただ(C)の人物は著しく毛深く描かれている。(F)『増補万宝全書』は少し違い、はだしではあるが胸をはだけてはおらず、頭に帽子のようなものが描かれている。(G)はデフォルメがはげしく、明確な人物像とはいえない。

つぎに「小琉球国」の人物図について述べよう。(A)『万金不求人』では、毛皮の帽子のようなものを被り、着衣も毛皮のようであるが、はだしに描かれている。(B)(D)(E)はこれと同じ。(C)『三才図会』は、毛皮ではない白衣をつけ、はだしで、大琉球国人と同様に毛深い人物である。(F)『増補万宝全書』になると着衣で帽子を被り、履も履いているようである。(G)はこれをデフォルメしたもの。

以上の類書のなかに示された明代中国人の琉球認識を総括してみると、大琉球国と小琉球国は風俗を異にする別の国と認識されていたこと、大琉球国人については中国に進貢し、大学で子弟が多く学んでいたことを知っており、小琉球国については『隋書』「流求伝」の認識をこえるものはなく、また(B)『諸書博覧』が「大琉球国」と「小琉球国」の文と絵をとりちがえていたことにみられるように、大琉球・小琉球両国の差異に関する明確な認識はなかったよう

に思える。好い加減というか、鷹揚というか、独善的な中華型認識が典型的に示されている。

二　琉球をめぐる国際認識

琉球が朝鮮・中国・日本の有識者からどのように観察され、どのように意識されていたかを検討するのが本節の課題である。

1　朝鮮から見た琉球——交隣の対象

琉球使節の朝鮮半島渡航を、『高麗史』『高麗史節要』『朝鮮王朝実録』『海東諸国紀』等の史料によってみると、一三八九年（高麗辛昌元）から一五〇〇年（朝鮮燕山君六）まで一一二年のあいだに三七回ほどあった。通交の担い手から四段階に時期区分をすることができる。すなわち、第一期、倭寇が中心になった時代（一三八九—一四二三年）、第二期、対馬・九州の人が両国の通交を中継した時代（一四二九—六八年）、第三期、偽称琉球国使が通交を独占した時代（一四七〇—九四年）、第四期、琉球国王使が直接朝鮮に渡航した時代（一五〇〇年）である。

朝鮮半島では、以上の四つの時期を通じて琉球に関する情報を集めたが、その情報源にはつぎの三つが考えられる。㈠琉球の使節や日本の商人等（偽称琉球国使をふくむ）からの情報聴取、㈡朝鮮人で琉球に漂流して帰国した者、あるいは朝鮮に漂着した琉球人からの情報聴取、㈢文献資料や地図からの情報の収集と確認、である。(11)

朝鮮で琉球情報の収集が積極的に行われたのは、世宗から成祖に至る時期、すなわち第二期であるが、この時期は朝鮮では対外和親政策を推進した時期であり、海外情報は外交政策の決定に必要だったのである。『海東諸国紀』は、一四七一年（朝鮮成宗二、日本文明三）に議政府領議政申叔舟が王命を奉じて撰進した書物だが、その序文の劈頭に「夫交隣聘問、撫二接殊俗一、必知二其情一、然後可三以尽二其礼一、尽二其礼一、然後可三以尽二其心一矣」（傍点、田中）と書いているように、日本・琉球にたいする交隣外交の基本はその相手国の国情を知ることが第一肝要であるとの考えから撰述された書物であった。海東諸国（日本と琉球）の地図・国情、その朝鮮との通交の沿革、使人応接の規定を収め、後世からも外交の参考書として重用された。琉球関係では、巻首に地図があるが、これについては後述する。本文では「日本国紀」についで「琉球国紀」がおかれ、「国王代序」「国都」「国俗」「道路里数」がある。

「国王代序」は察度以後の歴代琉球国王の記事で、高麗恭譲王二年（明洪武二十三、日本明徳元、一三九〇）の通交(12)から尚円のころの情勢までを収めている。朝鮮では、琉球を交隣の対象としながらも、その対応には明確な位置づけをすることができず、琉球の使節や外交文書につき、

　自二察度始遣使一以来、相継不レ絶、進二方物一甚謹、或直遣二国人一、或因下日本人商販在二其国一者上為レ使、其書或箋、或咨、或致書、格例不レ一、其称号・姓名亦不レ定、琉球去レ我最遠、不レ能レ究二其詳一、姑記二朝聘・名号次第一、以待二後考一、

としている。文中の箋は下位者が上位者に送る文書、咨と致書は同位・対等の者の間の文書である。文書の形式は、国際間の秩序の反映でなければならず、明確にすべきことであるが、遠国なのでやむをえないといった事情であった。

「国俗」では、

　地窄人多、以二海舶行商一為レ業、西通二南蛮・中国一、東通二日本・我国一、日本・南蛮商舶亦集二其国都海浦一、国人為下置二肆浦辺一互市上、

とし、琉球が東アジア海域における海洋貿易国家であった実態を見事に書いている。また琉球国内の習俗について

「地常暖、無二霜雪一、草木不二彫落一」「水田一年再収」「男女衣服与二日本一大同小異」とある記事なども注目される。

なお『海東諸国紀』の末尾には、目録には載っていない「琉球国」の項が追加されている。これは一五〇一年（燕山君七、文亀元）の文書で、前年朝鮮に渡航した琉球国の最後の使者に宣慰使成希顔が質問した聞書を一四条にまとめたもので、琉球の地界・播種・収穫・服装・宴会・官職・葬礼・風俗・刑罰・信仰を記し、小琉球国について「国之東南水路七八日程有二小琉球国一、無二君長一、人皆長大、無二衣裳之制一、人死則親族会而割二食其肉一」と書いている。さらに「語音翻訳」として、当時の琉球語一六九を選び世宗朝に発明された表音文字のハングルを用いて読み方を示している。(13)

琉球に関する情報は可能な限り集め、これを交隣の虎の巻である『海東諸国紀』に収録して、外交に役立てようとした意図を見ることができる。

2　明から見た琉球――宗主国と藩属国

太祖洪武帝が明帝国を建てた一三六八年（洪武元、応安元）には、琉球はまだいわゆる三山分立の時代で、一三七二年（洪武五）に太祖が行人楊載を琉球に派遣招諭、同年中山王察度の弟泰期らが入貢した。中山王の入貢につぎ一三八〇年（洪武十三）には山南王承察度が、一三八三年には山北王帕尼芝《はにじ》が入貢、三山王の入貢が始まった。以後半世紀のあいだに三山の王は入貢を繰り返したが、中山王はほぼ毎年入貢、一四二八年（宣徳三、正長元）以降には中山王だけが入貢するようになった。(14)

明との通交が頻繁になると、琉球では地方官の子弟を国子監といわれた明の最高学府に留学させた。留学生は官生と呼ばれ、帰国後は琉球の政治・経済・文化の担い手として活躍、琉球文化に多くの中国的要素を持ちこんだ。また中国福建省からの移住者の子孫は久米村（現在、那覇市内）に集住して閩人《びんじん》三十六姓といわれ、外交や貿易に参加した(15)。

琉球で新しい国王が立つと、明皇帝はそれを認定する冊封使を派遣したが、明側の得た琉球情報のなかで冊封使のもたらした情報は最も豊富で重みのあるものだった。冊封使は帰国後に琉球事情を書いた使録を多くのこしている。なかでも徐保光『中山伝信録』（一七二一年）は有名で、実際に見聞したことのほかに現地で収集した多くの知識も盛りこんでいる(16)。

十六世紀、倭寇鎮圧に功績のあった浙直総督胡宗憲幕下の鄭若曾は、明末著名の地理学者で(17)、倭寇にたいする海防書として知られる『籌海図編』のほか、『江南経略』『海防図論』『海運全図』『万里海防』『黄河全図』『黄河議』等の著があり、さらに『日本図纂』『朝鮮図説』『安南図説』『琉球図説』などを著した。

鄭若曽の『琉球図説』は子孫の鄭起泓・鄭定遠が編集した『鄭開陽雑著』の巻七に収められている。まず「琉球国図」をあげ、つぎに「琉球図考」「世紀」「山川」「風俗」「福建使住二大琉球一鍼路」「回鍼」「土産」「国朝貢式」「貢道」「貢期」「貢例」「制限進貢方物」があり、「鄭端靖公紀事附録」を附している。

『琉球図説』のなかの興味深い記事を、明代以前の中国人の琉球認識と比べながら述べてみよう。

「琉球図考」の文は、「琉球国在二福建泉州東、福州東北大海中一、与二日本一為レ隣」に始まる。福建梅花所から琉球までの航海の日程を記し、従来の『隋書』『北史』等の史書が五日としていたのを七日に改め、洪武初年に行人楊載が日本に使した帰途琉球に立寄って、王の子弟を明に連れ帰り、ついで王が明帝太祖の冊封を受けたこと、閩人三十六姓の渡航、三山の王の朝貢などを記し、末尾に「又有二小流〔琉〕球一、近二泉州一、霽日登二鼓山一可二望而見一、入レ明未二嘗朝貢一」と小琉球すなわち台湾島のことを附記している。

「世紀」は、察度以降の王位の継承、明への朝貢などを記すが、その詳細の度合は『明実録』はもとより『明史』

「外国伝」琉球にもおよばない。

「山川」では、黿鼊嶼（『隋書』では鼅鼊嶼）・高華嶼・彭湖島・古米山をあげている。

「風俗」の「国人類皆深目、長鼻、去髭、黥手、椎髻、纏髪、男羽冠毛衣、婦白布繋レ首、望二月盈虧一為二晦朔一、以二草木栄枯一為二冬夏一、無二礼節一、好二剽掠一」の文はさきに引いた『隋書』『北史』の記事そのままであるが、『隋書』等にあった髑髏を樹上に懸けて祭るとか、死人の肉を食する風習についての記述は消え、新たに中国の国学に入学した者が中華の風を伝えたとか、国内の官制、洗骨や巫女の風習、日本銭を使用していることの記事などが追加されている。

「福建使往二大琉球一鍼路」は航路を方角と時間で示したもの。梅花（福建）・小琉球・鶏籠嶼・花瓶嶼・彭嘉山（彭佳）・釣魚嶼・黄麻嶼・赤坎嶼・古米山・馬凸山（馬歯、慶良間群島）・那覇港等の地名が見えるが、これは、鄭若曽自身の『日本図纂』『籌海図編』の「福建使往二日本一針路」「使倭針経図説」とほぼ同じである。(18)「回鍼」は帰路で、五虎門に帰着することになっている。

「土産」は所貢方物のことで、熊・豹・豺・狼・海巴・豕・磨刀石・琉璜・銅・錫・扇・闘鏤樹（似レ橘而葉密、其皮可二織為布一）があげられているが、磨刀石以下扇までの五種は『隋書』等にはなかったものである。「制限進貢方物」は、馬・刀・金銀酒海・金銀粉匣・瑪瑙・象牙・螺殻・海巴・擢子扇・泥金扇・生紅銅錫・生熟夏布・牛皮・降香・木香・速香・丁香・檀香・黄熟香・蘇木・烏木・胡椒・硫黄・磨刀石である。工芸品のほかに中継物資の南海産の香料が多量にあるのが注目される。

以上は、地理学者鄭若曽の記述だが、そこにみられる関心は藩属国の琉球王国の事情、冊封使の航路、進貢品ないしは交易品などであった。

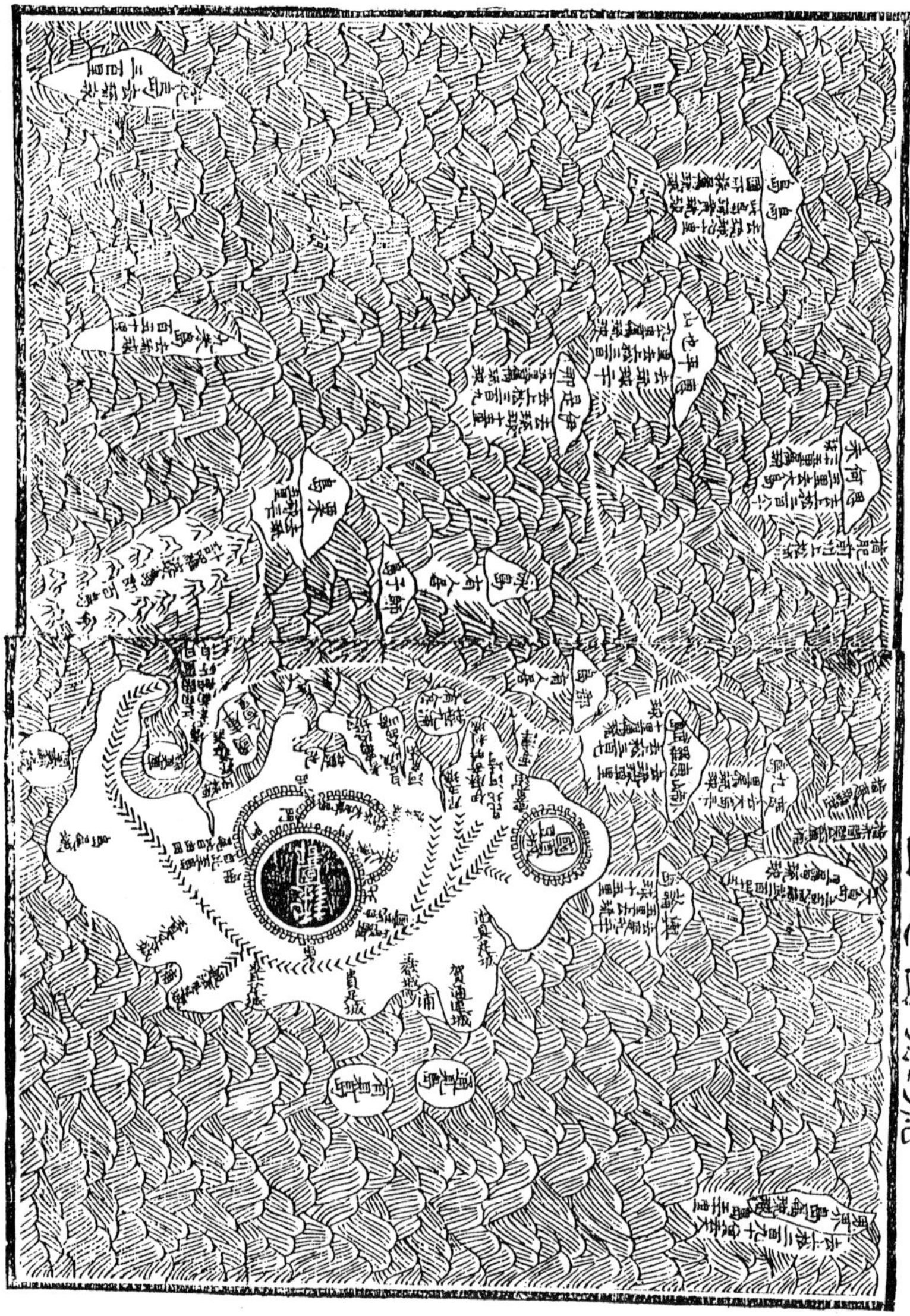

図8　『海東諸国紀』の「琉球国之図」（東京大学史料編纂所所蔵）

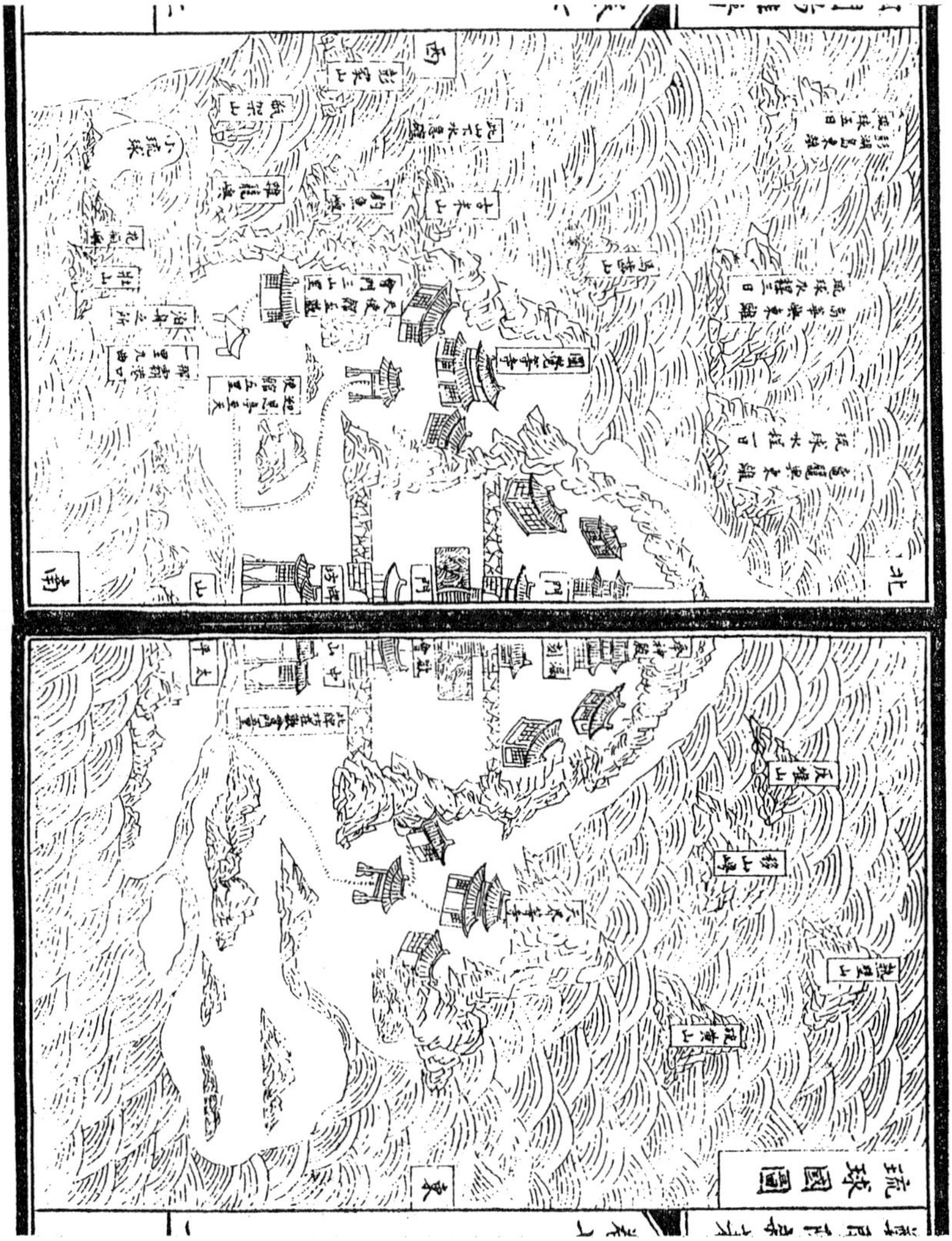

図9　『琉球図説』（『鄭開陽雑著』巻七）の「琉球国図」（東京大学史料編纂所所蔵）

3　海洋図と王城図――面の認識と点の認識

朝鮮から見た琉球と明から見た琉球とを、『海東諸国紀』と『琉球図説』の記事によって検討したが、両書にはいずれも注目すべき琉球地図を収めている。両国人の琉球観を視覚的に表現した両地図を比較して、関心の相違点を検討してみよう。

『海東諸国紀』の「琉球国之図」（図8）は、巻頭の「海東諸国総図」「日本本国之図」「日本国西海道九州之図」「日本国一岐島之図」「日本国対馬島之図」のつぎに収められている。沖縄島が竜の落し子のような形で描かれ、周囲に奄美諸島や沖縄諸島が配されている。

この地図の原図は、一四五三年（端宗元、享徳二）に博多の僧商道安が琉球の使者と称して朝鮮に渡ったときに持参したものである。[19] 地名は漢字で表記されている。東恩納寛惇は地名の表記が漢字の音と訓とを併用していることに注目し、「大西《オホニシ》・浦傍《ウラソイ》・玉具足《タマ》・中具足《ナカ》・池具足《イケ》・郡島《コホリ》・粟島《アハ》・鳥島《トリ》、等は最も著しき例である。この一事に依つて考へて見ると、此の地名註記は朝鮮漂民又は申叔舟自身の手になつたものではなくして、日本人の手になつたものと想像する外はない」[20]としている。航路が記されていて、おおむね琉球を起点にしているが、上松浦（肥前）・大島（奄美大島）を起点としたもの、赤間関（下関）・兵庫浦・恵羅武（永良部）を指向したものなどがあり、日本の里数を基準に計算してある。周辺島嶼の記載も詳細正確で、海洋の広がりのなかの島嶼群といった感覚で琉球を面からとらえて描いている。地図の作成者は琉球渡航の経験のある日本人航海者――おそらくは道安自身――と推定して大過なかろう。これらの琉球に関する認識は、琉球の現地にも日本にも遺されずに、朝鮮に伝えられ、さらに申叔舟によって『海東諸国紀』の「海東諸国総図」のなかに位置づけられることによって、琉球のアジア地域における存在が明確にされたのである。[21]

『琉球図説』は、すでに述べたように明代有数の地理学者鄭若曾が書いたものである。巻首の「琉球国図」（図9）は、一五六一年（嘉靖四十、永禄四）重刊の『広輿図』[22]や一六〇九年（万暦三十七、慶長十四）刊行の『三才図会』にもそのまま引かれており、中国人の琉球認識の一つとして後世にも大きな影響をおよぼした地図である。これを『海東諸国紀』の「琉球国之図」と比較してみよう。『琉球図説』の沖縄島は大体三角形で、画面中央の大部分を占めて描かれている。楼閣や門・城壁などの建築物の形態や山の形は鳥瞰図式に写実的に記入し、『海東諸国紀』が位置や方位を重視し、山や城壁を記号化して記入した方法とはかなりの相違をみせている。那覇港口／一面九曲／泊舟之所、迎恩亭至天／使館五里、天使館至歓／会門三山里、中山牌坊／此牌坊在歓会門五里、歓会門、漏刻門、奉神殿、天界等寺、円覚等寺など、王城の諸建築物とそれに附属する港湾と寺院が描かれている。『海東諸国紀』では、大倉、門、宝庫、那波皆浦、国庫、九面里、石橋、湾口、蓮池などが描かれているが、王城とその周辺の記述では『琉球図説』におよばない。ただ、『琉球図説』の地名記載は首里城周辺に限られ、沖縄島全体にはおよんでいない。明らかに首里城を関心の中心においた王城図である。琉球王府を訪問した冊封使一行の情報をもとに作成された地図と考えて大過なかろう。これに較べれば『海東諸国紀』では、沖縄島全地域の地名が詳細に採られている。国頭城、池具足城、賀通連城、五欲城、中具足城、鬼具足城、越法具足城、玉具足城、鳥尾城、浦傍城、奇羅波城、大西崎、白石城、河尻泊、世世九浦、那五城、伊麻奇時利城、雲見泊などである。

島嶼部の記載に眼を転じよう。『海東諸国紀』には、鬼界島、大島、輿論島、度久島、小崎恵羅武島、郡島、通見島、有見島、阿義那之城、思何未、鳥島、恵平也山、伊是那、泳島、師子島、粟島、計羅婆島即百島、九米島、花島が記され、それぞれに「去㆓上松（浦）㆒二百九十八里、去㆓大島㆒三十里」とか、「去㆓琉球㆒四十里、去㆓上松（浦）㆒三百七十里、属㆓琉球㆒」「有㆓人居㆒」といった注記が付けられている。これにたいして『琉球図説』は、硫黄山、熟壁山、移山嶼、灰堆山、黿鼊與〔嶼〕東離／琉球水程一日、高華嶼東離／琉球水程三日、彭湖島東離／琉球五日、馬歯山、古米山／此山下水急確、釣魚嶼、彭家山、瓶架山、鶏籠嶼、花瓶嶼、壮山があり、左下に「小琉球」が小さく書き添えてある。

これによってみれば、『海東諸国紀』の関心は、上松浦・大島（奄美大島）・琉球（沖縄島）との相対的な海洋航路上の位置関係にあったことが明らかであり、島々の記載は現在の奄美諸島・沖縄諸島が詳しく、先島諸島・八重山諸島は希薄である。『琉球図説』の方は、冊封使の琉球に赴く航路上の福建から台湾をかすめて沖縄島に至る島嶼に主な関心があったようである。二つの琉球図は、それぞれに朝鮮と明との琉球にたいする関心の所在とその比重とを語りかけてくるのである。

のちに一七二五年（享保十、雍正三）琉球人蔡温の手で『中山世譜』が作られ、首巻に「琉球輿図」が掲げられ、管轄の島々として三十六島の地図が示されたが、これは琉球人自身が描いた地図であり、先島諸島・八重山諸島・奄美諸島・沖縄諸島の島々がすべてその境域として記入されている。

4　日本から見た琉球――同文同種の隣国

日本人と琉球人の接触を考えるとき、看過できない三つの場面がある。第一は室町幕府および畿内地方の大名・商人との接触、第二は博多商人・対馬島人・倭寇等九州の諸勢力との接触、第三は最も近い地域の薩摩の島津氏との特殊関係である。

足利将軍が琉球国王をどのような存在と考え、東アジアのなかでどのように位置づけていたかは、将軍から琉球国王に充てた文書を分析することで推測することができる。足利将軍の文書は、一四一四年（応永二十一）から一五二七（大永七）までのあいだの五通が遺っている。これらの文書の特質はつぎのように要約できる。㈠外交文書に一般に用いられた漢文の文書ではなく、仮名書きの文書である。㈡日本国内で上意下達文書として用いられていた御内書の様式をとっている。㈢御内書には年号を書かぬのが普通だが、外国を意識した故か年号を記し、特に日本年号を用いている。㈣御内書では使用しない印章を用いている。印章が朝鮮国王充てに使用した「徳有隣」印だったことは、琉球を交隣の対象と意識していたことの一表現とも考えられる。㈤充書は琉球国王を用いずに、「りうきう国のよのぬし」としている。足利将軍と琉球国王は、相互に外国の君主であることを認めながらも、同文の仮名文化圏のなかの同種の者同士として一体感に近い意識で上下の関係を結んでいたのである。(23)

博多商人・対馬島人や倭寇にとっての琉球は、朝鮮にたいする場合と同様に主として通商貿易の相手として存在した。彼らが琉球国王使の朝鮮に向かうのを途中で妨害したり、琉球に渡海して琉球国王使になって朝鮮に渡航したり、さらには琉球国使を偽称して朝鮮に渡ったりしたことから考えると、通交貿易の中継者という立場が中心で、日本人であるとか宗氏の家臣であるとかという立場はあまり重く意識していなかったのではなかろうか。(24)『海東諸国紀』所収の「琉球国紀」や「琉球国之図」は、まさに日本人と琉球人の情報と知識が朝鮮人によってまとめられたものであり、日・琉・朝合作の成果だったということができる。

島津氏が日琉関係史上の大きな存在として姿を現わすのは応仁の乱以後、すなわち琉球船の畿内渡航が減少してからであるが、島津氏はその領地が琉球と最も近接しているという地理的条件を生かしながら、琉球にたいする特殊権益を主張し、増大させてゆこうとした。島津氏の琉球にたいする立場の変化は、⑴日本から琉球に渡航する一般の船の警固者、⑵幕命を受けて琉球に渡航する船の保護監督者、⑶幕府の意思の琉球への伝達者、⑷琉球との直接通交者、

(5)琉球へ渡航する船の保護ならびに妨害者、(6)幕命によらず島津氏独自の意思による琉球へ渡航する船の統制者、(7)琉球貿易の独占監督者、(8)琉球にたいする来貢不履行の譴責者、(9)琉球への侵略者、(10)琉球の実質的支配者、という諸段階があった(25)。

右の幕府と畿内の諸勢力・九州諸勢力・島津氏の三者のほか、一般の日本人で琉球にたいしてかなりの関心をもち、認識をもっていたのは僧侶である。

仏教ならびに僧侶を介して行われた日本と琉球との文化交流についてはすでに先学の研究があり、鎌倉時代の東大寺僧禅観、薩摩坊之津一乗院の頼重、椿庭海寿の法孫芥隠承琥、博多の商僧道安ならびに自端西堂等の行動については多角的な検討がされてきた(26)。

ただ、すべての僧侶が琉球に深い関心をもっていたわけではない。一四七一年（文明三）に成立した五山僧瑞渓周鳳の『善隣国宝記』は、室町時代以前の諸外国との関係を僧侶の往来を中心に概観し、そのころ蒐集することができた外交文書を集成したもので、当時の知識人の対外認識をみるのに恰好の書物であるが、この書物には琉球にたいする記述がまったくない。この書物には、中国や朝鮮半島諸国の国情についての具体的な記述もほとんどなく、『海東諸国紀』の異国認識の周到さと対比すれば大きな相違がある。島嶼孤立型の日本の国際認識の一例とすることができよう。琉球船の畿内来航は十五世紀初頭には始まっており、瑞渓がそれを知らなかったはずはないのに、彼の日記『臥雲日件録抜尤』にも琉球に関する見聞は記されていない。これは瑞渓が琉球を外国として強く意識していなかったことによるのではなかろうか。琉球で外交文書を集成した『歴代宝案』のなかに日本に対する文書が一通も入れられていなかったことと対比されよう。

五山僧の琉球認識の一例として、月舟寿桂（―一五三三）の『幻雲文集』のなかの「鶴翁字銘并序」がある。月舟は近江の人で、朝倉氏の外護によって越前の善応・弘祥の両寺、さらに建仁・南禅の両寺に住し、文名をもって五山に重きをなした人物である。「鶴翁字銘幷序」は琉球僧で東福寺に遊学した鶴翁智仙に銘を作って贈った文である。これをみると、月舟はすでに『大明一統志』を読んでいて、多少琉球事情には通じていたのであるが、鶴翁と接したことで一層琉球のことを明らかに知ることができたのである。なお月舟は『大明一統志』に対比して、「吾国有㆓一小説㆒」として、源為朝が琉球に走って、その地の「為㆓創業主㆒、厥孫世々出㆓于源氏㆒、為㆓吾附庸㆒也」という風説を書きのせ、「与㆓一統志所㆑載不㆑同、将信耶、将不㆑信耶」と疑問を書き加えている。当時すでに琉球の舜天王統の祖が為朝だったという伝説が日本に存していたのである。ついで鶴翁との談話に移り、

話次及㆓其国風俗㆒、仙曰、無㆓郡県㆒而唯一国也、海上有㆓二十九島㆒、皆属㆓琉球㆒、国人不㆑識㆑字、以㆓商賈㆒為㆑利、有㆓一聚落㆒、曰㆓久米村㆒、皆大唐人、百余輩来居㆓此地㆒、而成㆑村、頗有㆓文字㆒、子孫相継而学、令㆓彼有㆑文者㆒製㆓隣国往還之書㆒、近来無㆓為㆑学者㆒、或赴㆓大唐㆒而入㆓小学㆒、但浅陋不㆑足㆑取焉、彼王毎㆓即位㆒、必建㆓一寺㆒、故多㆓僧侶㆒、然儒亦不㆑学、禅亦不㆑参、不㆑知㆔祖宗所㆓由而興㆒矣、(27)

としている。文中の「小学」は「大学」の誤りであろう。禅僧の琉球にたいする関心の所在を示したものであるが、通商・文字・国書の作成者・寺院等が取りあげられている。

つぎに、島津氏の琉球侵入以前の日本人僧侶の琉球観を示している袋中の「琉球神道記序」を見よう。袋中は奥州岩城郡の人で、浄土宗鎮西流名越派に属し、中国渡航を企画して果たさず、一六〇三年（慶長八）五三歳のとき琉球に入り、滞在すること三年、一六〇五年に帰国し、一六三九年（寛永十六）八八歳で示寂した。『寤寐集』(28)によれば、この間に魯宋《ルスン》（フィリピン）に渡航したこともあったらしい。『琉球神道記』は、袋中が琉球の官人馬幸明のすすめにより滞琉中の見聞をもとにして琉球の伝説・神道・仏教・習俗等を記したもので、序文は「大明万暦三十三年」（慶

長十、一六〇五）の日付になっている。「神道記」という表題だが、内容は神仏習合と土着信仰の結びついた琉球の宗教を述べたものにほかならない。明の年号を用いているのは、琉球が明の冊封をうけた藩属国であり、滞琉中の袋中は明の年号を使用したのである。

琉球国者、雖レ為二海中小島一而　神明権迹之地也、国土安穏、而災厲不レ起、四時調適、而不三曽見二萎凋之相一、殆可レ謂二仙処一、主人公者、忝蒙二大国封一、有二　王者号一、正二理率土一、憶二恤兆民一、兆民亦体信純熟、而古今未レ聞レ有二強梁之者一、所以、諫鼓鳥栖、刑鞭蛍飛、宰官之族、位署梯隥、而衣冠済済兮、貴レ公省レ私、朝覲夕黜不二敢怠一、総而榜二守礼之邦一、亦此由也、当初　掄《えらび》二国中高処一トレ城、名二中山府一、景該二於八一、隅離二于三一、　神祠遠囲遶、而衛護有レ験、禅刹近羅列、爾祈禱無レ闕、因レ玆、老農種二五穀一、則不下労二耘耕一、尚中糞水上、倉廩不レ乏、織女不レ倦二紡績一、而蕉紵・麻服繁二市鄽一、若国中無二所作一者、他方必運二送之一、金銀珠玉、無二陶冶一満レ籯《はこ》、綾羅錦繍、不二擣染一余レ桁、甘蔗盛レ瓶、浄茗収レ壺、書籍・筆硯・絵替（賛、イ）・団扇、随意随取、都《すべて》　唐山・倭国・朝鮮・南蛮之商客之所レ致也、是併和光之恩恵者乎哉(29)、

この序文の一節は、琉球が現世の仙処ともいうべき平和な理想郷で、南海の楽園であることを謳歌している。ただ注目すべきは、最初に「神明権迹之地」と称し、最後に「都唐山・倭国・朝鮮・南蛮之商客之所レ致也」としていることである。仏法・神道と王法とが三位一体となって理想の思想・宗教に基づく理想の政治が現出するという考え方は、瑞渓周鳳の『善隣国宝記』の序文と軌を一にするが、中世日本の僧侶がもとめた理想郷がここに存したことを表わしている。仏教徒が共有した世界観に基づいた琉球認識である。ただこの理想郷の政治・経済が広範な海外貿易の利益にささえられて現出したものであることを見落さなかったのは袋中の慧眼というべきであろう。

日本人一般の琉球認識は、琉球を南海の理想郷で豊富な物資を提供してくれる貿易相手と認め、しかも同文同種の

親近感に裏づけられていたものと言うことができよう。

三　相互認識における理解・誤解・曲解

国際関係の展開の過程をみると、当事国が相手をいかに認識するかは通交の性格を方向づける重要な要因になっている。相手国を正確に認識・理解し、そのうえで当事国が通交の対策を選択してゆくことは望ましいことであるが、現実の歴史の進行は、かならずしもそのようには展開しない。誤解・曲解に基づく偏見・独断の国際認識が国際関係を左右したいくつかの事例について考えてみたい。

1　異国認識はいずれの場合も部分認識にすぎない

いまわしい記憶であるが、第二次大戦中に「暴支膺懲」とか「鬼畜米英」とかいう言葉が、あたかも国家意思のように宣伝されたことがあった。ふりかえってみると「暴支」とか「鬼畜」という意識は当時の日本人全体のものではなく、一部の日本人――戦争指導層の人物――の意識を誇張し、スローガンとして一般の国民におしつけたものだった。その戦争指導層の人物といっても、すべてにこのような共通の感覚や意識が存したわけでもなかった。曲解と独断から生まれた偏見に基づく世論操作の一例である。異国認識について、「日本人のアジア認識」とか「ヨーロッパ人の日本観」とかいう共通認識を想定した総括的表現を用いることは、きわめて不適切であり、かつ危険である。認識の主体は、何時、いかなる場合においても個人以外には存しないからである。そして、個人の認識は、その所属する国家・民族・地域・階層・集団等の共通の意識やそこで行われる教育の影響を受け、規制を受けている。

中世日本人の朝鮮認識について、かつて私は朝鮮半島にたいする無関心と恐怖心がその基調だったことを指摘した。[30]明治以来、戦後にまでひきつがれてきた一般の朝鮮観に修正をもとめる素材を提供しようという目的だった。その後、この問題の研究が深まり、一九八〇年代に入って村井章介と高橋公明との論争へと発展した。論争の経緯は村井が整理しているが、[31]村井が「顕密主義の国際意識」とした日本人の朝鮮認識を、高橋が「朝鮮蔑視観・日本神国観」と概括し、高橋自身の対置概念として「朝鮮大国観」を想定主張したのである。この論争は対外認識の姿勢、それをとらえる方法などの面でいくつかの成果があったが、まだ最終の結論には到達したとはいえない。両者の論点がくいちがったおもな理由は、認識主体に関する共通理解が存しなかったことではないだろうか。そのことについて、村井自身が「地域による意識の偏差および階層による意識の偏差というふたつの要素を加えて、対外観や自国観の構造をトータルに記述することだ[32]」といっているのは、今後の研究の方向について正当な指針といえよう。すなわち、史料に遺された対外認識はすべて部分的な認識、個人的な認識の集積にすぎないことを自覚することから、集団や地域の共通の対外認識の解明が始まるのである。私は村井の提言にさらに経験（歴史）による意識の偏差という要素を加えたいと思う。ちなみに、私が朝鮮半島にたいする恐怖心の一例として指摘したムクリコクリの伝承は、西日本地域に永く伝えられた歴史感覚の一表現だったのである。認識主体がどの地域の、どの社会層の、どのような歴史を経験し、どのような意図（利害の意識）を有する人物かということを特定しない限り、「日本武士の朝鮮観」とか、「朝鮮官僚の琉球観」とかいうような総括的な表現を軽々しくしてはならないのである。

琉球をめぐる明・朝鮮・日本の認識については既述したところであるが、三者のあいだには明らかに大きな差異が認められた。一つの対象についても、地域・国家・民族・階層等の異なった人物が観察すれば決して同一の型のものとはなりえない例証といえよう。

国民感情とか、国家意思とか、社会認識とかいわれるものがあるが、その根源はすべて個人による部分的情報の部分的認識、ないしはその集積にほかならぬことを理解せねばなるまい。部分的認識の一般化・抽象化は、一方では事実の隠蔽を犯すことであり、国際認識を解明するための作業には危険なことといわねばならない。独善・独断・偏見は国際認識にはかならず介在するものであることを、自明の前提として是認することから考察を始めねばならぬであろう。

申叔舟の日本理解、雨森芳洲の朝鮮理解は、日朝両国の関係史上に特記さるべき相互認識であるが、それは観念的理解でも空想的理解でも抽象的理解でもなく、実務担当者の具体的な個々の事例に関する事実認識に基づく理解であった点に注目しておきたい。

2　誤解・曲解が生みだした国際関係

国際認識といわれるものが、結局個人による部分的認識の集積にほかならないとするならば、そこには必ず誤解・曲解の入りこむ余地があると考えねばならぬ。何が模倣で、何が理解で、何が曲解であるかを峻別するのは困難なことで、むしろ誤解や曲解をふくまない理解は存在しえないと考える方が妥当だろう。

異国認識における誤解の要因にはつぎの諸点を指摘することができる。㈠情報の誤認に基づく誤解。㈡無知に基づく誤解。情報処理能力の欠如に基づく無理解・誤解といい換えることもできる。㈢固定観念ないし先入観に基づく誤解。「こうなるはずだ」、「そんなことは絶対ありえない」式の誤解である。勘違いなどもこれにふくめてよいであろう。㈣希望的願望、または悲観的予測に基づく誤解。中華意識も一種の思いこみで、この種の誤解にいれてよいと思うが、「日本は中国と対等でありたい」、「朝鮮半島諸国よりは上位でありたい」、「朝鮮半島諸国は日本に朝貢する国であるべきだ」、「日本は神明の加護する国だ」、「神州は不滅だ」、「日本は粟散辺土だ」、「日本は資源の乏しい三等国だ」の類の観念で、これは誤解よりもむしろ曲解の範疇に入れた方が適当かもしれぬ。

自・他の国家観・文化観は、異国・異文化との接触や比較を媒介にして生みだされる。中国人の思想に基づく中華・四夷の観念と、仏教思想に基づく浄土・穢土の観念を中心とし、それぞれの国家の政治的・経済的・文化的位相の理解・誤解・曲解から多様な国家像が形成された。大国・小国、強大国・弱小国、先進国・後進国、島国・海洋国・内陸国・山岳国、農業国・商業国・工業国、資源国・貧乏国、軍事大国・経済大国・生活大国、開発国・開発途上国・低開発国、一等国・三等国、指導国・劣等国、神国・仏国・キリスト教国、など数えあげたら際限がないほどの国家像・国家認識があり、その背後に優越・尊大・謙虚・卑屈等の観念があるわけで、正確な異国認識や自国の位置づけなどはほとんど不可能に近い。誤解・曲解は国際認識には避けられないものであり、国際関係はそれにより生みだされ展開した。

曲解はまげられた理解で、あるがままの姿を意図的に否定することである。言葉をかえれば、意図的誤解、独創的理解ともいえる。意図には善意と悪意があるから、一概に曲解は排斥さるべきものともいえない。東アジアにおける意思伝達が主として漢字を介して行われていたことは、漢字・漢文の理解にともなう文化面の交流に多くの誤解と曲解とを生みだした(33)。国際認識における誤解・曲解は、中華型・中国周辺型の地域においてもみられるが、島嶼孤立型の日本において最も著しかったというべきであろう。

以上に述べたような異国認識における誤解・曲解が対外関係史展開の方向を左右した事例は枚挙に遑がない。

国際間の曲解の一例として倭寇に関する認識の問題を取りあげてみよう。倭寇は、十四―五世紀における朝鮮半島を主舞台としたものも、十六世紀に東シナ海域を主舞台としたものも、そのなかで真の日本人が占めた割合は一〇―

二〇%くらいにすぎず、倭寇集団の主力は高麗や明の国家支配体制からはみだした流民とそれと連合した人びとであった[34]。しかもこれが日本人の暴挙として指弾されつづけたのは、高麗や明の体制外の人民の不法行為（密貿易等）を倭人と同類の反逆者の暴挙と摩り替え、一括して位置づけることが、高麗や明の人民支配に有利と考えられたからに他ならない。高麗や明の支配層の倭寇観は明らかな意図的誤解＝曲解であり、世論操作であった。

朝鮮の支配層の国際認識はすでにみたように情報の蒐集が周到で、その処置も的確だったのにもかかわらず、倭寇に関する認識はほとんど修正されなかった。朝鮮王朝の上級官僚判中枢院事李順蒙が、高麗王朝期の倭寇の実体にふれて、

臣聞、前朝之季、倭寇興行、民不㆓聊生㆒、然其間、倭人不㆑過㆓一二㆒、而本国之民、仮㆓著倭服㆒、成㆑党作㆑乱、

と暴露したのは、高麗王朝滅亡後半世紀以上を経過し、日朝間に平和な通交関係が保たれていた一四四六年（世宗二十八、文安三）であった（『朝鮮世宗実録』二十八年十月壬戌条）。朝鮮では倭寇の問題が外患であることを標榜して、内憂であることは隠しながら、内政・外交の体制を整備し、それに成功したのである。朝鮮側で、申叔舟が撰述した『海東諸国紀』は、日本理解の記念碑的著述だったというべきであろう。

明においても同様で、太祖洪武帝が征西将軍懐良親王を日本正君と誤解したところから両国の接触が始った[35]。また明では自国の体制維持の障害と考えられた密貿易者群や流民を倭寇の名称で一括排斥することで、国内の政治・経済の体制を保持しようとしたのである。しかし、倭寇問題を契機として明では空前の日本研究が高まり、日本認識が拡大したことは見逃せない[36]。

ちなみに、中国側で倭寇として敵視した日本人の中国への渡航船には、日本側では罪悪を犯しているという意識はほとんどなかった[37]。中国史上の倭寇の行動は、江戸時代になって松下見林の『異称日本伝』あたりから日本国内に紹

介されるようになるが、ここでは中国の史籍に現われた倭寇の姿を忠実に祖述するだけで、賛美するような態度はみられなかった。江戸時代を通じて新井白石などでも倭寇の評価はおおむね否定的だった。倭寇の行動を輝かしい海外発展の一形態と考えるようになったのは、明治以後の富国強兵を目的とする膨張主義の風潮が生まれてからである。(38)

一方、朝鮮半島や大陸においては、朝鮮や中国の人たちが作った、ゆがめられた倭寇観は、そのまま日本人嫌悪感・憎悪感として固定化されて定着し、現在にまで引き継がれてきたのである。歴史認識が果した役割の重大さを感じないわけにはゆかぬのである。

歴史的にみると、対外戦争は誤解・曲解の巨大な温床である。蒙古襲来をめぐっては、まず蒙古国牒状にたいする誤解が事件の発端である。(39)職貢をもとめた蒙古国牒状にたいする日本側の無理解が国交断絶の引金となり、両国双方の相手国の認識の不足が不幸な戦争への進行をうながし、元帝国滅亡後も四〇年近く存続した異国警固番役の負担は、鎌倉政権崩壊の一因となった。いずれも国際事情に関する無知・無関心をさらけだしたものに他ならなかった。元帝国滅亡の情報などは貿易商人からでも漂流民からでも容易に得られたと思われるが、そのことと日本の政治とは無関係に進行していたのである。応永の外寇で、朝鮮軍の対馬島来襲を日本側で蒙古・高麗連合軍の来襲と誤認したのは、元寇による先入観的恐怖感に基因したものだった。

文禄慶長の役は、誤解・曲解が繰り返された不幸な事件である。(40)豊臣秀吉の日朝の歴史的関係をふくむ東アジアの国際慣行にたいする無知・無理解と朝鮮国情の無視とがそもそも戦争勃発の原因の一つだった。対馬の宗氏が朝鮮の通信使の渡来を朝貢使の渡来のように秀吉に認識させたのは、明らかに擬装であるが、同時に秀吉の曲解を引きだすための一つの手段だった。文禄役の破局は、秀吉の冊封・勘合・誥命等にたいする無理解——独断的曲解——によってもたらされた。局地戦における明らかな敗北がおし隠されただけでなく、大戦全体についても明確な敗戦の意識が表明されることはなかった。

国書改竄事件などを経過して成立した江戸時代の日朝関係は、両国が誤解と曲解とを容認したうえで成立した友好関係で、表現を変えればタテマエとホンネの交錯と妥協のうえに作りあげられた親善であった。

第二次大戦において退却を転進、敗戦を終戦と表現したのは、明らかな虚言、ごまかしであるが、これも曲解の一形態にほかならなかった。

誤解・曲解は、国際的諸条件の交流のなかから生みだされたものであり、決して理解の拒絶ではなかった点を注意しておきたい。誤解・曲解の直視がむしろ理解への正道と認識すべきであろう。

3　曲解は島嶼孤立型日本文化の一つの特質

一九一三年（大正二）、辻善之助は、「日本文明の特質」について、それは海外との交通にあることを論じ、㈠日本文明（文化）の発達は外国交通の刺激による、㈡日本文明の発達は外国交際と並行する、㈢日本文明は大陸文明の蓄蔵である、という三点を指摘した。(41) これは、のちに『日本仏教史』一〇冊（岩波書店、一九四四―五五年）、『日本文化史』七冊・同別録四冊（春秋社、一九四八―五三年）の大著を完成した辻が、日本文化（文明）が外来文化の摂取・受容と不離の関係によって発達したことを標榜した初期の論文である。

辻の主張を国際認識の視点から見直すと、日本文明の特質は国際情報の受容・摂取・認識・理解・誤解・曲解であるといい換えることができる。辻は儒教の受容について、「儒教の如きは、支那から日本に輸入せられて、大に其の光彩を発揮した。儒教は元来デモクラチツクの思想の分子に富むものである。然るにこれが日本に入り来るや、速に日本の固有思想に同化したのである。即ち国家主義に調和して、そして所謂日本的儒教といふものを生み出した」とし、仏教では、「印度の思想が、仏教によって日本に輸入せられ、平等を主義として居る所の仏教が、日本へ這入って来ては、大に国家的色彩を帯びて来たのである。そして年所を経るの間に於て、全く日本的仏教と化せられてしまつた。（中略）。天台及び真言の如きも、支那に於ける其の宗旨とは別のもので、日本的特色を帯び、殊に両宗とも著しく国家主義を標榜し、鎮護国家を特に重んずるやうになつた。鎌倉時代になつては、新しき日本的宗派が出来たのであるが、其の何れも、殊に国家主義を現はして居る」としている。辻は儒教も仏教も日本に入って国家的色彩が濃くなり、それが外来文化の日本化だったという。天台・真言のごときは中国とは別の宗旨になってしまった、形態だけ摂りいれて内容は取り替えてしまった、というのである。辻の論文は、発表時の風潮を反映して、国家的色彩を前面におしだしているが、日本文化と外来文化の関係については否定さるべき点はない。

そもそも外来文化の日本化とは何か。それは外国文化の模倣または直輸入・直訳ではなく、外来文化の選別輸入・独創的解釈（＝曲解）にほかならない。日本列島弧という大陸とは不即不離の地理的な環境がこのような曲解文化の成立を可能にしたのである。

日本文化の特質の一つは、独断と偏見によって自主的・独創的に外来文化を曲解導入して独自の文化を形成したところにあるということができるであろう。法律制度・土地制度・農業技術・文学・演劇・印刷術・医術等をはじめ、年中行事や衣食住の生活文化にいたるまでも同様のことがいえる。カレーライスや餡パンを外来食品とみるか、日本食品とみるか、はたまた折衷の食品とみるかは人それぞれで異なろうが、現実には日本人の食生活のなかでの重要な一因子であることは疑うことのできぬ事実であり、広義の曲解文化にふくめても誤りとはいえまい。

国際認識における理解・誤解・曲解の存在をあるがままに確認し、それが果たしてきた歴史的役割を検討することは、今後における国際関係史解明の前提として不可欠な作業となろう。

むすび

本稿は、中世における国際認識の諸様相を解明することを目的として叙述したものである。まず明末の中国で刊行された絵入り日用百科全書というべき数多くの類書を取りあげて、そこに掲げられている異民族の人物図と説明文を検討し、中国人の国際認識が、中華型の、百科全書的ではあるが、独善的で永続的に固定化された認識であることを明らかにした。

ついで琉球を取りあげ、周辺の朝鮮・中国・日本からどのように認識されていたかを検討した。各国の認識は、その諸国の置かれていた地域的環境や歴史的背景、国際社会における相対的位置等により、それぞれ相違していた事実を指摘した。

さらに国際認識の性格ないし限界にふれ、所詮、国際認識は特定個人の部分的認識の集積にすぎないことを論じ、すべてとはいえないが、誤解・曲解が国際関係の動向を規定し、また各国家の政治体制の維持や独自の文化の形成進展におよぼしたプラスとマイナスの作用があった事例を述べてみた。異文化との接触においては、いかなる地域・国家・人民でも誤解・曲解は避けられないが、特に島嶼孤立型の日本列島弧を舞台にして行われた異文化の独創的理解（＝曲解）は、朝鮮・琉球・ベトナムなどの中国周辺地域とはかなり異質の文化を育成した。このことは比較文化史の問題として検討されるべきである。

誤解・曲解についていささか強調しすぎたかもしれないが、国際認識・相互理解の多様性を先入見をすてて正視し、広い視野に立って解明することこそ今後の研究課題であろう。

注

(1)　田中健夫「中世東アジアにおける国際認識の形成」(『歴史と地理』三〇一、一九八〇年、のち同『対外関係と文化交流』思文閣出版、一九八二年、に収録)。

(2)　『万金不求人』の書誌については、田中健夫「倭寇図雑考——明代中国人の日本人像——」(『東洋大学文学部紀要』41、史学科編13、一九八八年、本書第七論文)参照。

(3)(4)(5)(6)　各書の書誌については、田中健夫、前掲注(2)論文参照。

(7)　『増補万宝全書』の所在は村井章介氏の教示によって確認した。

(8)　中国の正史のうち、『三国志』「魏志」東夷伝のなかに「高句麗伝」がある。それに続く『周書』異域伝、『隋書』東夷伝、『旧唐書』東夷伝に、「高麗」伝とあるものは内容は高句麗伝である。『宋史』東夷伝、『元史』外夷伝に登場する「高麗」が王氏の高麗王朝の伝である。明末の著名な地理学者鄭若曽の「朝鮮図説」(『鄭開陽雑著』巻五)には、さすがに高麗王朝と朝鮮王朝との混同はない。

(9)　『職貢図』は、北京歴史博物館の『唐閻立徳職貢図』と、台北故宮博物院の『顧徳謙摹梁元帝蕃客入朝図』が知られている。『歴史と旅』昭和六十年一月号(一九八五年)、『榎一雄著作集7　中国史』(汲古書院、一九九〇年)参照。

(10)　梁嘉彬『琉球及東南諸海島与中国』(台湾・私立東海大学、一九六五年)、松本雅明『沖縄の歴史と文化』(近藤出版社、一九七一年)、川越泰博「『隋書』琉求国伝の問題によせて」(『中国典籍研究』国書刊行会、一九七八年)等参照。

(11)　田中健夫「琉球に関する朝鮮史料の性格」「朝鮮と琉球の関係の諸時期とその特質」(ともに『中世対外関係史』東京大学出版会、一九七五年、所収、二九〇—三二一頁)。なお、小葉田淳『中世南島通交貿易史の研究』(日本評論社、一九三九年、のち刀江書院より復刊、一九六八年)、東恩納寛惇『黎明期の海外交通史』(帝国教育会出版部、一九四一年、のち『東恩納寛惇全集3』第一書房、一九七八年、に収録)、和田久徳「琉球と李氏朝鮮との交渉——一五世紀東アジア・東南アジア海上交易の一環として——」(石井米雄・辛島昇・和田久徳編『東南アジア世界の歴史的位相』東京大学出版会、一九九二年)参照。朝鮮と琉球との通交関係の具体相については『朝鮮王朝実録』の記事が最も詳細であるが、和田久徳・高瀬恭子「李朝実録の琉球国史料(訳注)(一)」(『南島史学』三六、一九九〇年)、和田・高瀬・内田晶子・真喜志瑶子「同(二)」(『同』三七、一九九一年)、同「同(三)」(『同』三八、一九九二年)、和田・高瀬「同(四)」(『同』三九、同年)、和田・内田・真喜志・高瀬「同(五)」(『同』四三、一九

九四年）、和田・吹抜悠子・真喜志・高瀬「同（六）」（『同』四四、同年）、和田・高瀬「同（七）」（『同』四五、一九九五年）、同「同（八）」（『同』四六、同年）、和田・内田・高瀬「同（九）」（『同』四七、一九九六年）がある。

(12) 『高麗史』および『高麗史節要』では、琉球国王の最初の遣使は辛昌元年（一三八九）八月になっている。

(13) 菅野裕臣「言語資料としての『海東諸国紀』」（田中健夫訳注『海東諸国紀』〈岩波文庫〉一九九一年、所収）参照。

(14) 琉明通交の史料については、和田久徳「明実録の沖縄史料(一)」（『お茶の水女子大学人文科学紀要』二四、一九七一年）、同「同(二)」（『南島史学』創刊号、一九七二年）、同「明実録の沖縄史料補正」（『歴代宝案研究』三・四合併号、一九九三年）、野口鉄郎『中国と琉球』（開明書院、一九七七年）等参照。三山の中国入貢については、生田滋「琉球国の「三山統一」」（『東洋学報』六五—三・四、一九八四年）参照。

(15) 田名真之「古琉球の久米村」（『新琉球史　古琉球編』琉球新報社、一九九一年、所収）、真栄平房昭「対外関係における華僑と国家——琉球の閩人三十六姓をめぐって——」（『アジアのなかの日本史』Ⅲ、海上の道、東京大学出版会、一九九二年、所収）。

(16) 『那覇市史』　資料編第1巻3、冊封使録関係資料（那覇市役所、一九七七年）、原田禹雄訳注『中山伝信録』（言叢社、一九八二年）等参照。

(17) 藤田元春「明人の日本地理」（同『日支交通の研究　中近世編』冨山房、一九三八年、所収）、田中健夫「籌海図編の成立」（同『中世海外交渉史の研究』東京大学出版会、一九五九年、所収）参照。

(18) 明と琉球の航路については、藤田元春、前掲注(17)論文、佐久間重男「明代の琉球と中国との関係——交易路を中心として——」（『明代史研究』三、一九七五年、のち『日明関係史の研究』吉川弘文館、一九九二年、に収録）、内田晶子「向達校注『両種海道針経』中の「順風相送」について——十六世紀における中国商船の針路——」（『南島史学』二四・二五合併号、一九八五年）がある。

(19) 中村栄孝「『海東諸国紀』の撰修と印刷」（同『日鮮関係史の研究』上、吉川弘文館、一九六五年、所収）、田中健夫「『海東諸国紀』の日本・琉球図——その東アジア史的意義と南波本の紹介——」（『海事史研究』四五、一九八八年、本書第四論文）。

(20) 東恩納寛惇、前掲注(11)書、七三頁。

(21) 田中健夫、前掲注(19)論文。田中健夫「倭寇と東アジア通交圏」（『日本の社会史』1、列島内外の交通と国家、岩波書店、一九八七年、所収、本書第一論文）参照。「琉球国之図」は、本光寺蔵「混一疆理歴代国都地図」に重大な影響をおよぼすことになるが、そのことは応地利明「日本図と世界図――絵地図に描かれた中世日本の異域――」(『アジアのなかの日本史』V、自意識と相互理解、東京大学出版会、一九九三年)について見られたい。なお同種の地図であるが、龍谷大学蔵の「混一疆理歴代国都之図」の琉球の部分には『海東諸国紀』の影響は見えない。なお、本書第四論文の〔補記〕参照。

(22) 東洋文庫所蔵。秋山謙蔵『日支交渉史話』(内外書籍株式会社、一九三五年)一七〇頁のつぎの挿入写真に「広輿図」所収の「琉球図」がある。

(23) 田中健夫「文書の様式より見た足利将軍と琉球国王の関係」(同、前掲注(1)書、所収)参照。なお何慈毅「十五・六世紀における日琉関係の一考察――室町将軍琉球国王間の往復書状をめぐって――」(『年報中世史研究』一七、一九九二年)は、田中論文を批判し、琉球国王の文書を漢文文書と推測し、御内書形式は上下の関係を表わすものではないと主張してるが、拙稿で述べた論点を説破するに足る十分な根拠を示しているとは考えられない。

(24) 田中健夫「日鮮貿易における博多商人の活動」(同、前掲注(17)書、所収)、田中健夫、前掲注(11)書、村井章介「《倭人海商》の国際的位置――朝鮮に大蔵経を求請した偽使を例として――」(同『アジアのなかの中世日本』校倉書房、一九八八年、所収)参照。

(25) 田中健夫「三宅国秀の琉球遠征計画をめぐって――その史料批判と中世日琉関係史上における意義について――」(竹内理三博士古稀記念会『続荘園制と武家社会』吉川弘文館、一九七八年、所収、のち、田中、前掲注(1)書に改稿収録)。なお、三宅克広「備前国連島の「海賊」三宅国秀について」(『倉敷の歴史』六、一九九六年)参照。

(26) 秋山謙蔵「琉球王国の勃興と仏教」(同、前掲注(22)書、所収)、小葉田淳「禅僧の往来と琉球国船の経営」(同、前掲注(11)書、所収)、葉貫磨哉「日本禅宗の琉球発展について」(『駒沢史学』七、一九五八年)、同「琉球の仏教」(『アジア仏教史　中国編Ⅳ』佼成出版社、一九七六年、所収)、同『中世禅林成立史の研究』(吉川弘文館、一九九三年)、真喜志瑶子「琉球極楽寺と円覚寺の建立について――本土との交流の二つのかたち――(一)(二)」(『南島史学』二七・二九、一九八六・八七年)等参照。

(27) 「幻雲文集」(『続群書類従』文筆部、所収)。なお『群書解題』五(群書類従完成会、一九六五年)参照。

(28) 横山重編著『琉球神道記弁蓮社袋中集』(角川書店、一九七〇年)二七一頁。

(29) 横山重、前掲注(28)書、三―四頁。

(30) 田中健夫「ムクリコクリ」「中世日本人の高麗・朝鮮観」(ともに同、前掲注(1)書、所収、論文の初出はそれぞれ一九六七・七二年)。

(31) 村井章介「中世人の朝鮮観をめぐる論争」(同、前掲注(24)書、所収。初出は『歴史学研究』五七六、一九八八年)。

(32) 村井章介、前掲注(24)書、二〇頁。

(33) 田中健夫「漢字文化圏のなかの武家政権——外交文書作成者の系譜——」(『思想』七九六、一九九〇年、のち同『前近代の国際交流と外交文書』吉川弘文館、一九九六年、に収録)。

(34) 田中健夫『倭寇——海の歴史』(教育社、一九八二年)、本書第一論文、参照。

(35) 佐久間重男、前掲注(18)書、四三—九六頁。

(36) 田中健夫、前掲注(34)書、一九三—一九九頁。

(37) 田中健夫「不知火海の渡唐船——戦国期相良氏の海外交渉と倭寇——」(『日本歴史』五一二、一九九一年、本書第五論文)。

(38) 田中健夫「中世海賊史研究の動向」(同、前掲注(17)書、所収)。荒野泰典「海禁と鎖国」(『アジアのなかの日本史』II、外交と戦争、東京大学出版会、一九九二年、所収)。

(39) 田中健夫、前掲注(11)書、三九—四二頁。

(40) 中村栄孝『日鮮関係史の研究』中(吉川弘文館、一九六九年)、北島万次『豊臣政権の対外認識と朝鮮侵略』(校倉書房、一九九〇年)、同『豊臣秀吉の朝鮮侵略』(吉川弘文館、一九九五年)等参照。

(41) 辻善之助「日本文明の特質」(同『増訂海外交通史話』内外書籍株式会社、一九三〇年、一—三八頁)。

〔補　記〕

本章は、本書第八論文と同時期に並行して執筆し、一九九三年(平成五)一月に発表したものだが、成稿を急いだために検討に十分な時間がとれなかった。第八論文ならびに、その後に書いた第九論文と併読してもらえれば幸いである。

注(23)に関連のある論文には、佐伯弘次「室町前期の日琉関係と外交文書」(『九州史学』一一一、一九九四年、の

ち、丸山雍成編『前近代における南西諸島と九州――その関係史的研究――』多賀出版株式会社、一九九六年、に再録)、ならびに村井章介「十五〜十七世紀の日琉関係と五山僧」(『東アジア往還　漢詩と外交』朝日新聞社、一九九五年、二一九頁)が発表された。

『歴代宝案』には日本関係の文書が収められていないので、本章ではほとんど言及しなかったけれども、その研究状況には見るべきものがある。すでに『那覇市史』資料編第1巻4、歴代宝案第一集抄(那覇市役所、一九八六年)に第一集の主要文書の原文・読み下し文・訳注が収められているが、これに関連して辺土名朝有『『歴代宝案』の基礎的研究』(校倉書房、一九九二年)、上原善哲『歴代宝案の文書構成及び文書収発経路の研究』(宥恕閣琉球史研究I、一九九二年)が発表された。

平成元年(一九八九)度に発足した沖縄県立図書館史料編集室を中心とする『歴代宝案』の編集事業は、二〇年をかけて校訂本二一冊・訳註本一七冊・英訳本一二冊を刊行するという厖大なものである。校訂本第一冊は一九九二年一月に刊行され、ひき続き刊行中である。一方、関係諸論文や諸報告を載せた『歴代宝案研究』が一九九〇年三月に創刊され、これも続刊中である。さらに一九九二年八月には「第一回琉球・中国交渉史に関するシンポジウム」が開催され、論文集は翌年刊行され、第二回の論文集は一九九六年に刊行された。ほかに、和田久徳編著『歴代宝案第一集年時順目録・第一集解説』(一九九二年)も刊行されている。

第三 「勘合」の称呼と形態

はじめに

山川出版社の日本史教科書では、従来、どの教科書にもかならず載っていた「勘合符」という史的用語が消え、「勘合」が用いられています。これは私が数年前に発表した「勘合符・勘合印・勘合貿易」（『日本歴史』三九二、一九八一年、のちに一部を訂正・加筆・削除して、拙著『対外関係と文化交流』思文閣出版、一九八二年、に収録）における提言が教科書の記述に採りいれられたわけで、うれしく思っています。私がこの論文を書いた動機は、国語辞書の類に載っている勘合の説明には誤りが多く、中世の対外関係を理解するうえで妨げになると考えたからです。この論文で、私は、㈠従来一般に用いられてきた「勘合符」の用語は不必要で、「勘合」とだけ記せばよいこと、㈡「勘合印」という呼び方はきわめて乱雑・不明確・曖昧に用いられているので、その使用には慎重であってほしいこと、㈢「勘合貿易」の用語も貿易の内容を考えれば不適当で、むしろ勘合船貿易・遣明船貿易・朝貢貿易・貢舶貿易などの用語の方が妥当であろうということ、の三点を力説しました。

こんな次第で、私の意見は前記の論文を読めば理解してもらえると思っていたのですが、教育現場の先生方からは、「なぜ、勘合符ではいけないのか」とか、「勘合とは一体どんな形で、どうゆう方法で作成されたのか」などという質問をしばしば受けます。そこで、本稿では、「勘合」の名称と、その作成に関する私の推理を、前記論文を補足する意味で多少詳しく書いてみようと思います。

一　勘合の称呼

手許にある『大日本国語辞典』『広辞苑』『日本国語大辞典』『改訂新潮国語辞典』の「勘合」の項を引いてみますと、申し合わせたように「勘合符の略」という説明がでてきます。しかしこれは誤りで、むしろ「勘合符とは勘合に対して後世つけた呼び方」といった方が正しいくらいです。

ところで、「勘合」とは何かということですが、これは本来「考え合わせる」という意味で、これが転化して証明書のことも勘合と呼んだのです。大抵の場合は割符《わりふ》で、二つの札をつき合わせることで証明にしたのです。中国ではふるくから外国交通の許可証や官吏の出張証明書などに用いていました（諸橋轍次『大漢和辞典』）。

日明間の通交に用いられた勘合は、明の政府がその皇帝の代がわりごとに発行した渡航許可証で、永楽・宣徳・景泰・成化・弘治・正徳の各代六回のものがあります。毎回、日字号勘合百枚、同底簿二扇、本字号勘合百枚、同底簿二扇が作られました。底簿は勘合の正否を照合するための台帳です。日字号・本字号の称は日本の文字を分けて付けたものです。その所在は、

日字号勘合（明礼部）　同底簿｛一扇（明礼部）
　　　　　　　　　　　　　　　一扇（日本幕府）

本字号勘合（日本幕府）　同底簿｛一扇（明礼部）
　　　　　　　　　　　　　　　　一扇（明浙江布政司）

となっていて、日本から船が明にゆくときは、本字号勘合を一船ごとに一号から二号・三号という順序で持ってゆき、明に着くと寧波《ニンポー》の浙江布政司で底簿と照合され、さらに北京の礼部でも底簿との照合を受け、そこで勘合は明側に没収されるのです。未使用で残った勘合は新勘合を受ける時にそのまま明に持ってゆき、返還することになっていましたから、日本には勘合は原則としては一枚も残らなかったわけです。ただ、弘治と正徳の勘合は明に返還したという確かな証拠はありません。これは大内氏が保管しているうちに行方不明になってしまったと考えられます。

つぎに「勘合」の称呼ですが、明ではもともとこれを「勘合」と呼んでいたのです。天龍寺の妙智院に所蔵されている『戊子入明記』に明礼部の咨文（普通、制書とよばれている）の写しが載っていますが、そのなかには「勘合一百道」「底簿二扇」という称が使われていて、「勘合符」とはありません。日本側の史料をみても私の知る限りでは室町時代に「勘合符」と書いたものはありません。「勘合紙」（『蔭涼軒日録』寛正六年六月十四日条）、「勘合一枚」（『同』長享元年十月二十七日条）、「宣徳之勘合」「景泰之勘合」「景泰勘合」（『同』同年十月二十九日条）、「勘合之大冊」（『同』同年十月三十日条）、「大明新勘合之箱」「勘合一百道并底簿一百道一扇」（『鹿苑日録』明応八年八月十九日条）、「勘合料紙」「勘合百枚」（『戊子入明記』）、「日本勘合」（『允澎入唐記』）、「塡本字漆号之勘合」「新勘合底簿」「新勘合之符信」「勘合者蓋信符也」「本字勘合五拾漆通」「日字勘合壱百通」（『善隣国宝記』）、「以勘合為符信」（『翰林葫蘆集』）、「勘合」（『運歩色葉集』）、「勘合」（『節用集』）などです。

ただ、江戸時代の慶長十五年（一六一〇）になって、本多正純が明国福建道総督軍務都察院都御史所に充てた文書のなかに「索勘合之符」の語がみえます。この「勘合之符」がのちに「勘合（ノ）符」と略され、「勘合符」とよばれるようになったのではないでしょうか。

ともあれ、室町時代の史料には「勘合符」の文字はなく、「勘合」の文字が通用していたのです。「勘合」はそれ自体証明書の意味をもっているわけですから、わざわざ「勘合符」の文字を使用する必要はまったくありません。まして「勘合は勘合符の略」の説明は誤りであり、「勘合ノ符」の意味で「勘合符」と書いても誤りとは言えないでしょうが、余計なことと言わざるをえません。

それに、「勘合符」という言葉には多少誤解を生みやすい要素がふくまれています。「符」という文字に竹かんむりがついているせいか、勘合は、竹札か木札だと思いこんでいる人に出会ったことがあります。すでにあげた「勘合料紙」などという言葉があるように、「勘合」は紙です。また「勘符《わりふ》」という言葉からも木札を連想する人がいます。誤解を招きやすい用語は避けた方が無難というものです。

二　勘合の形態

つぎに勘合の形態と、それがどのように作られたかについて考えてみましょう。

勘合の紙の大きさが推定できる史料に天龍寺妙智院所蔵天文十二年『渡唐方進貢物諸色注文』（牧田諦亮『策彦入明記の研究』上、法蔵館、一九五九年、所収）所載の一文があり、勘合の箱について書いてあります。

一、勘合箱一ケ分事、
一、蓋ノ竪長二尺八寸五分、
一、同横ノ広サ一尺三寸五分、
一、箱外ハ皆朱、内ハ黒漆也、
一、同板ハ杉柾也、厚サ四分也、

一、蓋ハ深蓋也、大面取□〔候〕分四分也、
一、緒付ノ座在取〔所〕長サ五寸ホトクリソロ、竪ハ一寸ホト、
一、緒付ノ座桐ノタウ黄滅金也、同カンカウ金具在之、
一、蓋ノ高サ二寸、身ノ高二寸、
一、啄木緒長サ三尺八寸、房共、
一、油単、
一、昔ハ箱ノ面ニ蒔絵龍在之云云、近年無之、
一、勘合ニ別幅被遊御事、口伝在之、
一、木綿平包五布也、三ケ分、
古勘合箱ノ本并合別幅本、同緒ノ寸尺ノ本、隆満・武任・弘成、裏封在之、

この史料について、栢原昌三は「日明勘合の組織と使行」（『史学雑誌』三一―四・五・八・九、一九二〇年）で、勘合三道が五布《いつのぬの》すなわち五尺四方の布に平包してあると解し、「此木綿及び箱の尺度より推して、勘合の大さは、ほぼ竪二尺八寸横一尺三寸に近き長方形のものたるを知らるるなり」としています。この推論は、小葉田淳『中世日支通交貿易史の研究』（刀江書院、一九四一年）にもそのまま受けつがれています。栢原の推定は、箱の大きさからだけで考えたもので、かなり大雑把で、箱の板の厚さを見落しています。箱についての記述には板の厚さが四分と明記してあります。板の厚さを両面で八分と考えて箱の内側の寸法を計算すると、二尺七寸七分×一尺二寸七分となります。その中に布に包んだ勘合が入るのですから、勘合は箱の外側の寸法より一寸五分程小さかったのではないかと想像されます。ちなみに『渡唐方進貢物諸色注文』には御疏（日本国王の上表文）の大きさの説明もありますが、これは一面が折りた

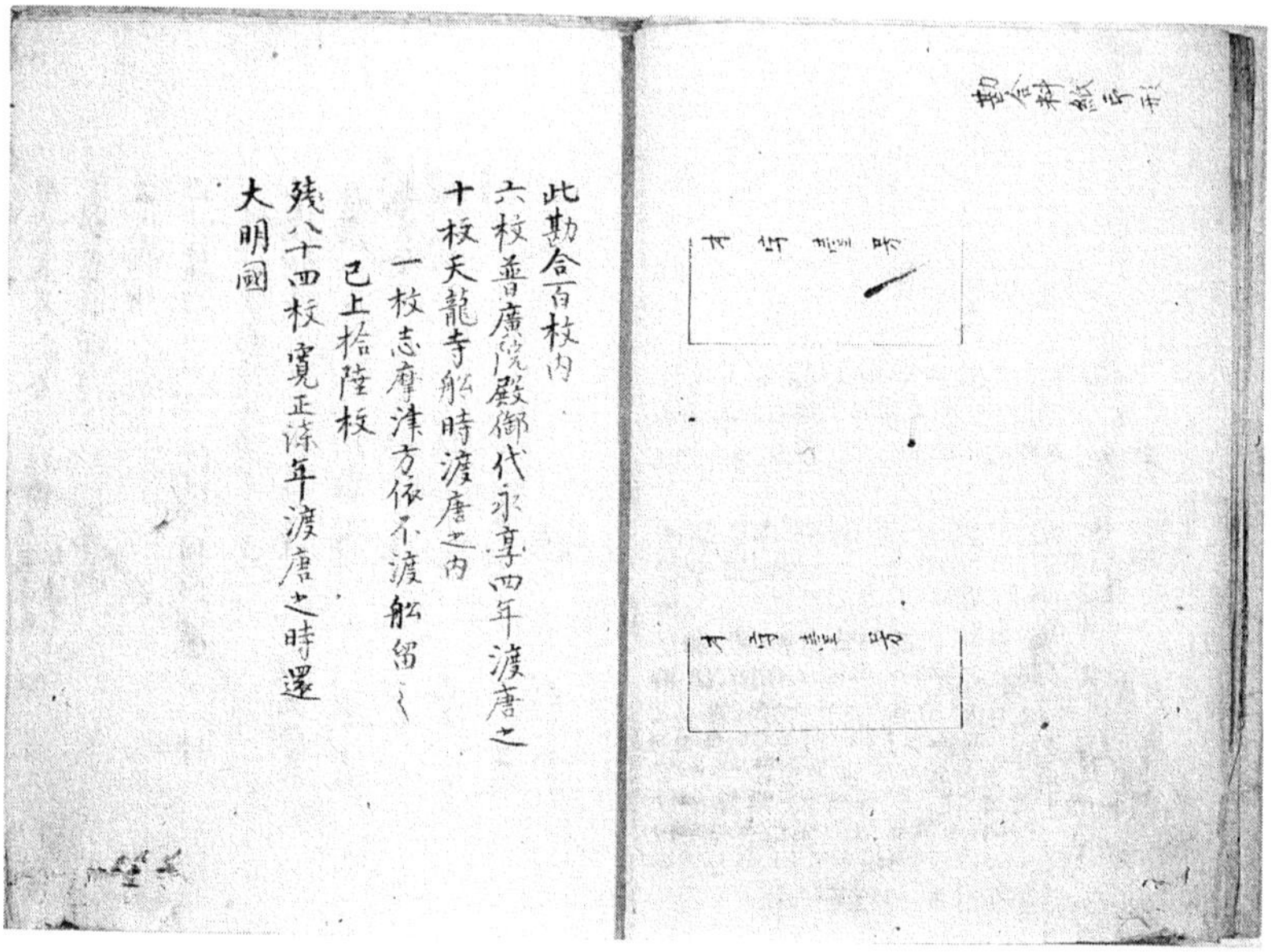

図10　勘合の図（『戊子入明記』の「勘合料紙印形」）

たんで一辺が五寸になるのに対し、その箱は六寸五分と記されています。御疏とその箱との大きさの差が一寸五分という関係を、勘合の場合にあてはめてもおそらくまちがってはいないと思います。私の推測では、勘合料紙の大きさは縦一尺二寸、横二尺七寸となります。これを、現在のメートル法表記に換算して示すのには多少ためらいがありますが、勘合の大きさは大体縦三六センチ、横約八二センチほどの紙片と考えてよいのではないでしょうか。

勘合の実物は、私の知る限り、現在、日本はもとより中国にも一通も遺っていません。勘合の形状を推定させる史料は、上に写真を掲げた天龍寺妙智院所蔵の『戊子入明記』だけです。

『戊子入明記』は、応仁二年戊子（一四六八）天与清啓を正使として明に渡った遣明船団の記録で、『続史籍集覧』（近藤出版所、一八九四年、近藤活版所再刊、一九三〇年）に収録されて、よく知られていた史料ですが、同書には上の写真（図10）の右の部分が正確に印刷されていなかったので、それが勘合について誤解を招く一因になったようです。『続史籍集覧』では原本の「勘合料紙印形」の部分が紙を横に使用していることを無視し、他の文章と同様にこれを縦組みにし、その上、「本字壱號」の半印影が二つあったのを、重複あるいは書き損じと考えたのか一つだけあげるにとどめています。

牧田諦亮、前掲『策彦入明記の研究』上、三五五頁の『戊子入明記』は、これに比べると多少正確で、印影を二つとも掲げてはいますが、やはり縦組みにしており、もとの姿を正確には伝えていません。図10の右の部分がわざわざ横から読むようにしてあるのは、右半葉の部分全部が勘合の形状を示したものとして注目すべきだったのです。『戊子入明記』の他の所をみると、原史料の体裁を明らかに示すために同様の操作をした箇所があります。さきにあげた明礼部の咨文は一行の字数が多かったために、原史料の体裁を正確に伝える方法として、これを見開き二頁の全面を使用し、最初の行は右頁の右端下から書き始め、左頁の左端下に至り、以下、各行とも順次右左の頁にまたがって書き、最後の行は右頁の右上端から左頁の左上端で終るように書いてあります。

ともあれ、『戊子入明記』の「勘合料紙印形」の記載が、普通の縦書きの体裁をとっていなかったことに注意して下さい。

三　勘合の作成方法についての推測

『戊子入明記』の史料をどのように理解するかについては、栢原昌三をはじめ従来いくつかの解釈があり、私もこれについて推測を発表したことがありますが、現在では中村栄孝の示した推論（同『日鮮関係史の研究』上、吉川弘文館、一九六五年、一八七―一八八頁）が最も説得力のあるように思われ、私はこれに従うことにしています。しかし、中村の文は理解しにくいのか、私はその説明を要求されることがしばしばあります。そこで、中村の説をふまえた私の推測を平易に図示して、勘合の作成される過程を考え、大方の理解を得たいと思います。

図の順番に従って説明しましょう。

①まず料紙Aを置きます。大きさはさきに推定した縦三六センチ、横八二センチくらいの大きさです。これが『戊子入明記』の右側の頁を横から見た「勘合料紙印形」と書いた紙のもとの姿であると考えてください。のちに勘合と

①

②

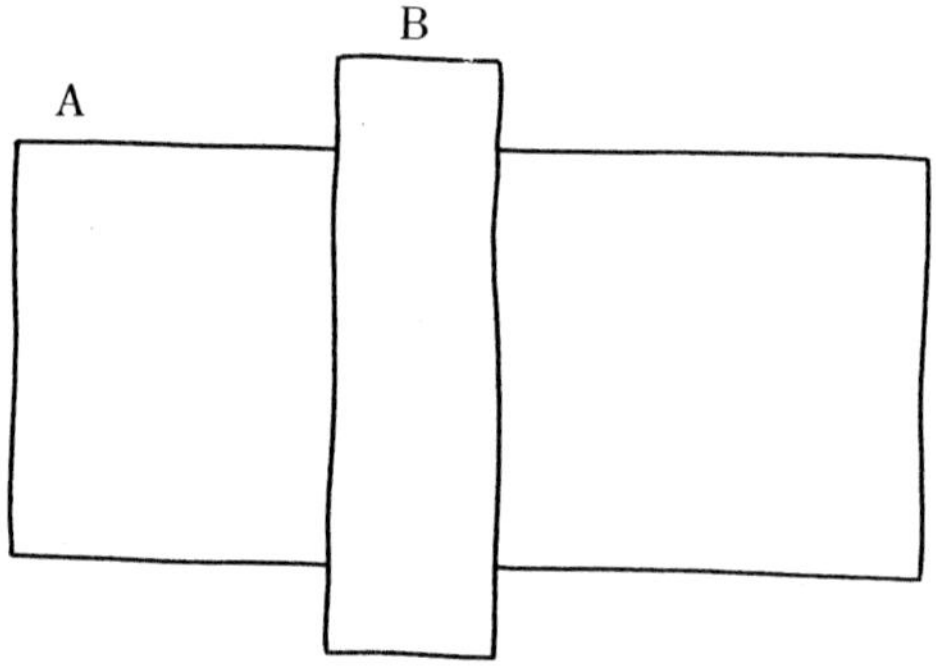

③

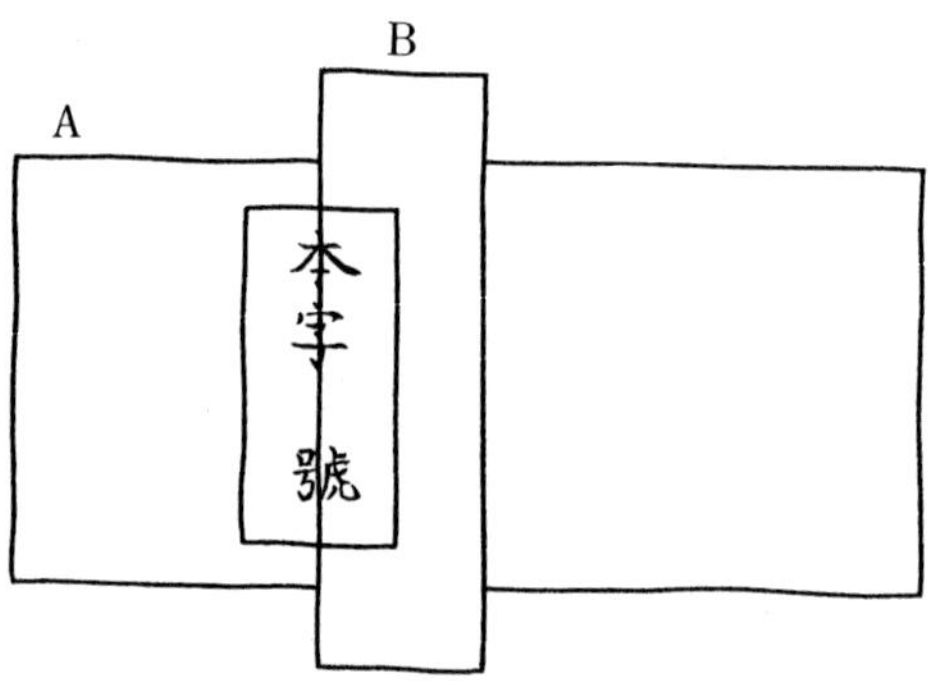

④
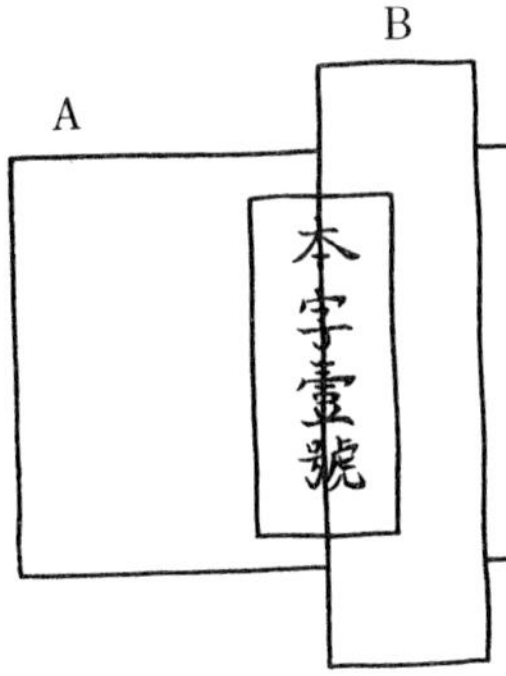

⑤
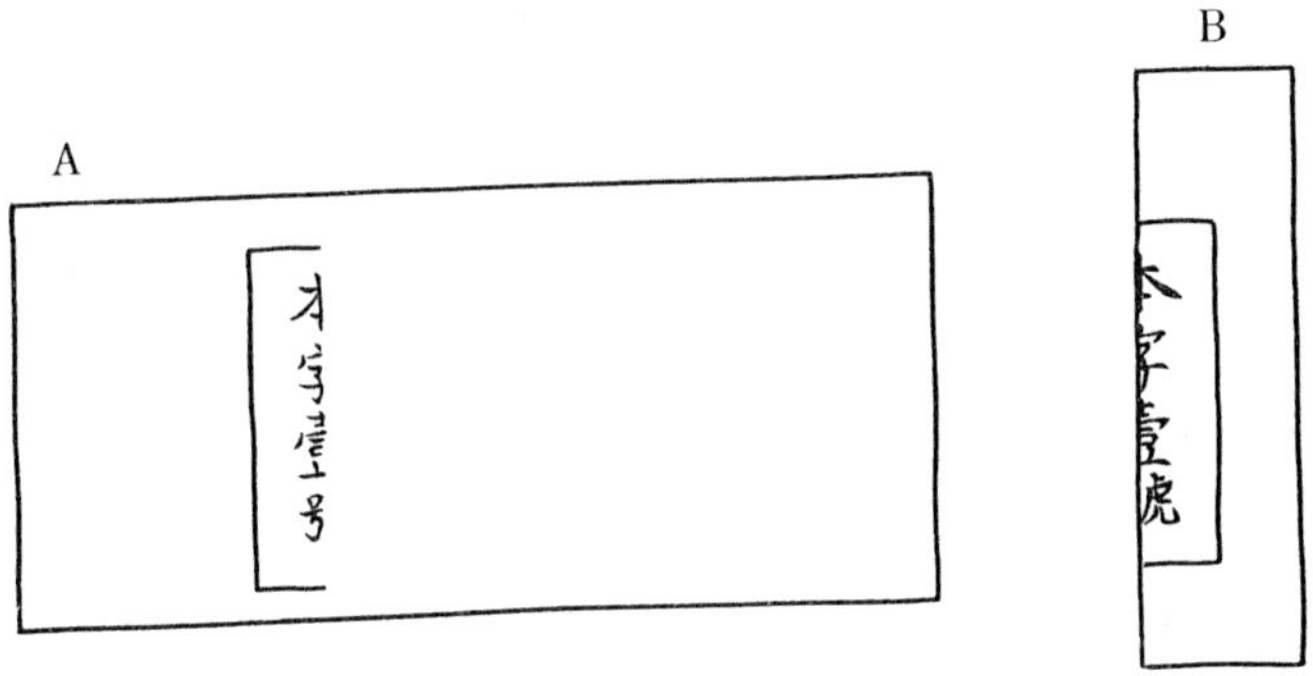

⑥
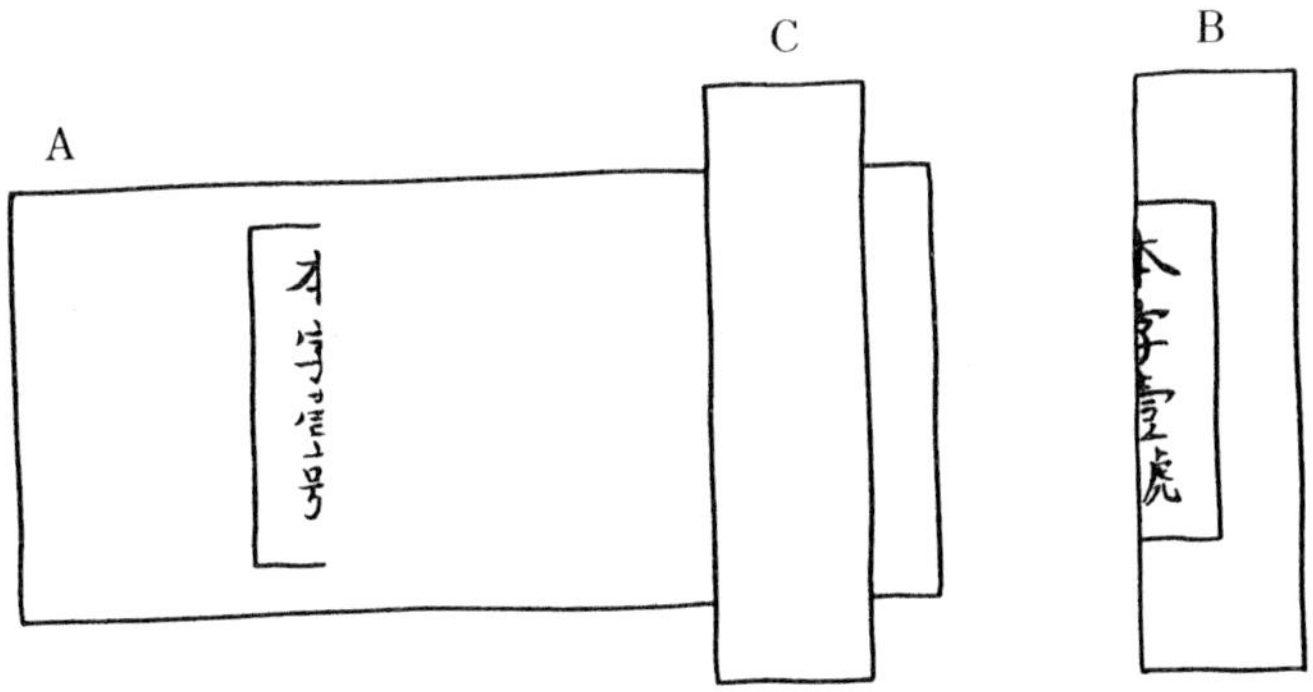

⑦

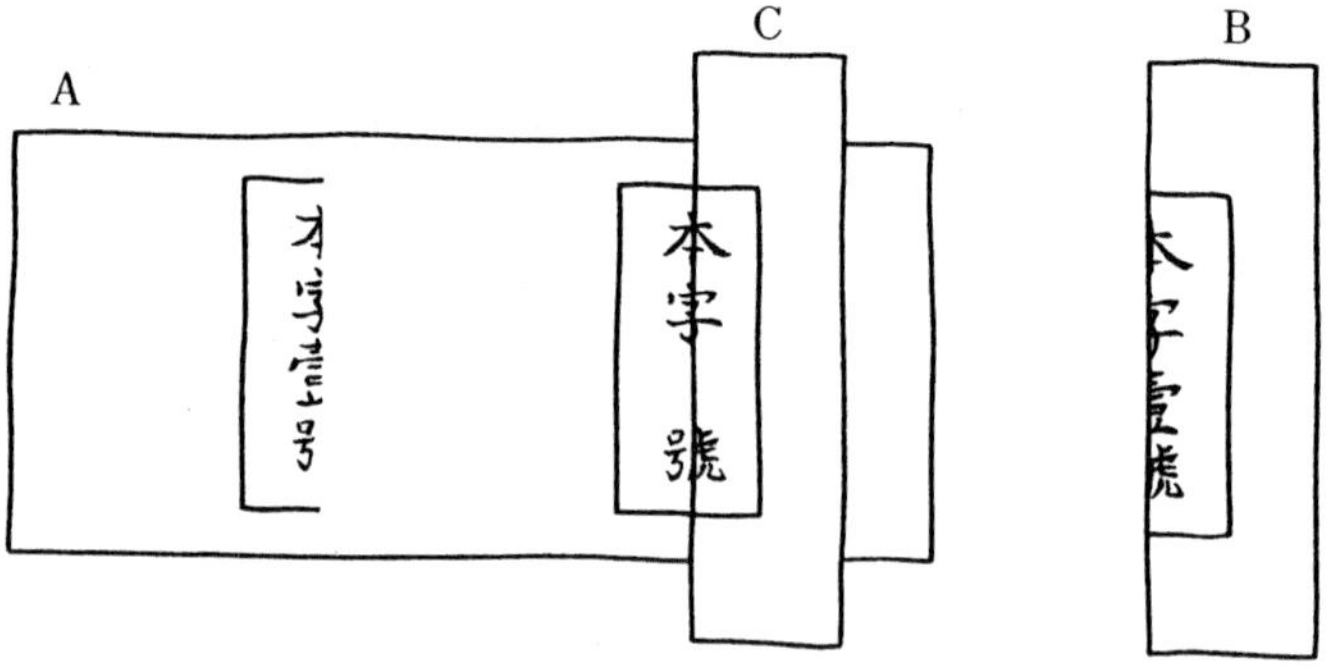

⑧

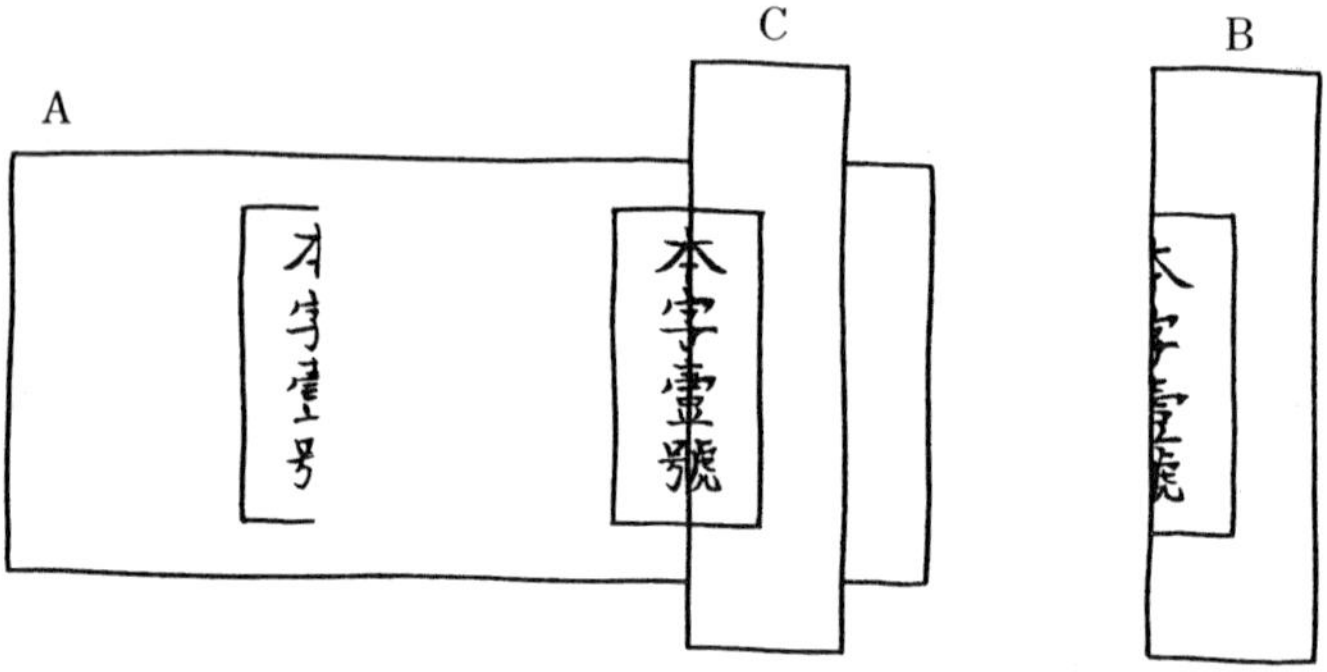

⑨

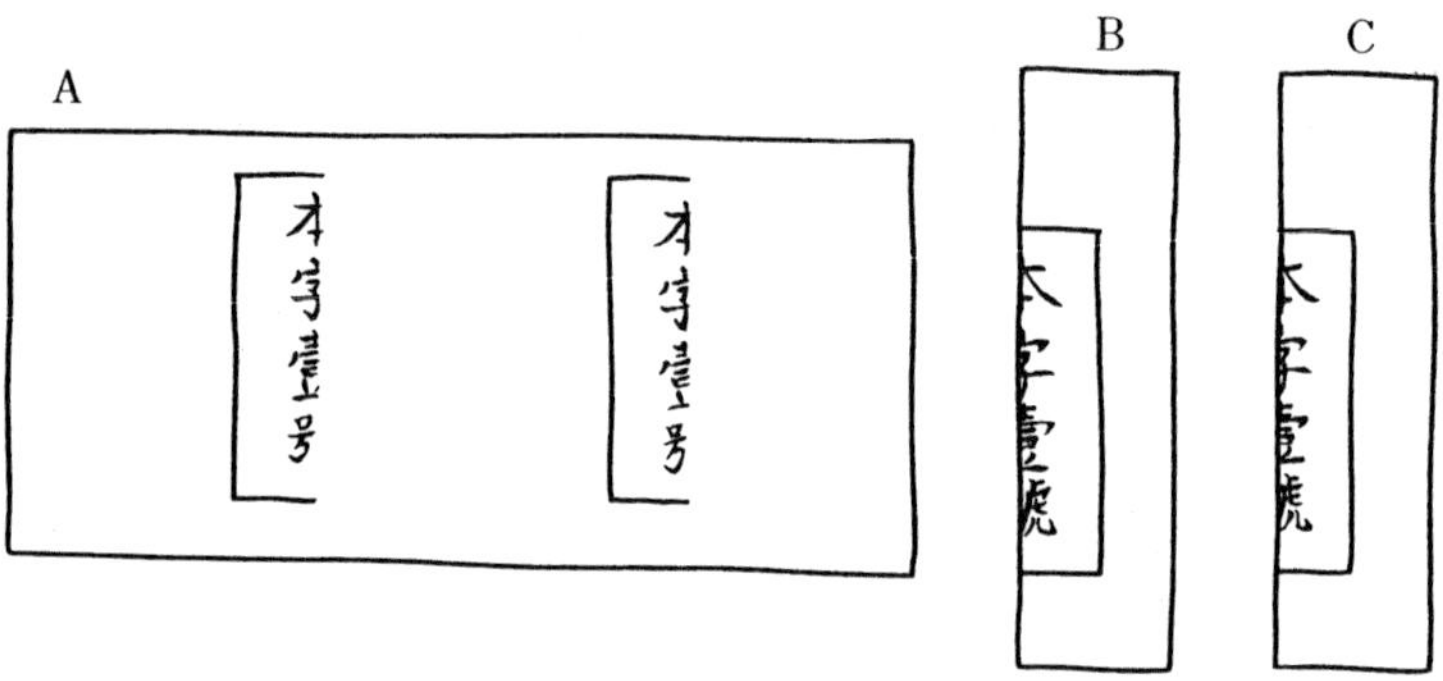

⑩

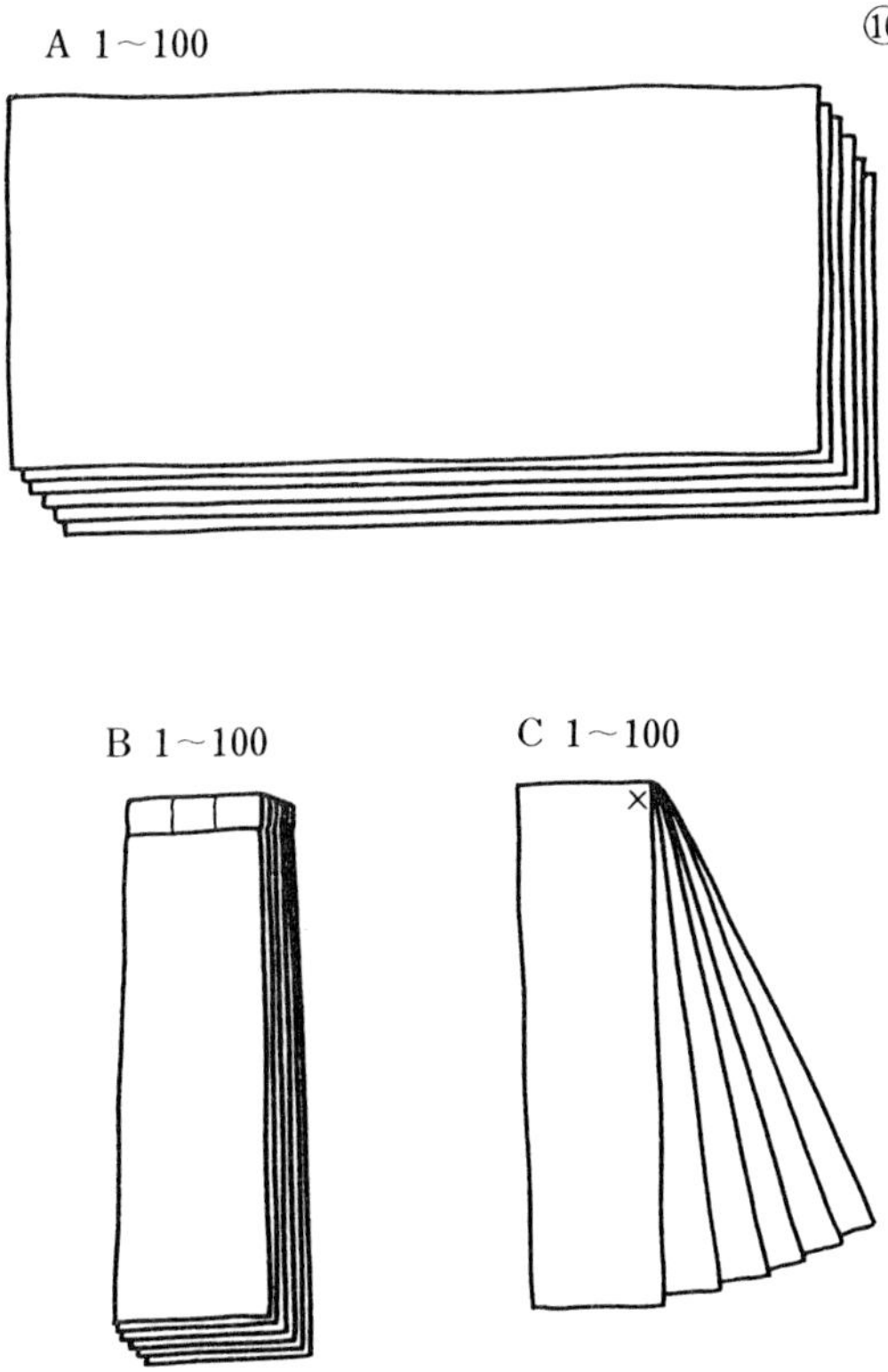

なる紙です。

②料紙Aの上にやや左側に寄せて、料紙Bを置きます。これはのちに底簿の一部となる紙です。大きさはわかりませんが、『蔭涼軒日録』長享元年（一四八七）十月三十日の記事から考えるとかなり大きなものではなかったかと思われます。この日の条には「勘合之大冊有之、并勘合九十九〔一〕枚有之」とあり、大冊とある方が底簿と思われますので、底簿の紙の大きさも相当に大きかったのではないでしょうか。

③料紙Aと料紙Bとの合わせ目の線を中心にしてその線上に「本字　號」の印を捺します。単郭陽刻の印と思われます。

④印の「本字　號」の印影の字間に料紙Aと料紙Bの双方にかかるように「壹」の字を書き加えます。『戊子入明記』の明礼部咨文に「比対硃墨子〔字〕號、相同方可聴信」という文章があることから考えると、朱印の印影の空白にされていた部分に「壹」の数字を墨書して加えたのではないでしょうか。その逆で印が黒、文字が朱とも考えられるし、印も文字も朱と考えることもできますが、一応朱印に墨書したと考えておきましょう。

⑤料紙Aと料紙Bとを離します。料紙Aには、左側に「本字壹號」の左半分の印影が残ります。料紙Bの方には、「本字壹號」の印影の右半分が残るわけです。
⑥料紙Aのやや右寄りに料紙Cを置きます。
⑦料紙Aと料紙Cとの合わせ目の線上に、③の場合と同様に「本字　號」の印を捺します。
⑧印影の「本字　號」に「壹」の字を書き加えます。方法は④の場合と同様です。
⑨料紙Aと料紙Cとを離します。料紙Aには、左右二ヵ所に「本字壹號」の左半分の印影が残ります。一方で「本字壹號」の右半分の印影のある料紙B・Cの二枚ができます。
⑩前記①〜⑨と同様の方法により「本字貳號」「本字參號」という順序で「本字百號」までの勘合百枚を作成します。同時に底簿B百枚、C百枚ができあがります。底簿は「大冊」や「二扇」などと称されたことから考えると、何らかの方法で綴じられたのでしょう。綴じ方は、BもCも根拠に乏しい推測ですが、大冊ならB、扇ならCのように綴じられたのではないでしょうか。
以上のように推測すると、『戊子入明記』の「勘合料紙印形」の記載が比較的無理なく解釈できると思います。

四　余　談

鄭樑生『明・日関係史の研究』（雄山閣、一九八六年）に勘合に関する新しい解釈が示されているので、それにつき一言しておきましょう。鄭は、中国の某小学校の学費納入通知書・領収書ならびに控えが一枚の紙でできていて、二ヵ所に印があり、それが印のあるところから点線にそって三分されることに着目し、これを「勘合の雛型」と考えています。

しかし、勘合をこの納入通知書のようなものであったと仮定すると、中央の部分が勘合で、切断された左右の部分が底簿ということになりますが、中央の勘合に当る紙面には左側に印影の右半分、右側に印影の左半分が残ることになります。これは『戊子入明記』の「勘合料紙印形」に左右とも同形の印影が二つあるのと矛盾します。私はやはり、さきに図示した①〜⑩の方法によって勘合が作られたとする考える方を変えるわけにはゆきません。

勘合は料紙の印影のある部分の面の裏の面に、遣明船の使節の人名、同乗する商人の人名、進貢の物件とその数量、乗船者の附搭物件、客商の貨物、船舶の数、船内の人口数などを逐一記入することになっていました。栢原昌三は「勘合」を「批文勘合」ともいうことについて、批文とは裏書きのことであり、ここに記されたことがらが事実か否かを験案するのは、字号の対比よりも大きい意味があった、としています。

勘合は文書の様式から考えると、日本国王から対等の地位にある礼部の長官に充てるものですから、本来は同位者間の文書の呼び名である咨文に相当するものですが、日本国王が明の皇帝に充てた上表文に附属する文書という意味で『善隣国宝記』や『大明別幅并両国勘合』などでは一般に「別幅」と呼んでいます。

なお、日明間の勘合以外にも勘合とよばれたものがいくつかありますが、それについての説明や、勘合印の種類や機能、遣明船の構造、貿易の実相などについては、前掲拙稿のほか、拙著『中世対外関係史』（東京大学出版会、一九七五年）と『対外関係と文化交流』（思文閣出版、一九八二年）等を参照していただければ幸いです。

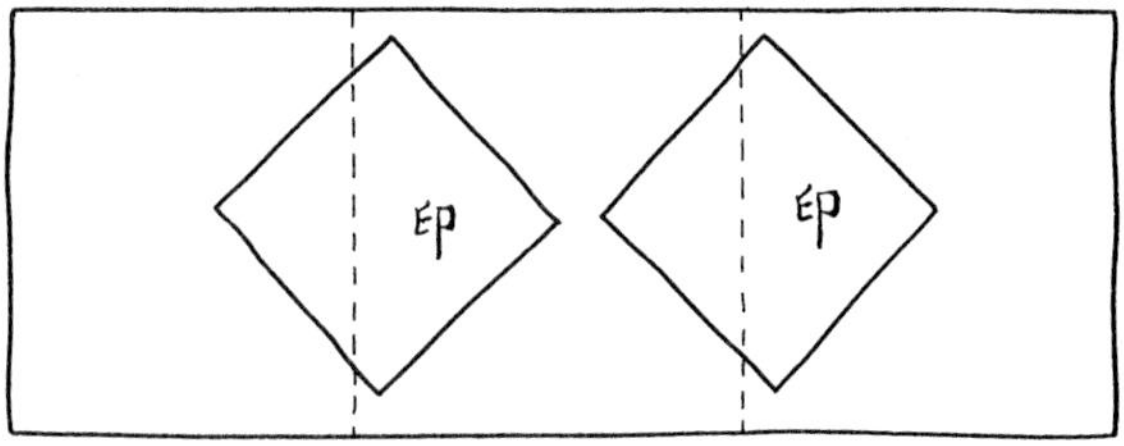

勘合の雛型

第四 『海東諸国紀』の日本・琉球図

——その東アジア史的意義と南波本の紹介——

はじめに

十五世紀に、朝鮮人申叔舟が成宗王の命を奉じて撰進した『海東諸国紀』の巻首部に載せられた地図は最古版の日本・琉球図であり、すでに多くの研究者の注目をあつめてきた。代表的な研究としては、中村栄孝「『海東諸国紀』の撰修と印刷」(『史学雑誌』三九―八・九、一九二八年、のち修正して『日鮮関係史の研究』上、吉川弘文館、一九六五年、に収録)、秋岡武次郎『日本地図史』(河出書房、一九五五年)、東恩納寛惇「申叔舟の海東諸国紀に現れたる琉球国図について」(『史学』一六―三、一九三七年)、同『黎明期の海外交通史』(帝国教育会出版部、一九四一年、のち『東恩納寛惇全集』3、第一書房、一九七九年、に収録)等がある。中村の論文は、『海東諸国紀』の諸本、撰述の事情、内容等を全般的かつ詳細に研究したもの、秋岡の著書は日本・琉球の地図を地図史のなかに位置づけて検討したもの、東恩納の著書は琉球国図をとりあげて詳論したものである。

本稿では、これら先学の諸研究に導かれながら『海東諸国紀』所収の日本・琉球図を再検討し、さらにこのような地図が作成されたことの東アジア史における意義とその背景等を考察してみたい。また、南波松太郎氏所蔵本(以下、南波本と略称する)の紹介もあわせて行うことにする。

一　『海東諸国紀』所収地図の特質

地図の検討を行う前に『海東諸国紀』の内容の概略を説明しておこう。

『海東諸国紀』は一四七一年（朝鮮成宗二、日本文明三）に議政府領議政申叔舟が王命を奉じて撰進した書物。海東諸国（日本と琉球）の国情と、その朝鮮との通交の沿革を記し、さらに使人接待の規定を収録している。撰者の申叔舟は日本・中国を訪問した経験者であり、世宗朝・世祖朝の和平外交を推進した人物であった。すなわち一四四三年（世宗二十五、嘉吉三）には日本通信使卞孝文・副使尹仁甫とともに書状官として日本に渡航、一四五二年（文宗二、享徳元）には謝恩使首陽大君（のちの世祖）とともに書状官として明に赴いた。成宗の初年には議政府領議政として行政を総攬し、また礼曹判書を兼ねて外交・文教の任にも当った。現在の日本の官職にあてはめるのはあまり適当ではないが、総理大臣兼外務大臣・文部大臣・国会図書館長・史料編纂所長・天文台長などに相当するといったところであろうか。対外関係資料を蒐集・調査・選択するのには最適の地位にあった人物といえる。

『海東諸国紀』はのちにはつねに外交上の先規を考える基本的参考文献として重用されたが、内容はつぎの通りである。

序

目録・凡例

地図

日本国紀（天皇代序・国王代序・国俗・道路里数・八道六十六州）

琉球国紀（国王代序・国都・国俗・道路里数）
朝聘応接紀（使船定数・諸使定例・使船大小船夫定額・給図書・諸使迎送・三浦熟供・三浦分泊・上京人数・三浦宴・路宴・京中迎餞・昼奉盃・京中日供・闕内宴・礼曹宴・名日宴・下程・例賜・別賜・留浦日限・修船給粧・日本船鉄釘体制・上京道路・過海料・給料・諸道宴儀・礼曹宴儀・三浦禁約・釣魚禁約）
追加附録（朝鮮三浦図・畠山殿副官人良心曹饋餉日呈書契・琉球国情聞書）

地図は、つぎの九図である。(1)海東諸国総図、一葉、(2)日本本国之図、二葉、(3)日本国西海道九州之図、一葉、(4)日本国一岐島之図、一葉、(5)日本図対馬島之図、一葉、(6)琉球国之図、一葉、(7)熊川薺浦之図、半葉、(8)東莱富山浦之図、半葉、(9)蔚山塩浦之図、半葉

以下、各図の内容を順次考察する。

(1)**海東諸国総図**　この図（図11）は一見して明らかなように(2)〜(6)図を合成して一図としたものである。

(2)**日本本国之図**　この図（図12）は、秋岡武次郎『日本地図史』の分類では行基式日本地図の第三型に属する（一五―一六頁）。行基式日本図とは、平安時代以後、江戸時代初期まで日本全図の基本となっていたもので、山城・大和などの国々が俵または団子・繭を並べたように描かれ、日本全体の輪郭（沿岸線）も丸味をおびた曲線で示されている図である。十二世紀末から十六世紀までの間に作成された行基式日本図について秋岡の行った分類はつぎの通りである。

第一型　志摩国が本陸と陸続きであり、羅刹国ならびに雁道が見られないもの。
第二型　志摩国が本陸と陸続きであり、羅刹国・雁道の描かれているもの。
第三型　志摩国が本陸から離れた島にされ、羅刹国・雁道の描かれているもの。

第四型　志摩国が島とされ、羅刹国・雁道が描かれているだけでなく、陸奥から関東にかけての東海に第一・第二・第三型に見られない松島・東夷東島・伊々島なる南北の三島が示されているもの。

秋岡が第二型としたのは金沢文庫所蔵日本図であるが、これには雨見島（奄美）・龍及（琉球）をはじめ、新羅国・高麗・蒙古・唐土・羅刹国・雁道等の記載があり、秋岡は「海外の地域をかなり描入している現存する最古の日本図であることにおいて意義がある」（二一頁）とし、シカノ島、竹島が見られるのは蒙古襲来の激戦地であったためであると考え、成立年代を嘉元三年（一三〇五）と推定している。日本図のなかに外国地名が記入されたのは、第三型の『海東諸国紀』の(2)図を考えるうえで重要な伏線となるものと考えてよいであろう。第二型に初めて現われた日本図における海外地域への関心は(2)図では一層明確な形で示されるようになった。本陸の外縁に円形の島のような形で描きこまれた地名には実在の日本の地名のほかに海外地域の実在の地名と架空の地名が混じって描かれている。海外地域への関心は第二型よりもかなり拡大したといってもよいであろう。

(2)図では本陸の北に当る箇所に夷島が、太平洋側に扶桑・瀛洲・羅刹国・女国・三仏斉・支・大身・勃海・勃楚・大島・黒歯・志摩州・大漢・尾渠が、日本海側に雁道・佐渡州・見付島・隠岐州・箕島が配されている。

夷島　現在の北海道と考えてよいであろう。本陸部に夷地があり、夷島は別島になっている。秋岡は北海道を島として表現した最初の地図として注目している（前掲書、五九頁）。

扶桑　『南史』や明代の『三才図会』などに見える地名で、中国の東にあり、扶桑木の多い地とされている。扶桑は日本の異名に用いられることもあるが、この地図の扶桑は架空の国名と考うべきであろう。

瀛洲　『列子』『史記』などに見える地名。東海中にあって神仙が棲むと伝えられる。

羅刹国　「有鬼、食人」の注記がある。羅刹はサンスクリット語のラークサヤサの音写羅刹娑・羅叉娑などがなま

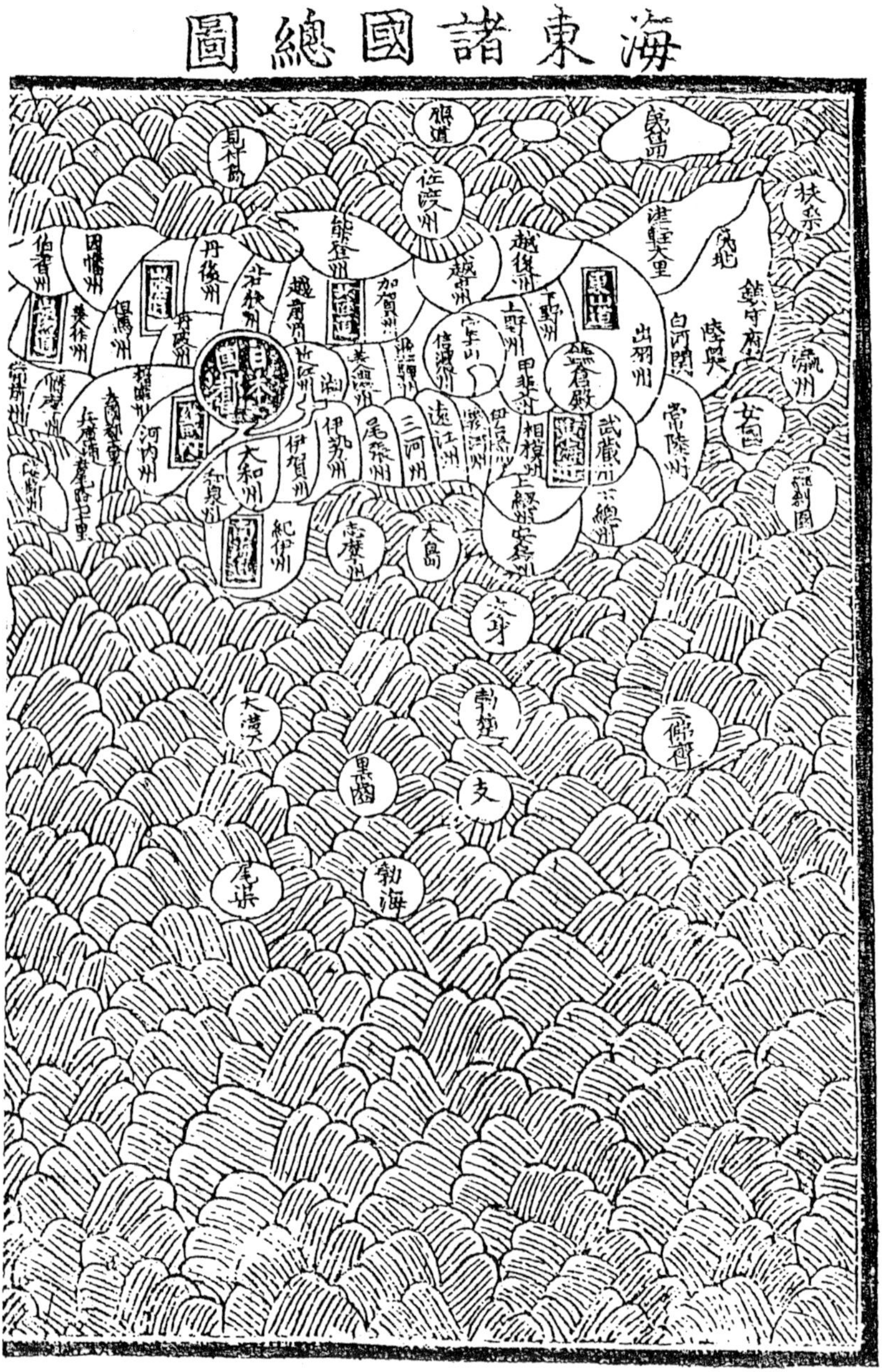

図11　(1)東京大学史料編纂所所蔵　『海東諸国紀』「海東諸国総図」

隠岐州
石見州
出雲州
長門州
周防州
安芸州
備後州
豊前州
豊後州
筑前州
筑後州
肥前州
肥後州
薩摩州
大隅州
日向州
伊予州
土佐州
讃岐州
風本浦
博多
五島
高島
大島
富山浦
乃而浦
国頭城
九米島
伊是那

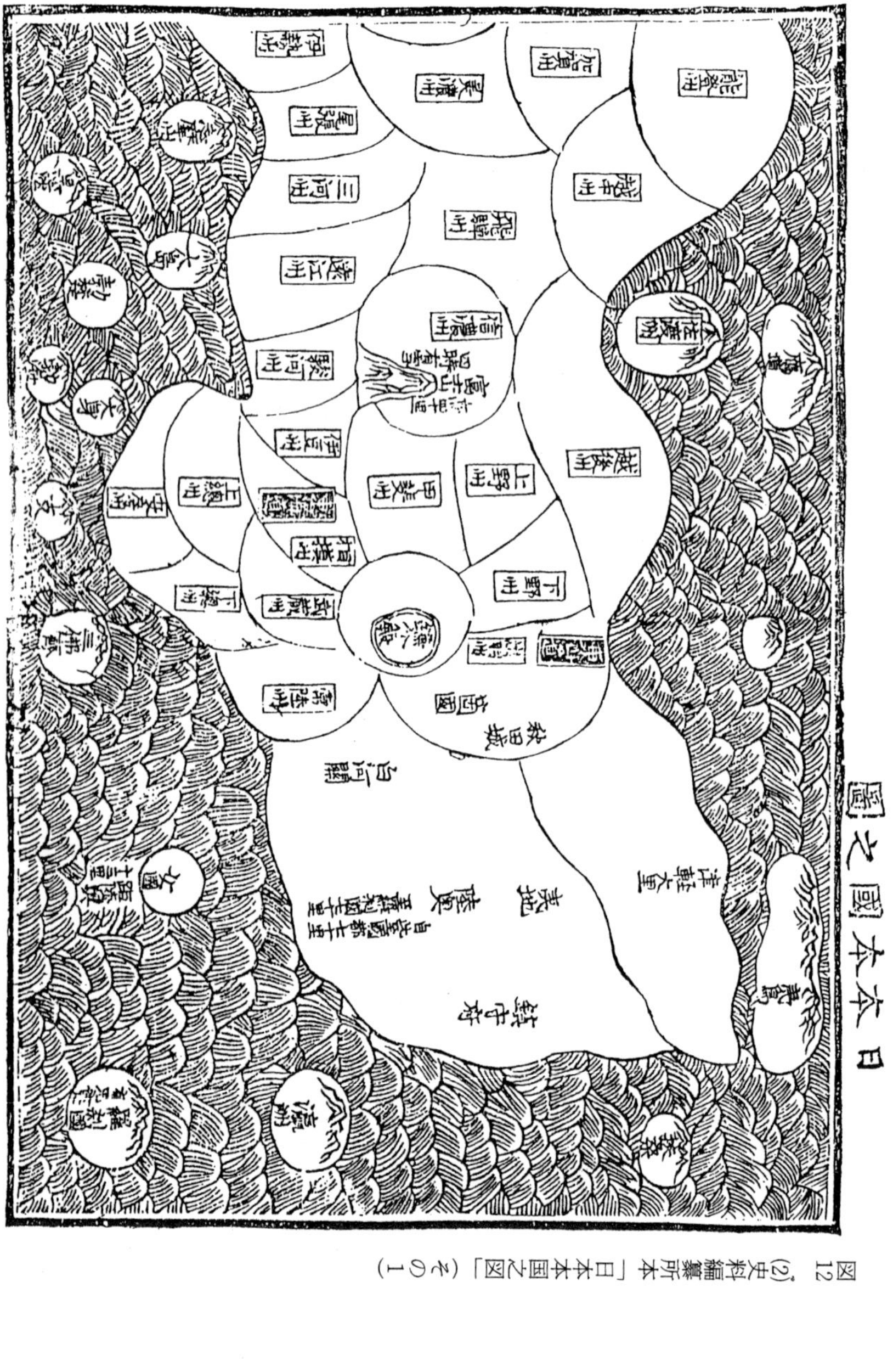

図12　(ロ)史料編纂所本「日本本国之図」(その１)

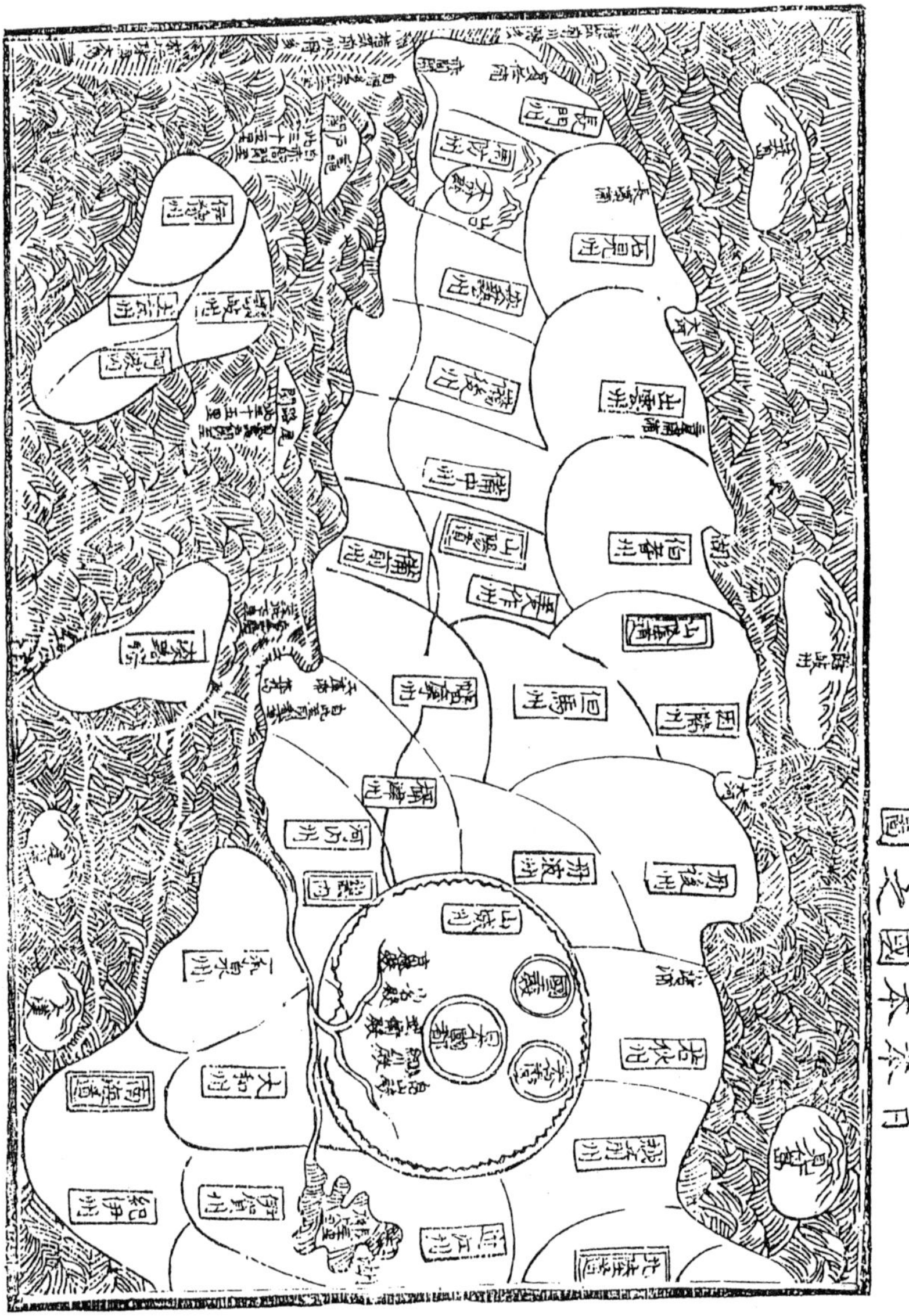

(2)史料編纂所本「日本本国之図」(その2)

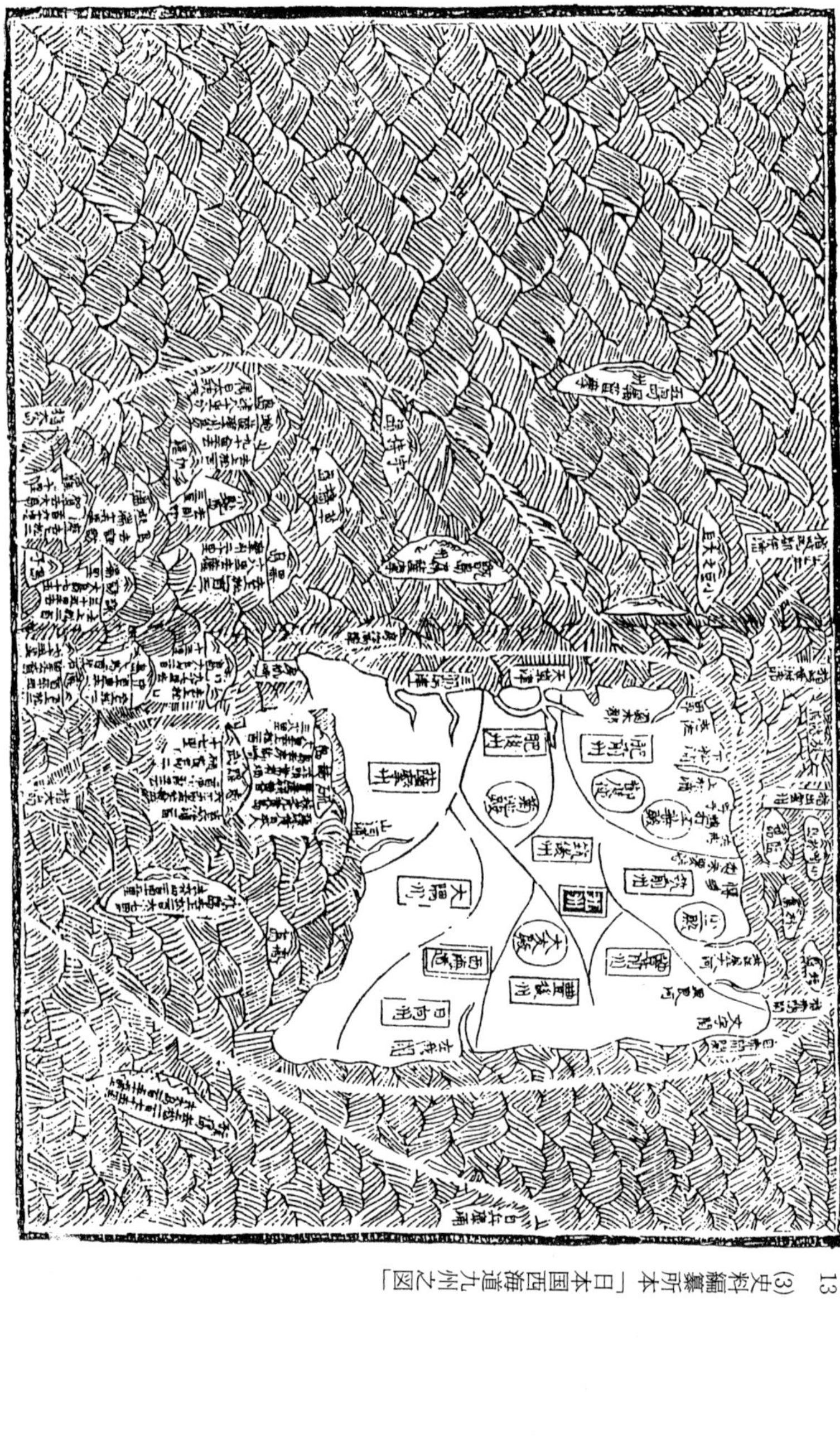

図13　(3)史料編纂所本「日本国西海道九州之図」

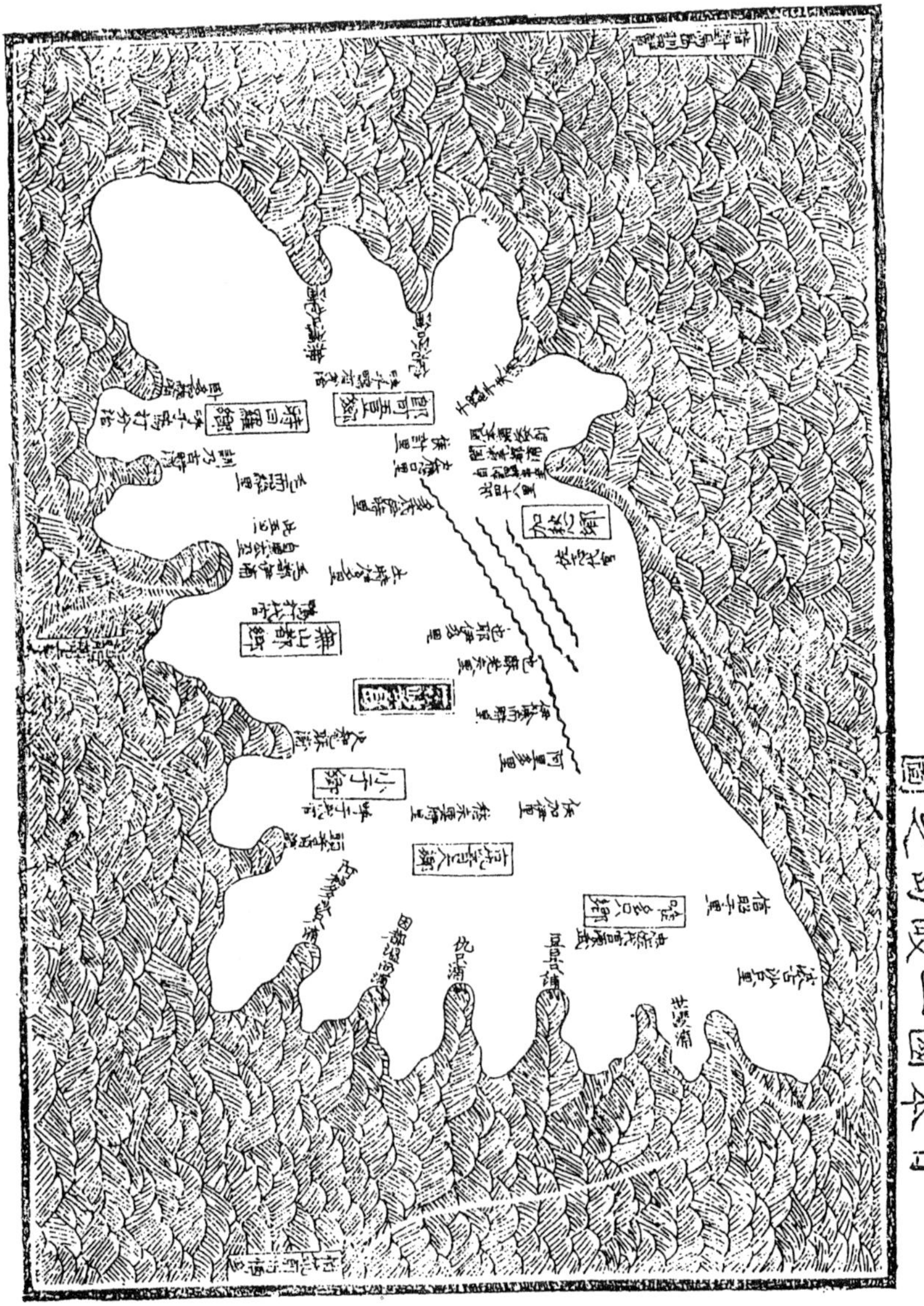

図14 (4)史料編纂所本「日本国一岐島之図」

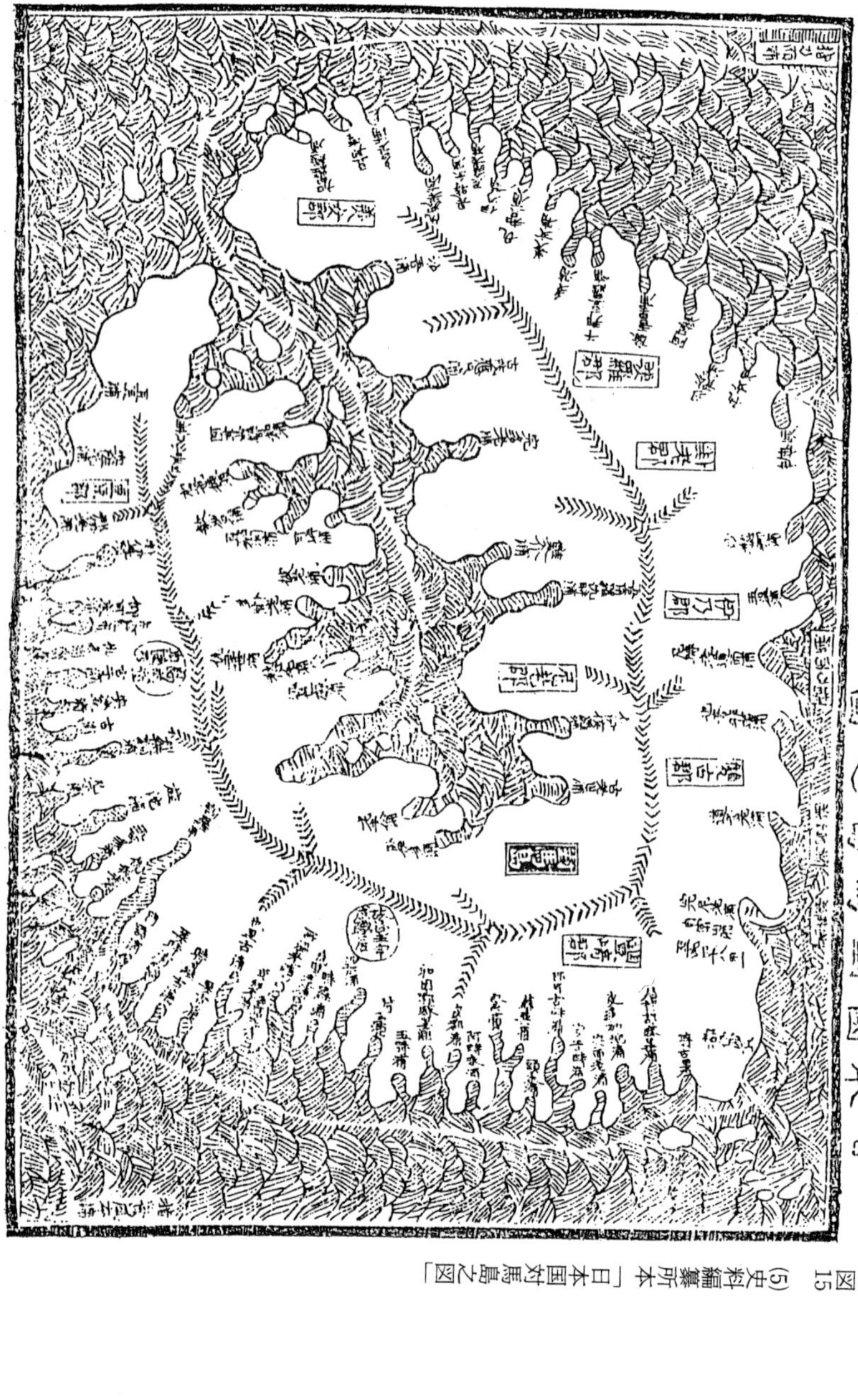

図15 (5)史料編纂所本「日本国対馬島之図」

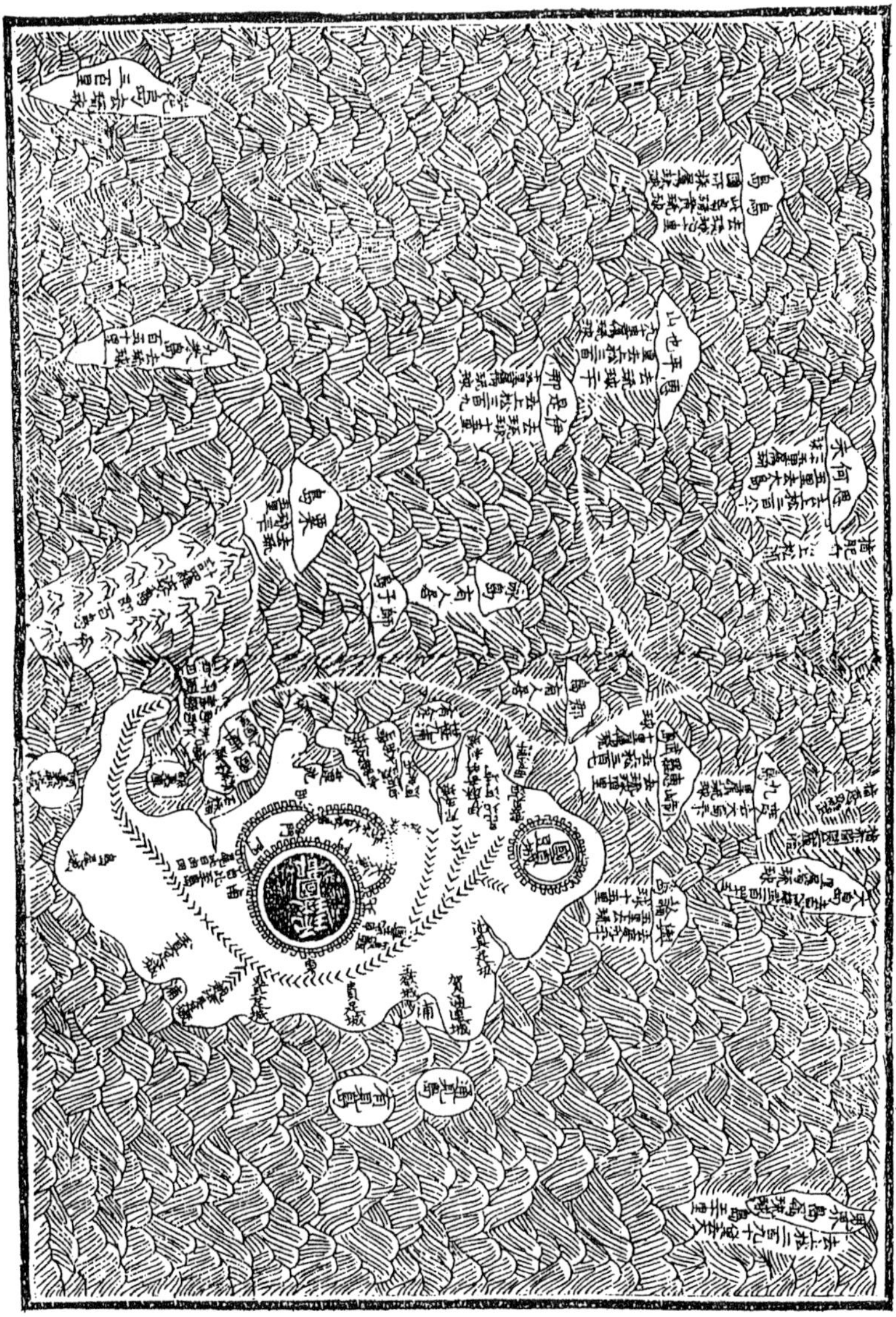

図16　(6)史料編纂所本「琉球国之図」

図17 (1)南波松太郎氏所蔵 『海東諸国紀』「海東諸国総図」

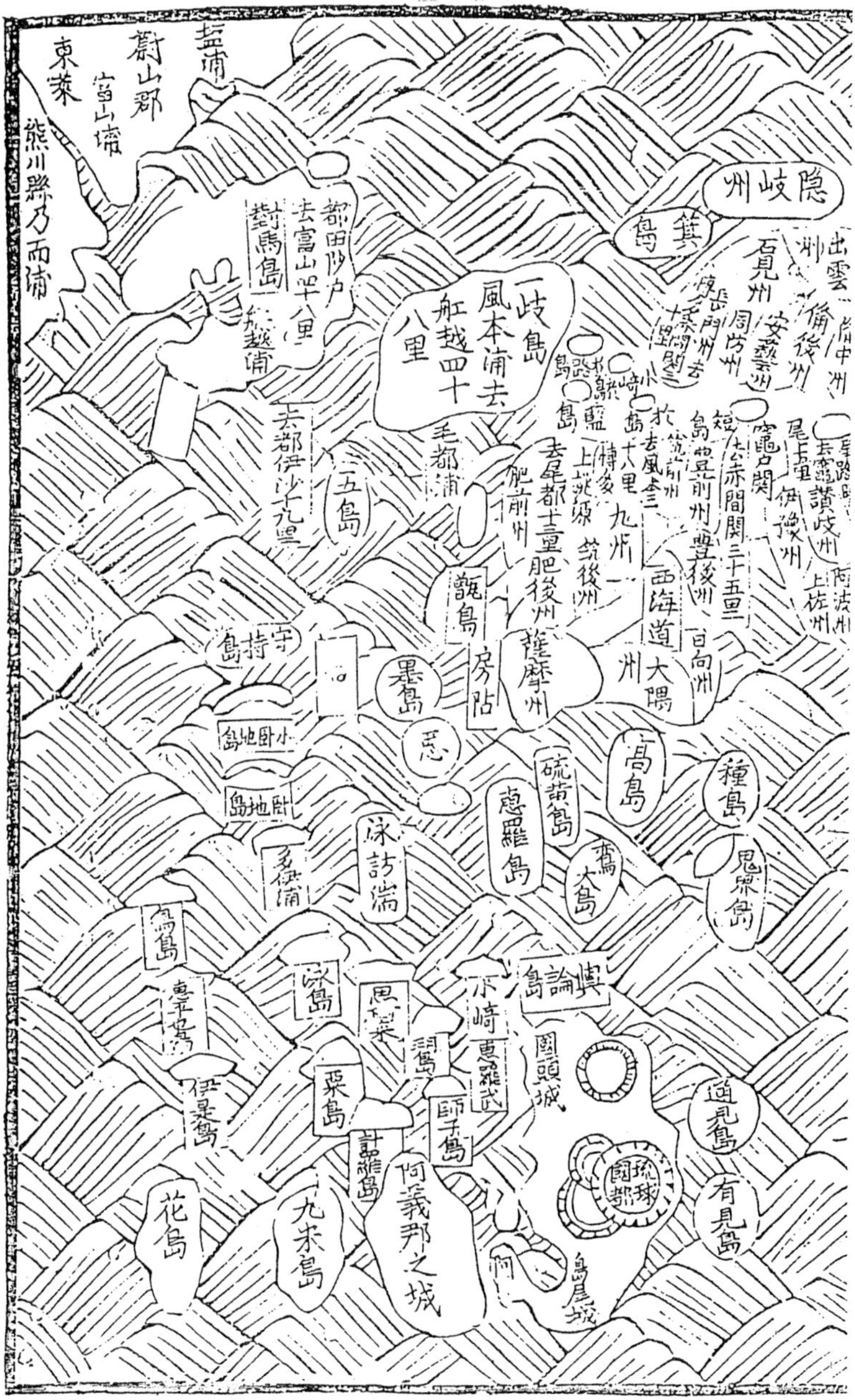
東萊
蔚山郡
塩浦
熊川縣乃而浦
對馬島
一岐島
隠岐州
出雲州
石見州
周防州
安藝州
長門州
備後州
備中州
讃岐州
伊豫州
阿波州
土佐州
赤間関
豐前州
豐後州
筑前州
筑後州
肥前州
肥後州
日向州
薩摩州
西海道
九州
大隅州
五島
甑島
小臥蛇島
臥蛇島
硫黄島
高島
種島
鬼界島
大島
琉球國都
國頭城
花島
九米島
阿義那之城
有見島

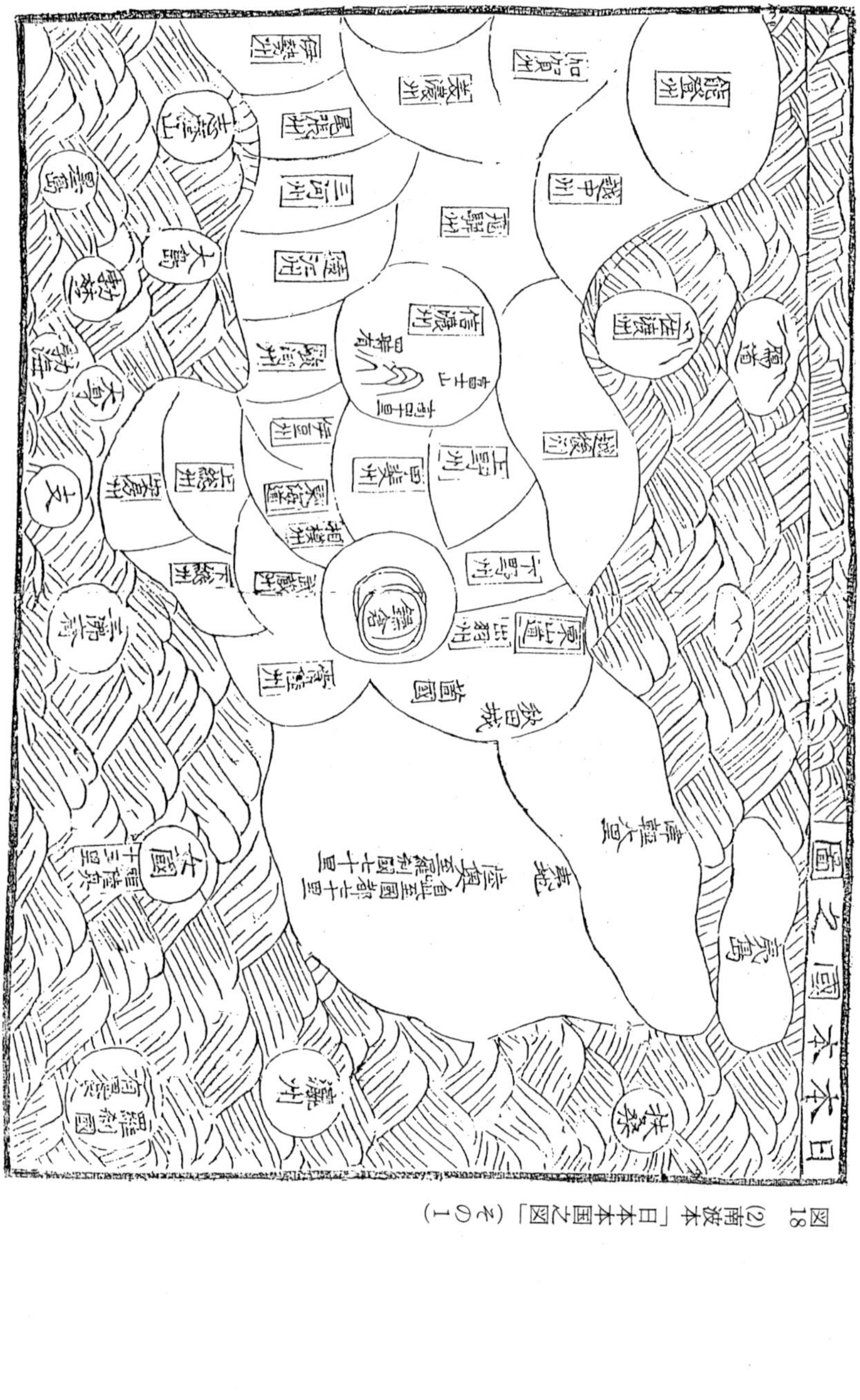

図18　(2)南波本「日本本国之図」(その1)

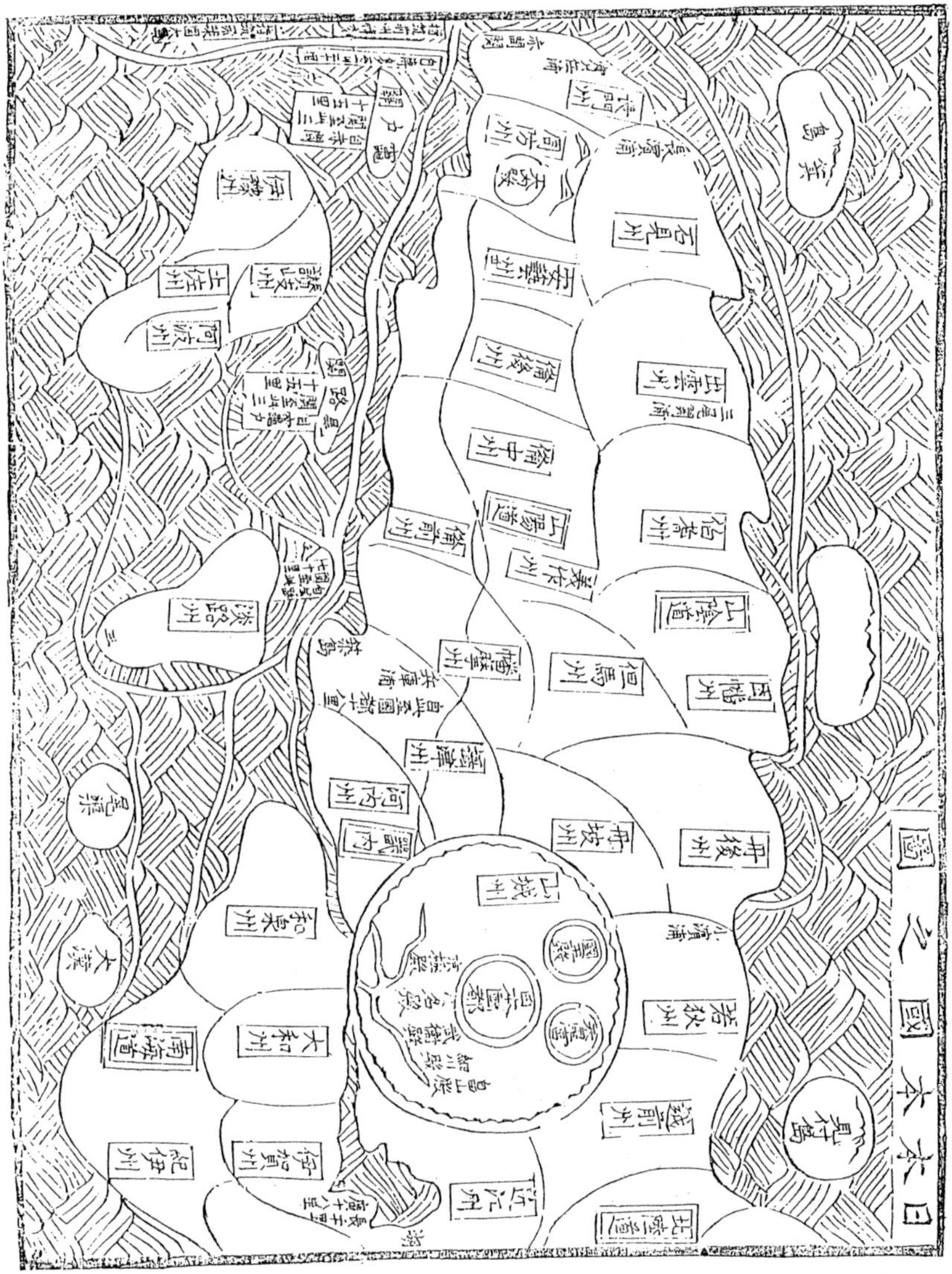

(2)南波本「日本本国之図」(その2)

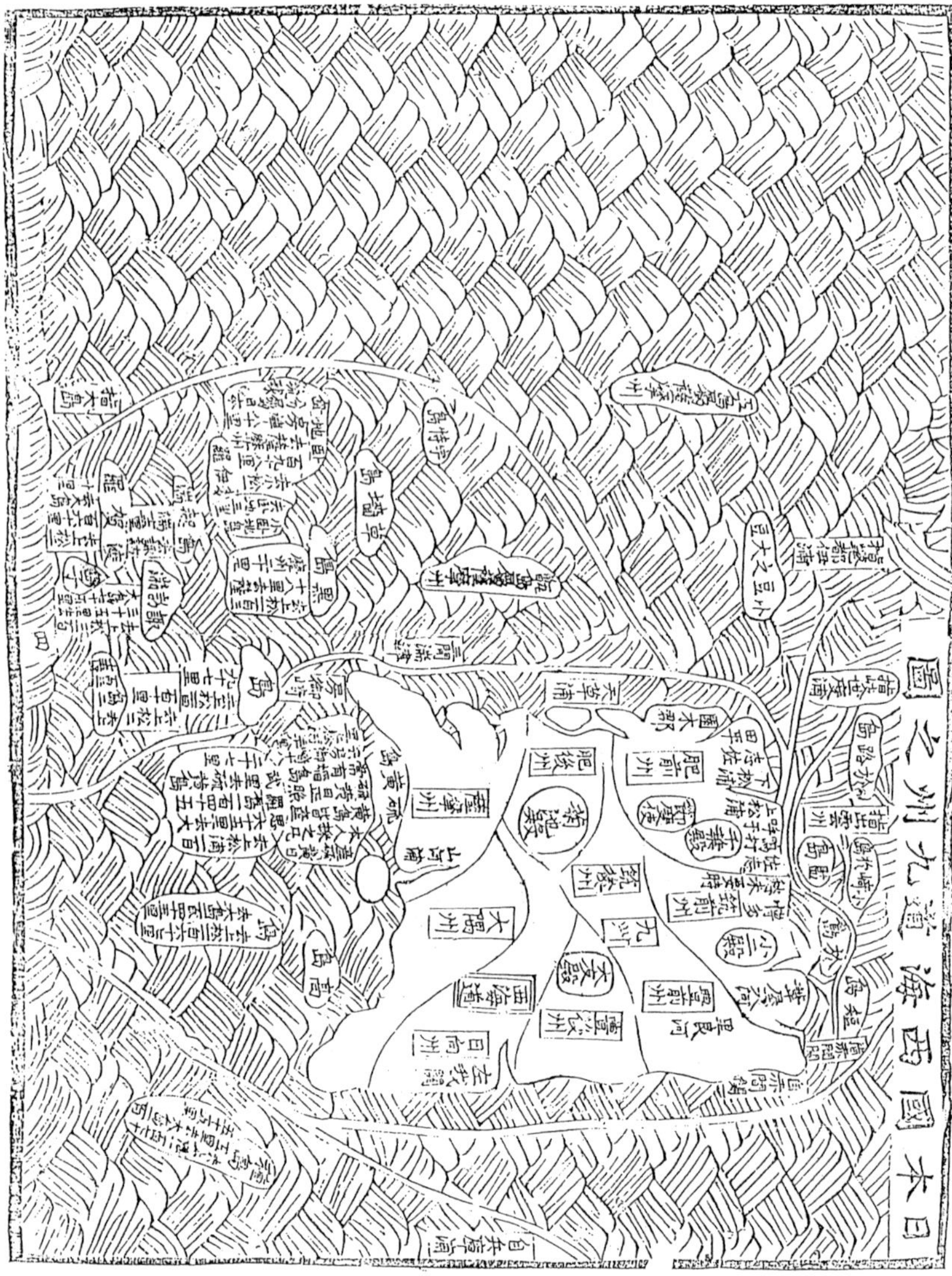

図19 (3)南波本「日本国西海道九州之図」

図20　(4)南波本「日本国一岐島之図」

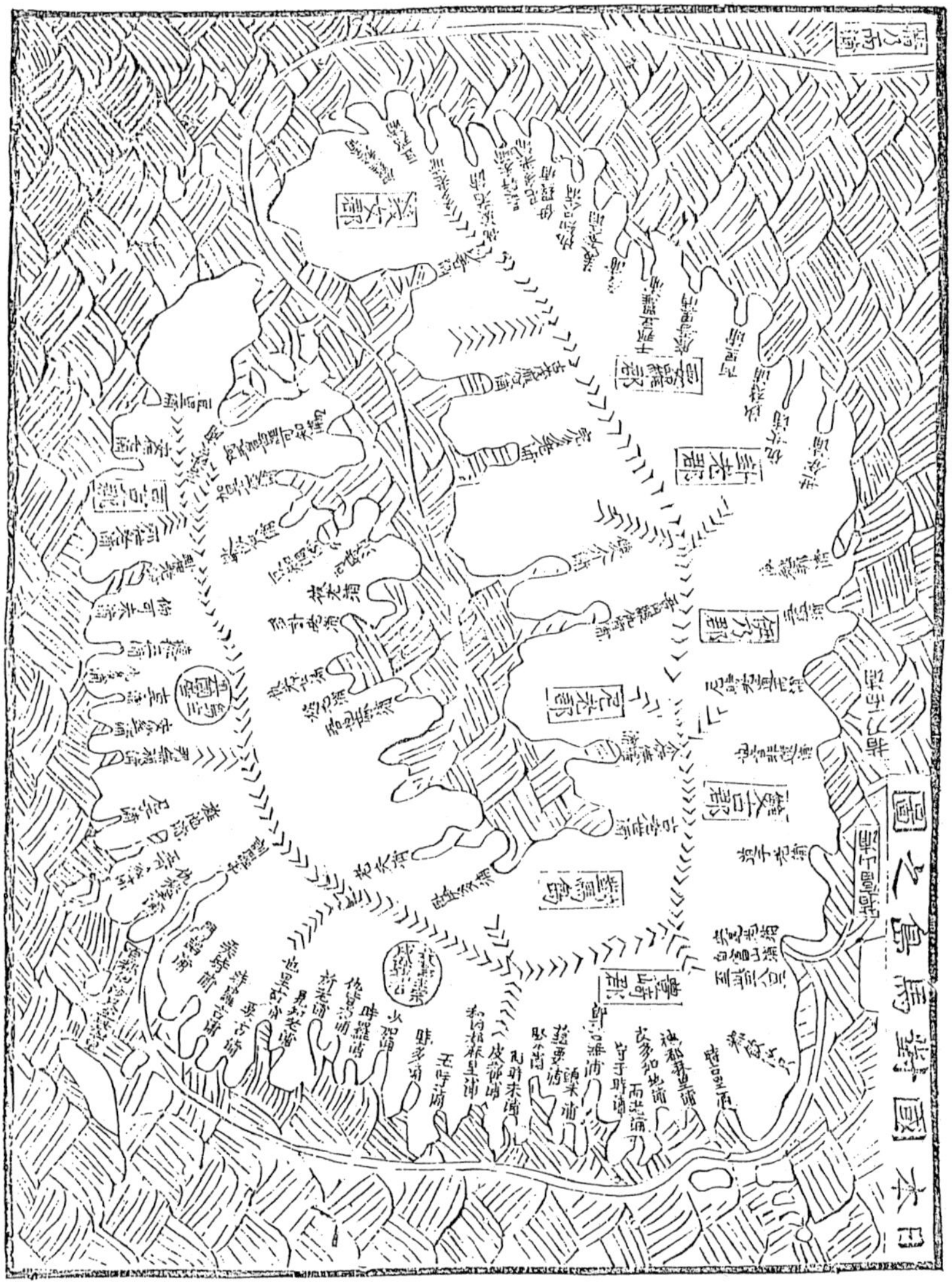

図21　(5)南波本「日本国対馬島之図」

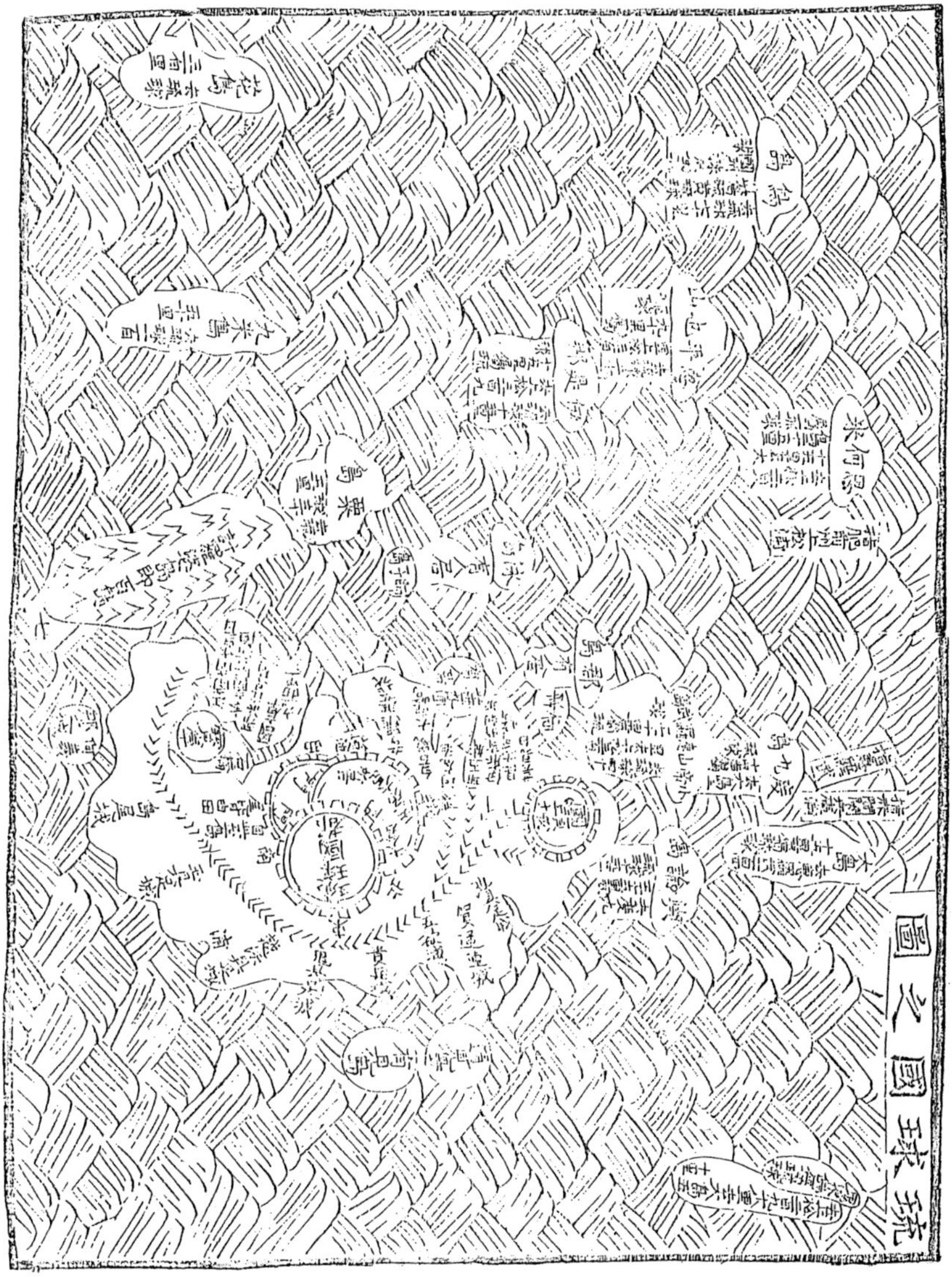

図22 (6)南波本「琉球国之図」

ったもので、もとは古代インドの伝説上の悪鬼の一種。羅刹国は『通典』では婆利の東にあるとされている。日本の『今昔物語』巻五には「僧迦羅五百商人共至羅刹国語」があり、羅刹国は南海に存在する女人国とされている。『宇治拾遺物語』巻六も同様である。

女国　「距陸奥十三里」の注記がある。朝鮮の一〇里が日本の一里に当るのであるが、ここに記されている「十三里」は日本流の里程計算である。『南史』では扶桑国の東千余里にあるとされ、『後漢書』『通典』にも見える。『三才図会』は女人国としている。また『承平日本紀私記』に「南倭は女国」とある。

三仏斉　『宋史』『島夷志略』『三才図会』に見える。Sri-vijaya スマトラ島パレンバンの旧名といわれている（桑田六郎「三仏斉考」「三仏斉補考」『台北帝国大学文政学部史学科研究年報』三・五、一九三六・三八年、小川博訳注『馬歓・瀛涯勝覧』吉川弘文館、一九六九年、四二―四六頁参照）。

支　出典未詳。

大身　出典未詳。『山海経』の「大人国」か『三才図会』の「文身」と混同したのかもしれないが未詳。

勃海　黄海の一部の海洋名。また八―十世紀に実在した国名。『五代史』等に見える渤海国あるいは渤海郡のことであろうが、位置の記載は完全に誤っている。

勃楚　出典未詳。勃泥（ボルネオ）かもしれぬ。

大島　地図上では遠江州の南の位置にあるが、伊豆の大島と考えてよいであろう。

黒歯　『淮南子』『山海経』『後漢書』等に見えるが、『三国志』「魏志」東夷伝、倭人伝（いわゆる『魏志倭人伝』）のつぎの記載は一般によく知られている。

女王国東渡海千餘里、復有国、皆倭種、又有侏儒国、在其南、人長三四尺、去女王四千餘里、又有裸国・黒歯

国、復在其東南、船行一年可至、
山田宗睦は、古田武彦が裸国・黒歯国の所在を南米アンデス文明圏にもとめた説を紹介し、それに賛意を表している（『魏志倭人伝の世界』教育社、一九七九年、二二〇頁）。
志摩州　志摩国が島として描かれるのは、秋岡によって行基式日本図の第三型・第四型の特徴とされていることについては既述した。
大漢　『万金不求人』『学府全編』『三才図会』等に見える。
尾渠　出典未詳。
雁道　金沢文庫所蔵日本図に記載があり、「雁道　雖有城非人」と書いてある。秋岡は、
わが国人が今の沿海州辺に雁の住む国を想像していたことだけは明かである。従って雁道はこの雁の来る道に当る国という意味に解してよかろう（前掲書、三〇頁）。
としている。
佐渡州　実在の佐渡島。
見付島　『拾芥抄』の「大日本国図」に見える。この図では伊豆南方の島であるが、『海東諸国紀』では越前州の北方の島とされている。秋岡は「見付嶋は望んで見付けの島の意味であろう」「いずれにしてもこの見付島は（伊豆）大島南方の島を指したことは事実であろう」（三一頁）としている。石川県珠洲市にある見付島との関係は不明である。
隠岐州　実在の隠岐島。
箕島　長門国。現在、山口県萩市街の沖にある見島に当たると考えてよいであろう。

以上、日本周辺の地域として示されているものを考察したが、夷島・大島・志摩州・佐渡州・隠岐州・箕島が日本領域内に実在する地名。三仏斉・勃海（渤海）は実在する地名だが位置関係が誤っているもの。その他も地図作成者が創作した地域名でなく中国典籍上の国名や想像上の地名を適宜選択して配置したという感じがつよい。日本の疆域以外の異域に対する関心の拡がりを見るのであるが、それは典籍によって得られた文字の上での認識にすぎず、具体的な地域や国家として把握したものではなく、きわめて不正確なものであった。日本人の世界知識の拡大は現実の地域だけでなく空想の地域にまでおよぶ観念上の知識の拡大だったのである。なおこれらの地域名は朝鮮人の手で日本図に加えられたものではなく、日本人みずからが記入したものであったことについては後述する。

つぎに注目すべきは港湾と航路の記載である。港湾は小浜浦・三尾関浦（美保関）・長浜浦（浜田）・賓任浦（山口県肥中）・赤間関（下関）・竈戸関（上関）・尾路関・兵庫浦等の要港で、航路は白抜きの線で示されている。これらは⑵図に先行する行基式日本図には見られなかったものであり、この地図において初めて現われている。注記があり、赤間関では「自博多至此三十里」「指筑前州博多」「指琉球国大島」とあり、竈戸関では「自赤間関至此三十五里」とあり、尾路関では「自竈戸関至此三十五里」とあり、兵庫浦では「自尾路関至此七十里」とし、さらに「自此至国都十八里」としている。この航路の方向は博多からきた航路を受けて東行して京都を目指していることが明らかである。里程の表記法は朝鮮式でなく日本式である。九州方面の航海者――おそらくは後述する博多の道安――が既存の行基図に手を加えてこの図を作成したと考えることはできないであろうか。

ただ、「日本国都」における「天皇宮」「国王殿」「畠山殿／細川殿／武衛殿／山名殿／京極殿」の記載は道安の記入と考えるよりも、むしろ朝鮮人申叔舟の記入と考える方が妥当性が高いであろう。すなわち、⑵図は既存の行基式日本図に道安と申叔舟の手が加わって完成したといえるのではないだろうか。

(3)**日本国西海道九州之図**　この図（図13）は、もとは(2)図の「日本本国之図」（図12）と連続していた行基式日本図の九州地方の部分を分離独立させたものであろう。しかし、島嶼部分の記載は先行の行基式日本図よりもいちじるしく詳細正確である。朝鮮人の九州に対する関心の大きさが九州地図を独立させたのかもしれない。

文字関（門司）・里良河・芦屋大河・博多・恕〔愁〕未要時などの地名表記は原図に新たに付加されたものであろう。とくに住吉を表わすのに恕未要時の文字を用いているのは、萬葉仮名のように漢字で日本読みの字音を表わしたもので、日本人以外のたれかの手がこの地図に加わっていることを予想させるものである。朝鮮では一四四六年（世宗二十八、文安三）に表音文字である訓民正音（ハングル）が制定されていたが、地図上にこれを使用することはしなかったのである。

種子島に対する「去上松一百七十五里、去大島一百五十五里」の注記、亦島（屋久島）に対する「去上松一百六十七里、去大島一百四十三里」の注記等は、前述した博多の道安または上松浦を根拠とした航海経験者の報告が反映したのであろう。

(4)**日本国一岐島之図**　この図（図14）は、郷名・里名・浦名のすべてにわたり、日本式表記法を用いずに漢字の音で日本読みの地名を表わす方法をとっている。古仇音夫郷（国分）、波古沙只里（箱崎）、世渡浦（瀬戸）の類である。ただ一ヵ所だけ、現在の勝本（風本）について「風本浦、倭訓間沙毛都浦、自訓羅串（対馬船越）至此四十八里」とし風本の文字を使用しているのが例外である。朝鮮人――おそらくは申叔舟――の手で、日本人の協力を得て作られた地図と考えてよいであろう。

七郷・十三里・十四浦の記載地名と現地名との比定は、拙著『対外関係と文化交流』（思文閣出版、一九八二年、二〇九―二一二頁）でこころみた。

航路は筑前博多・肥前上松浦・対馬訓羅串（船越）を指向している。

(5)日本国対馬島之図　この図（図15）の地名表記は、八郷の郡名中「豊崎郡」（トヨサキ）のみが日本式に表記され、他の郡名と八十二浦名はすべて(4)図と同様に漢字の音を用いて日本語の読み方を表わしている。すなわち雙古郡（佐護郡）、皮多加地浦（比田勝）のような表記法である。(4)図と同様に、朝鮮人——おそらくは申叔舟——と日本人との協力で作成された地図と考えてよいであろう。

八郡・八十二浦の記載地名と現地名との比定は、前掲拙著『対外関係と文化交流』（二〇四—二〇九頁）でこころみた。

航路は朝鮮の乃而浦（薺浦）と壱岐の風本浦（勝本）を指向している。

海岸線に沿った諸集落の記載は詳細をきわめている。十余戸にすぎない集落から無人戸の集落まで漏れることなく記入されているのである。対馬島に対する関心の深さ、記録の厳密さがよく示されている。

(6)琉球国之図　この図（図16）の地名表記法について東恩納寛惇は、

> 以上の地名を通覧すると、漢字の音訓を併用して土名を写してゐる事に気が付く、中にも、大西《オホニシ》・浦傍《ウラソイ》・玉《タマ》具足・中《ナカ》具足・池《イケ》具足・郡《コホリ》島・粟《アハ》島・鳥《トリ》島、等は最も著しき例である。此の一事に依つて考へて見ると、此の地名註記は朝鮮漂民又は申叔舟自身の手になつたものではなくして、日本人の手になつたものと想像する外はない
> （東恩納、前掲書、七三頁）。

としている。

東恩納の指摘はないが「那波皆浦」（ナハミナト）などの日本人の表記としか考えようがないものもある。

航路は、おおむね琉球を起点としているが、上松浦・（奄美）大島を起点としたもの、赤間関・兵庫浦・恵羅武（永良部）を指向したものもある。周辺島嶼の記載は詳細正確である。(6)図の作成者は琉球渡海の経験を持つ日本人——

おそらくは博多の道安――と考えることができよう。

これまで各図の作成者について推定したところを総括すると、(2)(3)図は日本にもとからあった行基式地図に日本人と朝鮮人とが若干の手を加えたもの。その日本人は西国の航海経験者。(4)(5)図は朝鮮人で壱岐・対馬に渡航した経験を有する者と日本人との共同作成。(6)図は日本人の琉球渡航者の作成、となる。(1)図の「海東諸国総図」は、(2)～(6)図にもとづいて申叔舟が一図にまとめたもの、この図における対馬・壱岐・九州・琉球等の地域の本州に対する大きさ（面積）は、朝鮮人のそれらの地域に対する関心の大小と比例すると考えられる。すなわち、対馬や壱岐は実在の面積よりもはるかに巨大な島として朝鮮側から意識されていたのである（田中健夫「海外刊行の日本の古地図」、前掲『対外関係と文化交流』所収、参照）。

(7)**熊川薺浦之図**　(8)**東萊富山浦之図**　(9)**蔚山塩浦之図**　この三図は一四七四年（成化十、成宗五、文明六）に添加挿入されたもの、朝鮮における日本人居留地三浦の図であり、ここでは考察の対象から除外する。

二　『海東諸国紀』所収地図の成立事情

『海東諸国紀』の諸地図の成立事情を考察する前に、書名につけられた「海東」の語について述べておこう。

一三七四年（明洪武七、日本応安七・文中三）に明の太祖が日本に送った勅書のなかに「朕惟日本僻居海東、稽諸古典、立国亦有年矣」とある（『明太祖実録』九〇、洪武七年六月乙未条）。日本が海東の一国であるという認識はふるくから中国に存したものと考えてよいであろう。すでに述べたように、『海東諸国紀』は、日本と琉球のことを書いた文献であり、朝鮮にとって海東とは日本と琉球をさしていたことが明僚であるが、朝鮮では自国もまた海東の一国という認識をもっていた。『三国遺事』巻三では新羅の安弘のことを「海東名賢」と書いている。新羅は海東の一国であった。また『高麗史』「食貨志」を見ると、粛宗のときの鋳銭に「海東通宝」と名づけられたことが書いてある。高麗版大蔵経の版木を所蔵しているので有名な韓国慶尚南道の海印寺を訪れると、第一門の一柱門の正面は「伽倻山海印寺」の扁額があり、背面には「海東第一道場」の額がある。同寺の解脱門は「海東円宗伽藍」の額をかけている。海東の文字を用いた書物は韓致大淵『海東繹史』七〇巻、韓鎮『海東繹史続——地理考』一五巻、劉喜海『海東金石攷』等があるが、海東はいずれも朝鮮のことである。

『海東諸国紀』の書名の由来を推測すれば、日本も琉球も朝鮮とともに海東という共通の地域圏・文化圏のなかの一国であるという認識にささえられていたのではないだろうか。

つぎに、『海東諸国紀』所収の諸地図の成立と関係のある事項を、朝鮮の記録から年代を追って取りあげて検討することにしよう。

最初に注目されるのは、一三九九年（定宗元、応永六）に日本に来て、日本地図を朝鮮にもたらした回礼使朴敦之のことを載せた『朝鮮世宗実録』八〇、世宗二十年（一四三八）二月癸酉（十九日）条の記事である。

礼曹進日本図、初検校参賛朴敦之奉使日本、求得地図而還、仍誌其図下、以贈礼曹判書許稠、稠遂倩工粧績以進、至是　上命礼曹改模以進、仍命応教柳義孫誌之、敦之誌曰、建文三〔元〕年春予奉使日本、聞備州守源詳助国之名士、有往見之志、源先来請見、労慰甚厚、予因請看其国地図、源出而与之、図頗詳備、宛然一境之方輿、唯一岐・対馬両島闕焉、今補之而重模云、義孫誌曰、日本氏、国于海中距我邦遼絶、而其彊〔疆〕理之詳莫之能究、建文三年春、検校参賛議政府事臣朴敦之奉使是国、求見其地図、而備州守源詳助出視家蔵一本、独対馬・一岐両島闕焉、敦之即令補之、模写而還、永楽十八年庚子、持贈于礼曹判書今判中枢院事許稠、稠見而幸之、越明年辛丑、遂倩工粧繢以進、第其為図細密、未易観覧、宣徳十年夏五月、　上命礼曹令図画院改模、仍命臣誌其図下、臣竊惟、天下図籍固歴代之所重、況隣国形勢乎、今按此図、雖若疎濶、然内而国邑外而諸島布置之規模、区域之大略、瞭然於一幅之間、不待足履、目覩而可考也、于以見方今王化之無外也、是宜蔵之、以伝永世云、

若干の説明をしよう。朴敦之は一三九七年（太祖六、応永四年）十二月、日本の大内義弘の来聘に対する回礼使として日本に渡航し、長期滞在ののち一三九九年（建文元、定宗元、応永六）に朝鮮に帰った。敦之は日本滞留中に備州守源詳助の家蔵本であった日本地図を見、そのすこぶる詳備していることを確認し、その地図に欠けていた一岐（壱岐）・対馬の部分を補充して模写し、これを朝鮮に持帰った。帰国後、一四二〇年（永楽十八、世宗二、応永二十七）に、これを礼曹判書許稠に贈った。許稠は翌年これを表装して世宗に献上した。ところが、この図はあまりに細密で観覧には不便だったから、世宗は一四三五年（宣徳十、世宗十七、永享七）五月、図画院に命じて改模させた。改模は一四三八年（正統三、世宗二十、永享十）に完成し、柳義孫に命じて、その由来を図の下に記させた。備州守源詳助は大内義弘の重臣平井備前入道祥助である（中村、前掲書、三六五頁）。

　この時の日本図の内容を推測させるものは、『海東諸国紀』の地図よりも以前に朝鮮で作られた地図で日本図を収めている「混一疆理歴代国都之図」である。この図は一四〇二年（太宗二、応永九）の作で、中国およびその近域の地図であるが、図の右下方に行基式日本図が描かれている。大きさは一五〇×一六三センチで、絹布に手書きされている。大谷光瑞が朝鮮で購入したもので、龍谷大学に所蔵されている。秋岡は、

元時代における李沢民の声教広被図と僧清濬の混一疆理図とを李朝の太宗二年朝鮮において金士衡と李茂とが李薈に命じ、合わせて一図となし、これに朝鮮および日本を新たに加えたものである。

としている（前掲書、三三頁）。同図の写真を見ると、日本の周辺には『海東諸国紀』(2)図と同じような扶桑・大身・

黒歯・勃海等の地域名が配されている。秋岡はこの図における日本図は行基式日本図の第二型のものであり、第三型の『海東諸国紀』の地図とは相違していることから、朴敦之持帰りの日本図に基いたのではなかろうかと推測している（前掲書、三六頁）。秋岡の推測が正しいとすれば『海東諸国紀』地図の原図となった日本地図はこの時よりも以後に朝鮮にもたらされたことになる。しかし、中村栄孝はこの図と『海東諸国紀』の地図とは同じ系譜の図式によるものであるとし、両者の関係を重視している（前掲者、三七九頁）。

一四四三年（世宗二十五、嘉吉三）、『海東諸国紀』の撰者申叔舟が通信使卞孝文とともに書状官として来日した。一行は二月ソウル発、日本の京都に行き、十月には帰国復命した。

一四五三年（端宗元、享徳二）三月に琉球国中山王尚金副の使者と称する道安が慶尚道富山浦に到着した。朝鮮側では道安が琉球国人ではないことを見抜いていた。このとき道安は地図を持参していて、五月の礼曹の宴のとき博多・薩摩・琉球間の距離を説明した（『魯山君日記』端宗元年三月戊辰・四月辛亥・五月丁卯条）。七月になって、礼曹では「日本僧道安賫来日本・琉球両国地図」を重視し、模画四件を製作して表装し、宮中・議政府・春秋館・礼曹の四ヵ所に分置することを建言して実行された（同、七月己未条）。申叔舟がこれらの地図を容易に見ることのできる立場にあったことはいうまでもない。道安はこののち一四五五年（世祖元、康正元）に受図書人となり、一四五七年（世祖三、長禄元）には護軍の職を受けた。一四五九年（世祖五、長禄三）にも朝鮮に到ったが、このときは琉球国王の書契や礼物を対馬で奪われたと報告している（『朝鮮世祖実録』三年七月壬午、五年正月癸巳条）。『海東諸国紀』には「筑前州」の条に「護軍道安」をあげ、「曾為琉球国使来聘於我、因是往来、乙亥年来受図書、丁丑年来受職、大友殿管下」としている。

一四六二年（世祖八、寛正三）二月、前年の末朝鮮に到った琉球国王使普須古らは宣慰使李継孫から琉球事情について種々の質問を受けた。このとき李継孫は『文献通考』所載の琉球の風俗について質問したのち、琉球地図を示してその内容について質問を発した。この地図は年代から考えても一四五三年に道安が日本図とともに琉球にもたらした地図を模写したものの一つに相違ない。

臣拠図問、扶桑・瀛州・羅刹国・大身・大漢・勃楚・三仏斉・黒歯・渤海・尾渠等国所在処、答曰、吾未曾聞見、但吾国石面書刻瀛州、吾以謂、必是好事人所為、且日本及我国称為扶桑、亦未知別有扶桑、

(『朝鮮世祖実録』二七、八年二月癸巳条)

扶桑以下の地域名は『海東諸国紀』地図(2)図の日本本土周辺に描かれた地域名と完全に一致する。このことは、(2)図のもとになった地図が博多の僧道安が朝鮮にもたらした日本図だったことと、日本本土周辺の地域名は朝鮮人が行基式日本図に描き加えたものでなく、道安持渡り図にすでに存していたことを明らかに物語っている。

一四七一年(成化七、成宗二、文明三)、申叔舟が『海東諸国紀』を撰進した。序文には「成化七年辛卯季冬」とあり、本書の主要部分がこの年に完成したことは明瞭である。申叔舟の肩書は「輸忠協策靖難同徳佐翼保社炳幾定難翊戴純誠明亮経済弘化佐理功臣大匡輔国崇禄大夫議政府領議政兼領経筵芸文館春秋館弘文館観象監事礼曹判書高霊府院君」という長いもので、功臣顕官であった。しかし、本書が現在の形にまとめられるにはつぎの三回の増補、すなわち附録の追加があった。

(一)一四七三年(成化九、成宗四、文明五)、「畠山殿副官人良心曹饋餉日呈書契」が附録された。

(二)一四七四年(成化十、成宗五、文明六)、地図(7)(8)(9)が附録された。「成化十年甲午三月、礼曹佐郎南悌、因饋餉三浦付火倭人去、図来」とあることにより、その事情を知ることができる。

(三)一五〇一年(弘治十四、燕山君七、文亀元)、「琉球国」と題した聞き書きを附録した。地界・水陸田の収穫・風俗・政治・語音翻訳などを個条書にして、最後に「弘治十四年四月二十二日　啓下承文院」とある。語音翻訳はハングル

を用いている。この部分の版心は「海東記」とあり、他の部分の「海東紀」とあるのと相違し、この附録が付けられるまでの間に長い年月の距りがあり、別の版木によって作られたことを物語っている。また、この部分の版心の丁附は他の部分とは別の序次であり、鋳字も別種のものが使用されている。

なおこの間、一四八二年（成宗十三、文明十四）、南原君梁誠之が上疏して、官府における地図の配置場所を変更することを主張した。そのなかに「倭僧道安日本・琉球国図、大明天下図、絹・紙簇各一」という記載が見え、それを内府の経籍を掌る弘文館に蔵すべきを主張している（『朝鮮成宗実録』一三八、十三年二月壬子条）。この史料は読み方によっては「大明天下図」もまた道安持ち渡り図であったようにもとれる。如何であろうか。道安持ち渡りの地図は朝鮮の官府の重要な資料の一つだったのである。

一五一二年（正徳七、中宗七、永正九）に書かれた内賜記を付した『海東諸国紀』の一本があり、東京大学史料編纂所に所蔵されている。

　　正徳七年三月　日

内賜弘文館校理洪彦弼海東諸国記一件

命除謝

恩　　　　右承旨臣李（花押）

中村栄孝によれば、洪彦弼は仁宗朝に領議政に陞った人物。正徳七年（一五一二）は、一五一〇年の庚午三浦の乱の後始末の交渉に日本国王使弸中が滞在し、いわゆる壬申約条が定められた年であり、洪彦弼は弘文館校理として、日朝関係の調査に当っており、本書の内賜はそれに関連していたとも考えられるとしている（前掲書、三四〇頁）。日朝関係が重大な転機を迎えるに当って、『海東諸国紀』の印刷が行われて重臣に内賜された、というのが中村の意見である（前掲書、三七〇―七一頁）。

一六二九年（崇禎二、仁祖七、寛永六）、洪瑞鳳が『海東諸国紀』の印刷について上言した。このことは中村が引用した『承政院日誌』崇禎二年五月十四日条によって知ることができる（前掲書、三七二頁）。

洪瑞鳳曰、海東記、於我国亦有要観之書、渠輩則以此為憑考処、執以為前規、而乱後、見其無存、近聞、礼曹老吏家有一件云、令校書館、印出数件、置蔵本曹何如、上曰、近印小学、以其余紙印出可矣、

文中の渠輩は日本人のこと、乱は、李适の乱、壬辰・丁酉の倭乱（文禄慶長の役）、丁卯の胡乱等をさす。礼曹では、相つぐ兵乱によって倭人接待の謄録類が散逸、接待規約が不詳になり困惑していた際、たまたま礼曹の老吏の家に伝わった『海東諸国紀』が見つかり、校書館に命じて数部を印刷させ、礼曹にも備えつけることになったのである。中村はこのときの刊本を傅氏旧蔵本、すなわちのちに詳述する南波本と推定している。

『海東諸国紀』は撰述後一五〇余年を経てもその重要性はいささかも減ぜず、むしろ通交の軌範書としての価値が認識され、需要されていたのである。しかし彫版はもとより刊本もほとんど湮滅し、再刻・再刊が要請されたのである。

『海東諸国紀』の日本・琉球図が開版されてから一世紀余を経て、中国（明）においても『日本図纂』『琉球図説』『籌海図編』『日本一鑑』等の書物に日本・琉球の地図が収載されるようになった。これらの中国製地図はそれぞれ特色を有しているが、『海東諸国紀』の地図はこれらと比較してもいささかの遜色もない。むしろ、『海東諸国紀』の地図の優秀さは、これらとの比較によって立証されるのである（本書第二論文、参照）。

三　『海東諸国紀』の古版本

『海東諸国紀』の古版本は中村栄孝が紹介したつぎの四本がある。すなわち、(A)東京大学史料編纂所所蔵本、(B)韓国国史編纂委員会所蔵本、(C)国立公文書館内閣文庫所蔵本、(D)南波松太郎氏所蔵本、の四種である。各本の書誌はすでに中村の前掲書ならびに朝鮮史編修会編『海東諸国紀』(朝鮮史料叢書刊第二、一九三三年)所収の「解説」に詳述されているので、ここでは南波本の紹介を主とし、他は形態を中心に補足説明を加えるにとどめたい。

(A)東京大学史料編纂所所蔵本　一冊

表紙　縦三二・六センチ、横二一・二センチ。題簽は剝落し、そのあとに「海東諸国記」と墨書してある。線装。五ツ目綴。表紙見返しに前掲正徳七年の内賜記がある。

序　四葉。申叔舟が書いた序文。版心は「海東紀序　一」より「海東紀序　四」まで。毎半葉一行一七字、一〇行。罫線あり。単郭。匡郭縦二五・二センチ、横一七・五センチ。鋳印。第一紙に「宣賜／之記」(方八センチ、朱印)「養安院蔵書」「忍斎／洪暹」等の印記がある。「養安院蔵書」印は医家曲直瀬正淋の蔵印といわれている。正淋は宇喜多秀家の夫人の奇疾を全治させ、その謝礼として、秀家が朝鮮役の折に将来した朝鮮本数千巻を贈られたという(『内閣文庫蔵書印譜』一九六九年、七八頁)。中村によれば、本書は、洪氏→宇喜多氏→曲直瀬氏→神田氏→史料編纂所の経路で現在に至ったことになる(前掲書、三四〇頁)。

目録・凡例　四葉。版心は「海東紀目録　一」より「海東紀目録　四」まで。毎半葉一行一七字、一〇行。罫線あり。単郭。匡郭の寸法は「序」に同じ。鋳印。

地図　一〇葉。
(1)海東諸国総図　一葉。木版。双郭。匡郭縦二五・六センチ、横三六・二センチ。表題は匡郭外右上にある。
(2)日本本国之図　二葉。木版。双郭。匡郭縦二五・二センチ、横三五・九センチ。同縦二四・七センチ、横三五・九センチ。標題は二葉ともに匡郭外右上にある。
(3)日本国西海道九州之図　一葉。木版。双郭。匡郭縦二四・六センチ、横三五・七センチ。表題は匡郭外右上。
(4)日本国一岐島之図　一葉。木版。双郭。匡郭縦二五・二センチ、横三五、六センチ。表題は匡郭外右上。
(5)日本国対馬島之図　一葉。木版。双郭。匡郭縦二四・九センチ、横三五・八センチ。表題は匡郭外右上。
(6)琉球国之図　一葉。木版。双郭。匡郭縦二四・九センチ、横三五・六センチ。表題は匡郭外右上。
(7)熊川薺浦之図　一葉。木版ならびに鋳印。双郭。匡郭縦二五・二センチ、横三五センチ。前半葉が木版地図。後半葉が説明文。鋳印。一行一七字、一〇行。罫線あり。里程・倭戸・人口・寺社等を記す。表題は前半葉の匡郭外上。
(8)東萊富山浦之図　一葉。木版ならびに鋳印。双郭。匡郭内縦二五・二センチ、横三五センチ。前半葉が木版地図。後半葉が説明文。鋳印。一行一七字。一〇行。罫線あり。里程・倭戸・人口等を記す。表題は前半葉匡郭外上。
(9)蔚山塩浦之図　一葉。木版ならびに鋳印。双郭。匡郭内縦二四・九センチ、横三六・二センチ。前半葉が木版地図。後半葉が説明文。鋳印。一行一七字。一〇行。罫線あり。里程・倭戸・人口・寺社を記し、「成化十年甲午三月、礼曹佐郎南悌、因鑚餉三浦付火倭人去、図来」としている。表題は前半葉匡郭外上。(7)(8)(9)の三図は附録。

本文　一二六葉。「日本国紀」「琉球国紀」「朝聘応接紀」を収む。版心は「海東紀　一」より「海東紀　百二十六」まで。毎半葉一行一七字、一〇行。単郭。匡郭縦二五・二センチ、横一七・五センチ。鋳印。第一二六葉の末尾に「海東諸国紀終」とある。

畠山殿副官人良心曹饋餉日呈書契　二葉。版心は「海東紀　百二十七」「海東紀　百二十八」。毎半葉一行一七字、一〇行。罫線あり。単郭。匡郭寸法は前に同じ。鋳印。末尾に「成化九年九月初二日　啓」とある。附録。

琉球国　六葉。版心は「海東記　一」から「海東記　六」まで。毎半葉一行一九字、一〇行。罫線あり。単郭。匡郭縦二四・八センチ、横一七・五センチ。鋳印。ハングルの使用がある。末尾に「弘治十四年四月二十二日　啓下承文院」とある。附録。

(B)韓国国史編纂委員会所蔵本　一冊

書物の形態・版式はすべて史料編纂所本と異ならないが、文字の一部に異同がある。「宣賜／之記」印はあるが内賜記はない。したがって、誰が最初にこの本を受領したのかは明らかでない。対馬の旧宗伯爵家に伝えられ、戦前、朝鮮総督府朝鮮史編修会に移り、戦後は韓国国史編纂委員会にひきつがれて今日に至っている。中村は内賜記が存在しないことから、宗氏に内賜されたものではなく、朝鮮の某官人に内賜されたものが宗家に伝えられたのであろうと推定している（前掲書、三七一頁）。宗家の史料のなかに本書を見出した喜びを、中村が私に語ったことがある。一九三三年（昭和八）朝鮮総督府で「朝鮮史料叢刊第二」として景印刊行し、流布した。戦後、一九七五年（昭和五十）国書刊行会ではこの景印本を底本にさらに縮刷景印複刊した。解説は中村が執筆している。一九八一年（昭和五十六）三一書房刊『日本庶民生活史料集成』第二七巻「三国交流誌」に収められた「海東諸国紀」も朝鮮史料叢刊本を底本にしているが、一部を削除している。

(C)国立公文書館内閣文庫所蔵本　四冊

書物の版式はすべて史料編纂所本・国史編纂委員会本と同じ。形態はもとは一冊だったらしいが、現在は四分冊に改装され前二本とは異なる。

第一冊　表紙縦二九・一センチ、横二〇・七センチ。題簽「海東諸国記　元」。序の第一紙に六印あり。「宣賜／之記」印はない。「佐伯矦毛利／高標字培松／蔵書画之印」の大型朱印がある。毛利高標（一七五五―一八〇一）は豊後佐伯藩主。寛政ころ漢籍の富と鑑識の精をもって知られた人物。没後の一八二八年（文政十一）孫の毛利高翰が旧蔵古版本二万余冊を幕府に献納。本書はそのなかの一部である（『内閣文庫蔵書印譜』六六頁）。第一冊には「序」「目録」「地図」と、本文版心「海東紀　二十」までを収めている。

第二冊　表紙題簽「海東諸国記　亨」。版心「海東紀　二十一」より「海東紀　五十八」までを収む。

第三冊　表紙題簽「海東諸国記　利」。版心「海東紀　五十九」より「海東紀　九十七」までを収む。

第四冊　表紙題簽「海東諸国記　貞」。版心「海東紀　九十八」より「海東紀　百二十八」までと、附録分の「海東記　一」から「海東記　六」までを収む。

ちなみに、内閣文庫に写本「海東諸国記」（乾坤二冊、二九二―一四九）があり、その奥に、

日本元禄二年己巳上巳日

洛陽伊藤長胤原蔵謹校

とある。長胤は東涯のことである。さらに朱で、

明治十二年五月廿一日、照修史館所儲朝鮮国活字本一校、地誌課（印）

としている。この四冊の鋳印本(C)が「修史館所儲朝鮮国活字本」に当るのであろうか。

(D)南波松太郎氏所蔵本　二冊

本書はさきに見た一六二九年（崇禎二、仁祖七、寛永六）の再刊本と推定され、前掲三種の刊本とはかなり形態が異なる。とくに地図を巻首に置いている点などが注目される。

〔第一冊〕　表紙　縦三三・三センチ、横二一・五センチ。題僉・表題はない。線装。五ツ目綴。

白紙　二葉。

地図　一〇葉。各葉中心部の下方に「六」を除いて「一」から「十」まで番号がつけてある。

(1)海東諸国総図　一葉。木版。単郭。匡郭縦二七・三センチ、横三四・八センチ。表題は匡郭内右上にある。「潘祖蔭／蔵書記」「雙鑑楼／蔵書記」「明善堂／覧書／画印記」の印がある。潘祖蔭は清末の有力官僚で、蔵書家としても知られた人物であり（和田久徳氏・武田幸男氏教示）、一八八四年にはかの広開土王碑文拓本を入手していたという（武田幸男「伝承のなかの原石拓本――李雲従拓本の周辺を探る」『UP』一八五、東京大学出版会、一九八八年）。全面に虫孔（いわゆる鉄砲虫）があるが、文字の判読に支障はない。文字は史料編纂所本等と比べればやや鮮明である。

(2)日本本国之図　二葉。木版。単郭。匡郭縦二六センチ、横三四・六センチ。同縦二七・二センチ、横三五・二センチ。表題は二葉ともに匡郭内右上。航路は白抜きの線の両側に複線を加えている。

(3)日本西海道九州之図　一葉。木版。単郭。匡郭縦二六・九センチ、横三四・八センチ。表題は匡郭内右上。航路記法同前。

(4)日本国一岐島之図　一葉。木版。単郭。匡郭縦二七センチ、横三五センチ。表題は匡郭内右上。航路記法同前。

(5)日本国対馬島之図　一葉。木版。単郭。匡郭縦二六・一センチ、横三四・七センチ。表題は匡郭内右上。航路記法同前。

(6)琉球国之図　一葉。木版。単郭。縦二六・三センチ、横三四・三センチ。表題は匡郭内右上。航路記入はなし（史料編纂所本の航路は白抜きで記入してある）。

(7)熊川薺浦之図　一葉。木版ならびに鋳印。単郭。匡郭縦二七センチ。横三四・八センチ。前半葉が木版地図。後半葉が説明文。鋳印。一行一八字、一〇行。罫線あり。表題は前半葉匡郭内上。
(8)東萊富山《(浦ナシ)》之図　一葉。木版ならびに鋳印。単郭。匡郭縦二七・四センチ、横三五・一センチ。前半葉が木版地図。後半葉が説明文。鋳印。一行一八字、一〇行。罫線あり。表題は前半葉匡郭内上。
(9)蔚山塩浦之図　一葉。木版ならびに鋳印。単郭。匡郭縦二七センチ、横三四・八センチ。前半葉が木版地図。後半葉が説明文。鋳印。一行一八字。一〇行。罫線あり。表題は前半葉匡郭内上。

序　四葉。版心「海東紀序　一」より「海東紀序　四」まで。毎半葉一行一八字、一〇行。双郭。匡郭縦二七・三センチ、横一七・二センチ。罫線あり。鋳印。

目録・凡例　三葉。版心「海東紀目録　一」より「海東紀目録　三」まで。字詰・罫線・匡郭は序に同じ。鋳印。「安楽堂／蔵書記」（四・三センチ×二・五センチ）の朱印がある。

本文　五六葉。版心は「海東紀　一」より「海東紀　五十六」まで。周防州盛祥の条（史料編纂所本では第六〇葉の表）までを収めている。字詰・罫線・匡郭は序に同じ。鋳印。

白紙　一葉。

〔第二冊〕　表紙　縦三三・五センチ、横二一・五センチ。題僉・表題はない。線装。五ツ目綴。

白紙　二葉。

本文　七一葉。「海東紀　五十七」から「海東紀　百二十七」まで。「海東紀　五十七」は長門州の条（史料編纂所本では第六〇葉裏）から始まる。「海東紀　百一」裏第一〇行より琉球国紀（史料編纂所本では第一〇七葉表一〇行）、「海東紀　百二」表第一行より「（琉球国）国王代序」（史料編纂所本では第一〇七葉裏第一行）が始まっている。

史料編纂所本では附録として別丁にされていた「畠山殿副官人良心曹饋餉日呈書契」と「琉球国」はそれぞれ「海東紀　百二十一」表第七行、「海東紀　百二十二」裏第八行から前丁に連続して追いこんで印刻されている。最終は「海東紀　百二十七」裏第九行である。史料編纂所本では「海東紀」「海東記」と不統一だった版心は、本書ではすべて「海東紀」に統一され、一連の通し番号になっている。

この本は中村栄孝が「北京の傅増湘氏旧蔵、東京の書肆文求堂が日本に将来したもの」「戦後、文求堂からの帰属先きを知らない」として紹介したもの。中村は現物をみた稲葉岩吉・秋山謙蔵からの伝聞や『文求堂書目』（昭和三年十一月刊）によって内容を推測している（前掲書、三三九・三七一・三七四・三七五頁）。

また中村は、

『異称日本伝』には、元禄元年（一六八八）の自序があり、同六年に刊行された。本書に収められた『海東諸国紀』は、巻首の地図の題名が、匡郭のなかにあるので、おそらく傅氏旧蔵本と同じ版本に拠ったものと考えられる。そうすると、仁祖朝に数本を限って印刷されたものの一部が、日本に伝わったことも想定されるであろう（前掲書、三七五頁）。

と、示唆に富む見解を示している。しかし、私が『異称日本伝』所収の地図と南波本の地図とを比較検討した結果では、表題の位置以外に両者間の直接の関係を明確に示す箇所を見出すことはできなかった。『異称日本伝』の地図の原典については、なお検討すべき余地が存すると思われる。

南波本を研究の史料として実際に活用したのは東恩納寛惇である。東恩納は本書の琉球地図を「最古の南島地図」とし、その写真を掲載するとともに「この地図（『海東諸国紀』の「琉球国之図」―田中）は朝鮮総督府の景印本及東京帝大史料編纂所所蔵の旧安養〔養安〕院本には共に不鮮明で判じかねる箇所もあるが、それ等は文求堂秘蔵本に依つて質すことが出来る」と書いている（前掲書、六六・六七頁）。

秋岡武次郎は『日本地図史』のなかで、この本が南波松太郎氏の手に帰したことを報告している（前掲書、三三頁）。伝本の事情については、南波松太郎氏自筆の「買価二千五百円也」「昭和十八年七月一日、於京都臨川書店求之」という貼紙があり、潘祖蔭→傅増湘→東京文求堂→京都臨川書店→西宮南波松太郎と移動した経緯が明瞭である。

四 『海東諸国紀』所収地図の東アジア史的意義

『海東諸国紀』所収の地図について、その記載された内容、成立の事情、刊行の諸本等を考察したが、その過程でこの地図の持つ意義についてもほぼ明確にすることができた。ここでは上述の考察をふまえて、この地図が東アジア史のうえで果した役割を考え、いくつかの特質をあげてみよう。

第一に注目される特質は、本地図が日本と琉球とを初めて一図のなかに包摂して「海東諸国総図」と称したことである。朝鮮はもとより海東の一国であり、海東が朝鮮・日本・琉球をふくむ共通の生活空間としての地域圏と認識されたのである。地図名は朝鮮人の命名ではあるけれども、内容は日・朝・琉三者共通の認識と考えることができよう。この地図は十三―十四世紀の動乱の後に東アジアに形成された通交圏の一つの象徴だったのである（田中健夫「倭寇と東アジア通交圏」『日本の社会史』1、列島内外の交通と国家、岩波書店、一九八七年、所収、本書第一論文、参照）。

特質の第二は、「海東諸国総図」が日本・琉球人の地理認識に拠りながら、朝鮮人の手で総括され、一図にまとめられた事実である。すなわち、日・朝・琉三者の合作であり、その一つが欠けても、この地図が作成され伝存されることはなかったのである。また総括者としての申叔舟の存在も大きい。申叔舟の該博な知識、豊富な在外経験、卓抜した行政責任者としての見識は、彼を地図作成の最適任者としたのである。本地図の作成に関係した日本人は九州博多附近に在住した海外渡航体験者であるが、かれらの知識は日本の京都にいた有識者からはほとんど顧慮されることがなく、外国人である申叔舟によってはじめてその意義を認められて後世に伝えられることとなった。朝鮮の官憲はもともと国際事情に敏感で、情報の蒐集に熱心だったが（田中健夫「中世東アジアにおける国際認識の形成」前掲『対外関係と文化交流』所収）、本地図は朝鮮の東アジア情報蒐集作業の代表的成果の一つである。

特質の第三は、印刷地図であることである。印刷は一度に正確な知識を広い範囲に伝達するきわめて有効な手段である。朝鮮では重要な書物を印刷に付して要所に保管する風があったが、『海東諸国紀』の場合もその例外ではなかった。朝鮮と日本とにとって本書は外交の軌範書であるとともに重要な参考書であり、長期にわたって尊重された。最初の彫版から数度の印刷が行われたことは中村栄孝が明らかにしているが、初刊後百数十年を経て、彫版が失なわれ、刊本の残存も数少なくなると、再刻・再刊の議がおこり、直ちに実行に移された。再刊の目的は礼曹等において外交の事務に役立てることにあった。再刊本の内容は南波本によって明らかであり、本書が実用書として果してきた歴史的役割の大きさが知られるのである。

五　南波本余話――むすびにかえて――

本稿で南波本と略称した日本海事史学会名誉会長南波松太郎先生所蔵『海東諸国紀』は天下の孤本であるけれども、先生みずからこのことを宣伝されたことはない。私は中村栄孝や東恩納寛惇の著書によって戦前から文求堂本なるものが存在して注目されていた事実を知っていたが、この本が南波先生の所蔵に帰していたことは一九五五年（昭和三十）刊行の秋岡武次郎『日本地図史』によって初めて知った。

一九七九年（昭和五十四）六月三十日に第十七回日本海事史学会総会が西宮市西宮神社の六英堂で行われ、当時、日本海事史学会会長をしておられた先生は多年の蘊蓄を傾けて「日和山と方角石」について講演された。参会者は深い感銘にひたり盛会であった。翌日、私は会員の小佐田哲男・小川博・松永秀夫の三氏とともに先生の御自宅にうかがった。その折、多年気にかかっていた『海東諸国紀』の閲覧をお願いした。先生は反故の古葉書のような目録カードを繰っておられたが、『海東諸国紀』をはじめ、私が関心をもっていた倭寇に関係のある数種の書物をたちどころに取りだして示された。私は眼福を得て宿願のかなったことに満足したが、その時は簡単なメモをとるだけで辞去した。

その後、研究の史料としてはもっぱら朝鮮史編修会の景印本（韓国国史編纂委員会所蔵本）と東京大学史料編纂所所蔵本に拠ってきたが、最近になって岩波文庫の一冊に『海東諸国紀』を加えることになり、私がその作業をひきうけた関係で、古版諸本への関心が再燃した。

一九八六年（昭和六十一）七月十九日に東京本郷の学士会分館で開かれた第二十四回日本海事史学会総会では、私が講演を担当することになり、「中世における地理的世界観――『海東諸国紀』の地図をめぐって――」を題名に選んだ。このことをお知らせすると先生は大変よろこばれて、総会当日は講演の参考資料として所蔵の『海東諸国紀』以下の珍本をわざわざ東京まで持参して参会者の観覧に供したいとの希望をもらされた。先生の学問に対する熱意と貴重な資料を惜しげもなく公開されようとする寛大さには石井謙治会長はじめ一同ひとしく感激した次第であった。しかし、不運なことに、先生は総会には出席されなかった。参会者のなかには南波本の閲覧を期待していた人もあったが、やむを得ないことであった。あとで聞いたところでは、四月と六月に行った日和山調査で先生はかなり無理な行程をこなされて体調をくずされたとのことであった（「各地日和山紀行――礫浦・宮古・八戸の三港――」『海事史研究』四四、一九八七年、参照)。

南波本調査のためにはいずれ西宮詣りをせずばなるまいと覚悟していたところ、八月になって先生から御手紙をいただいた。体調も回復したし、上京の機会もあるからその時に『海東諸国紀』他の書物を持参しようと書いてあった。先学の厚情、まことに感謝の言葉もなかった。

九月十三日、先生は令嬢をともなって上京、神田の学士会館に投宿された。南波本の『海東諸国紀』のほか太宰府天満宮所蔵『海東諸国紀』写本の写し、ならびに『万金不求人』を持参された。小さな約束もおろそかにはされない先生の御態度にはこころから頭がさがった。当日は石井謙治・小佐田哲男両氏も合流して貴重書拝見におよんだ。この時、南波本の研究を熱望しておられた故中村栄孝先生にこの本を生前にお目にかけることができたらどれほど喜ばれたことであろうかという想いが心をよぎって仕方なかった。太宰府天満宮本の写本は表題のない一冊本で、もとの本は本文一六六頁の由、先生の写本は縦二六センチ、横一九センチ、半面一行二〇字、一〇行で、内容は「序」の最初から「朝聘応接紀」の最終部分までで、古版本の附録に相当する箇所はない。「寛政十二年庚申春、以太宰府神庫之本書写焉、青柳種磨(花押)」の奥書がある。各種の写本については中村栄孝先生が触れているが(前掲書、三七三―三七五頁)、本書への言及はない。写本の研究は、日本国内において『海東諸国紀』が果した役割を知るうえで重要であり、より一層の検索と検討とが要求される今後にのこされた研究課題である。

つぎに、先生が南波本を入手された経緯を記しておく。以下は、先生みずから一九四三年(昭和十八)五月の『臨川書店書目』第九巻第五号をわざわざ調査されたうえで私に報告してくださったものである。同目録五頁下欄に、

海東諸国紀　李朝申叔舟奉勅撰

朝鮮刊、白棉紙、印本、一帙一冊　三千円

明弘治十四年の刊記あり、室町時代日鮮関係史研究の根本資料なり、とあり、「海東諸国紀」の文字は太文字で印刷されていたという。書目の文の「一冊」は二冊の誤り、「明弘治十四年(一五〇一年)の刊記」というのも誤りで、これは巻末の「琉球国」の部分の日付である。先生によれば、売価の三千円は他の書物の値段より飛びぬけて高い値であったが、この書目を見た東京の秋岡武次郎氏から早速連絡があり、『海東諸国紀』は値は高いが珍中の珍の本であるから「是非お買いなされ」と知らせてくれたとのこと。先生は臨川書店に電報を打ち、実物を確かめるため京都に出かけ、三千円ボーナス二回払いの約束で即日現物を持ち帰られた。戦前から識者の間には知られていた文求堂本がどのような経緯で臨川書店に移ったのか明確ではないが、一部の稀覯書をめぐる先生と秋岡氏との友情、先生が本書を入手するためにはらわれた情熱・努力・苦心・負担、また、古書肆臨川書店が先生を信頼して現物を代金後払いで先渡しした経緯などが知られてまことに興味深い逸話ではないか。

先生は有数の古地図の蒐集家でありながら、蒐集の苦心談や自慢話はほとんど筆にされたことがない。先年出版された『船・地図・日和山』(法政大学出版局、一九八四年)にもそうしたものは収められていない。先生のお話はつねに淡々としていて、自慢話めいた蒐集談義などは先生の性分には合わなかったのかもしれぬ。実は『海東諸国紀』を先生が入手された経緯は御自身に執筆していただくのが最適と思い、そのことをお願いした。ところが、先生からは「老人に苦労をかけないように」と軽くいなされて、私が駄文を弄する羽目に至ってしまった。意を尽すことのできなかった点は、先生ならびに各位の寛恕を願う次第である。

余話の余話　本稿執筆完成後の一九八七年(昭和六十二)七月二十四日、早稲田大学教授瀬野精一郎氏と同行して太宰府天満宮を訪ねる機会があった。はげしい雨がときどき降ってくる悪天候だったが、天満宮宝物殿には有名な『翰苑』の残簡が展示してあるから見に行こうということで、梅が枝餅で腹ごしらえをして出かけた。ところが、思いもかけず同所には『海東諸国紀』の古写本も展示されており、ガラスケースから出して手にとってしたしく調査することを許された。この写本の底本は、本稿で紹介した古版本(A)(B)(C)の系統に属するものと推測された。「太宰府神社文庫印」「西府文庫蔵書」等の印がある。内容は、序文三葉半、凡例一葉半、地図一〇葉、本文八六葉、計一〇一葉で、序文と凡例・地図と本文の筆蹟は異なる。「国俗」の一部を「凡例」の後に付けたり、しばしば誤写している箇所がある。地図の部分は忠実な写しではなく、古版本とはやや相違し、表題が異っていたり、欠落した部分があったりするが、総図・日本・琉球図のほかに朝鮮三浦図（さきに付録(二)としたもの）まで揃って収めてある。本文の部分は匡郭・罫線があり、毎半葉一〇行、一行一七字詰で古版本と等しい。最後は「朝聘応接紀」の「釣魚禁約」で、「海東諸国紀終」の文字で終っている。「畠山殿副官人良心曹饋餉日呈書契」（附録(一)）と「琉球国」（附録(三)）の部分は存在しない。『図録　太宰府天満宮』（太宰府顕彰会、一九七六年）・『天神絵巻——太宰府天満宮の至宝——』（太宰府天満宮、一九九〇年）にも写真とともに紹介されている。後者には加藤一純の奉納としてある。

南波先生所蔵の写本の青柳種麿の奥書に「太宰府神庫之本」とされていたものと字詰などは違うが、記事の内容は完全に一致する。そうなると太宰府天満宮の本は寛政十二年（一八〇〇）よりも以前から同天満宮の珍宝として収蔵されていたことが明白である。本稿で紹介した古版本のほかに附録の一部分を欠いた別の古版本が存在していたのか、またはその写本が伝来していたのかは明らかにできないが、太宰府本の存在と南波先生所蔵写本の存在とは日本国内における『海東諸国紀』流布の一形態を示している。

〔補 記〕

太宰府天満宮所蔵本については、一九九三年（平成五）に吉原弘道氏から詳細な教示をいただき、それにもとづいて補筆した。

一九九一年十二月、岩波文庫の一冊として申叔舟著・田中健夫訳注『海東諸国紀――朝鮮人の見た中世の日本と琉球――』を出版した。東京大学史料編纂所所蔵本を底本とし、本文は影印で掲げ、その読み下し文、注釈をあげ、解説・索引を付した。とくに地図部分の影印は拡大して示した。朝鮮の地名・人名ならびに琉球語をハングルに訳した「語音翻訳」の解説・訳注については菅野裕臣氏の協力を得、「言語資料としての『海東諸国紀』」を執筆してもらった。田代和生は、『海事史研究』四九（一九九二年）の新刊紹介欄で本書を取りあげ、一六二九年規伯玄方が朝鮮に渡航した時に、本書を携行して朝鮮側に待遇の改善を求めた事例を示し、この時点ではすでに朝鮮礼曹には『海東諸国紀』がなく、玄方の主張をいれざるを得なかったとしている。さらに一六三五年の柳川一件の折に、対馬藩から玄方が所持していたものとして『海東諸国紀』が幕府に提出された事例を紹介している。

弘中芳男「本光寺図の発見と新たな問題」（佐伯有清先生古稀記念会『日本古代の伝承と東アジア』吉川弘文館、一九九五年）は、長崎県島原市本光寺所蔵の「混一疆理歴代国都地図」を紹介論述したものであるが、『海東諸国紀』の「琉球国之図」「日本本国之図」との関係にも言及し、疑問を提示している。なお、本書第二論文の注(21)参照。

南波松太郎先生は、阪神・淡路大震災ののち一九九五年七月三日、一〇一歳の天寿を全うされた。

第五　不知火海の渡唐船

——戦国期相良氏の海外交渉と倭寇——

はじめに

九州西岸に位置する不知火海は球磨川河口の八代を中心にひろがり、八代海ともよばれ、天草諸島にかこまれて内海を形づくっているが、天草灘から東シナ海に通じ、海外交通の要衝の地である。この八代を中心とした不知火海の日明関係史上の諸問題を考察するのが本稿の主題である。

戦国期八代を領有した相良氏の海外交渉に関する基本史料は、『大日本古文書　家わけ第五　相良家文書之一』(1)と『八代日記』(2)のみといってよい。菊池武栄「歴代参考」・田代政融「求麻外史」等も前記の二史料を引用し敷衍したものにすぎない。二史料とも天文期のものが中心で、相良氏では義滋《よししげ》（延徳元年、一四八九—天文十五年、一五四六）・晴広《はるひろ》（永正十年、一五一三—弘治元年、一五五五）ならびに義陽《よしひ》（天文十三年、一五四四—天正九年、一五八一）が当主であった。

一　相良氏の琉球貿易と勘合船警固

『相良家文書』によって知られる相良氏の海外交渉は、琉球との通商と勘合船警固に関する二つの事実である。

琉球との関係を物語る文書を引用しよう。

三五〇　琉球円覚寺全叢書状

宝翰三薫捧読、万福々々、抑国料之商船渡越之儀、万緒如意、千喜万歓、無申計候、殊種々進献物、一々達上聴、御感激有余、□（ヨメズ）至于愚老、科々御珍貺拝納、不知所謝候、為表菲礼、不腆方物砂糖百五十斤進献、叱留所仰也、此方時義、船頭可有披露候、万端期重来之便候、誠恐不備、

大明嘉靖壬寅閏五月廿六日　　全叢（花押）

晋上

相良近江（義滋）守殿　台閣下

差出人の全叢が琉球円覚寺の檀渓全叢であることは、折封のウワ書によって明らかである。日付の嘉靖壬寅は嘉靖二十一年、天文十一年（一五四二）である。円覚寺の琉球国内における地位からみれば、この書状は琉球国王から相良義滋に充てたものを全叢が代行したと考えることができる。

文中の「国料之商船」について小葉田淳は、

相良氏の通商船は全叢宛の書を齎し、国王への進物を載せて、貿易に従事したので、当時の一般通商船の実際である。

と述べている。[3] 一般通商船といっても、当時、日明間には原則として勘合船の渡航しか許されていなかったのだから、ここに言われている一般通商船とは、おそらく琉球国と通商した博多商人・対馬商人・島津氏・種子島氏、あるいは南方諸地域の商船と同類だったという意味であろう。ともあれ、天文の初年から相良氏は九州戦国大名の一人として琉球貿易に重大な関心を持ち、国料船を派遣していたのである。

つぎの二通は大内氏の勘合船派遣の警固に関する文書である。

四一五　室町幕府奉行衆奉書

就御船渡唐奉行事、被仰付大内大宰大弐（義隆）訖、令存知之、往還共以致警固、可被馳走之由、被仰出候也、仍執達如件、

天文十四

十二月廿八日　堯連（飯尾）（花押）

晴秀（松田）（花押）

相良宮内大（少カ）輔殿（義滋カ）

四二三　杉宗長・吉見弘成連署状

（天文十五年十一月十六日八代ニ到来）

就渡唐御船之儀、従京都被成　御下知之条、被付進候、急度以請文可有言上之由、可申旨候、恐々謹言、

十月十日　弘成（花押）

宗長（花押）

相良右兵衛佐（晴広）殿

御宿所

四一五号文書は、幕府奉行人の名で、大内氏に勘合船を発遣させるから、その警固をするようにと相良氏に命じたもの。四二三号文書は、大内氏の老臣から相良氏に幕府の意向を伝え、勘合船の警固に関する請文を言上するようにもとめたもの。両文書には一年の間隔があるが、関連文書と考えてよいであろう。

渡唐勘合船の警固は、幕府公許の船舶を海賊等の危難から護るために、幕府がとった措置の一つである。航路に当る瀬戸内海や九州の沿岸の海賊の襲撃を抑えるため、幕府では沿岸の大名や豪族に御教書を発して警固に当らせた。初期の渡航船は、兵庫を発し瀬戸内海から博多に出て、五島から東シナ海を横断して中国大陸を目指す航路がとられたので、内海や北九州・対馬・松浦党諸氏等が警固担当の対象にされたが、応仁の乱後になると渡航船の航路に変更がおこり、不知火海もまた警固を必要とする地域と考えられるようになり、相良氏に警固がもとめられるようになったのである。後述するように不知火海は海賊横行の地域であり、この地域の日明通交上における重要性が認識されるとともに、その制海権を有する相良氏の存在が大きく浮びあがったのである。

『相良家文書』については、さらに二通の文書に言及しておかねばならない。

四八二　朽網鑑景書状

就大和守出頭、預御音問候、畏入候、抑漆千筒御進上之段、具遂披露候、御悦喜之由、被成　御書候、珍重候、然者、其表弥無異儀之通、示給候、千秋万歳候、旁期来便、不能一二候、恐々謹言、

二月八日　　鑑景（花押）

相良殿　御報

四八三　朽網鑑景書状

追而

漆百筒被懸御意候、誠御丁寧之至、畏入候、次就唐船在津、薬御用之通承候、爰元へも養性之方多々候て、御用之薬ハ尽したるよし、唐人申候、大笑々々、

四八三号文書には、『相良家文書』編纂者の「コノ文書、原本ヲ検スルニ、上ノ第四八二号文書トソノ書風ヲ同ジ

クセリ、或ハモト同封中ノモノナラン」という案文がついているので、両文書はもと一通の文書であったと考えてよいであろう。

重要なのは四八三号文書である。差出人朽網鑑景は豊後大友氏の老臣である。これによれば、唐船すなわち明船が豊後に寄港している情報を相良氏が把握していて輸入薬種の入手を希望していたことが明らかである。明船寄港の情報が豊後と肥後との間をかなりの速さで伝達されていたらしいこと、輸入物資を相互に融通しあったりすることが日常的に行われていた事情もあわせて理解されるのである。注目すべきは、日明貿易が幕府とその周辺の大名や商人の独占ではなくなった状態が十六世紀には急速に醸成されてきた事実である。

中国船の日本来航は、最後の勘合船が帰国した天文十九年（嘉靖二十九、一五五〇）よりも十数年以前から始まっていた。

鄭舜功『日本一鑑』(4)「窮河話海」巻六「海市」の項に、中国人日本来航の原因に関するつぎの記事がある。

嘉靖甲午、給事中陳侃出使琉球、例由福建津発、比従役人皆閩人也、既至琉球、必候汎風乃旋、比日本僧師学琉球、我従役人聞此僧言日本可市、故従役者即以貨財往市之、得獲大利而帰致使、閩人往往私市其間矣、

嘉靖甲午は嘉靖十三年（天文三、一五三四）で、陳侃は貴重な琉球史料とされている『使琉球録』(5)の著者である。閩人とは福建省民のことである。この文によれば、一五三四年に陳侃の従者の福建人が日本僧から日本貿易が大利を得るとの情報を聞き、以後、福建人の日本渡航が盛んになったのだという。

しかし、明船来航の真因は、明初から実施されていた海禁政策の矛盾のなかにあり、海上生活を主生業とする福建人にとり「片板不許下海」（『明史』朱紈伝）という厳しい政策の破綻は必然の成り行きだった。(6)

日本側の史料を中心に明船の来航を年次順にひろいあげてみよう。

一五三九年（天文八、嘉靖十八）、明船周防に来著（『続本朝通鑑』）、一五四〇年（天文九、嘉靖十九）種子島竹崎浦に唐船漂来（『種子島家譜』）、一五四一年（天文十、嘉靖二十）、豊後神宮寺浦に明人二八〇人来著（『豊薩軍記』）、一五四二年（天文十一、嘉靖二十一）、明船平戸に入港（『新豊寺年代記』）、一五四三年（天文十二、嘉靖二十二）、明人王直とともにポルトガル人種子島に漂着（『南浦文集』『種子島家譜』）、同年、明船五艘豊後に来る（『豊薩軍記』）、一五四四年（天文十三、嘉靖二十三）、南蛮船種子島熊野浦に漂来（『種子島家譜』）、日本で貿易した明船が朝鮮に漂着（『朝鮮明宗実録』）、同年、薩摩阿久根に明船入港（『八代日記』）、一五四五年（天文十四、嘉靖二十四）、明船肥後天草に来着（『八代日記』）、同年、明船が朝鮮に漂着（『朝鮮明宗実録』）、一五四六年（天文十五、嘉靖二十五）、明人等が山城清浄花院に宿泊して商売をした（『後奈良院宸記』）、同年、明船豊後佐伯浦に来着、以後永禄中に数回来る（『豊薩軍記』）、一五四七年（天文十六、嘉靖二十六）日本で貿易をして朝鮮に漂着した福建人三四一人を朝鮮より明に送還（『明世宗実録』）、同年、石山本願寺に明船が来る（『石山本願寺日記』）、一五四九年（天文十八、嘉靖二十八）、北条氏康が唐船の初穂として生糸を江島神社に寄進（『岩本文書』）、同年、明船が伊勢に漂着（『松木氏年代記』）、一五五一年（天文二十、嘉靖三十）、越前三国湊に明船入港（『賀越闘争記』）。

以上が、いわゆる嘉靖大倭寇の時代を迎える以前の明船（南蛮船）渡来の様相である。記録されなかった明船も当然多数にのぼっており、ポルトガル人の来航もすでに始まっているから、天文年間には、ほとんど毎年外国船の渡来があったと考えられる。『種子島家譜』には、一五四四年四月に二合船と号する渡唐船が解纜し、翌年六月帰朝したとしている。

渡来中国人は福建人が多かったが、その数が厖大だった事例を、一五四七年（天文十六、嘉靖二十六）三月に朝鮮から福建人を明に送還したときの『明世宗実録』嘉靖二十六年三月乙卯条の記事によって示しておこう。

朝鮮国王李峘遣人解送福建下海通番奸民三百四十一人、咨称福建人民故無泛海至日本国者、頃自李王乞等、始以往日本市易、為風所漂、今又獲馮淑等前後共千人以上、皆夾帯軍器・貨物、前此倭奴未有火砲、今頗有之、蓋此輩闌出之故、恐起兵端、貽患本国、

三〇〇人、一〇〇〇人をこえる大集団で、倭寇防禦を名目に火砲等の兵器を携帯していたというのである。しかし、この閩人集団が倭寇そのものであったと考えることも不可能ではない。鄭若曾の『籌海図編』「福建倭変記」にも「倭寇之患、自福建始、乃内地奸民勾引之」とあり、内陸部の奸民が福建人を支援したこと記している。

不知火海も、このような内陸民から支援を受けた福建人を中心とする中国人日本来航の風潮の外に超然としていることはできなかったのである。

『八代日記』に、天文十三年（一五四四）の七月二十七日と二十九日に薩摩阿久根に唐舟が来着し、同年九月十四日に帰帆したこと、翌天文十四年七月十六日に天草大矢野に唐舟の来着があったことが書き留められたのは、外船来航の情報に対して八代の相良氏がきわめて敏感であったことを示すものである。前掲『相良家文書』の朽網鑑景書状にみられた舶来品希望も西国大名の一般的な傾向だったといえよう。

二　『八代日記』の対外関係記事

『八代日記』は、内題に「御当家八代郡御城日記」とあり、文明十六年（一四八四）から永禄九年（一五六六）まで足かけ八三年間の相良氏八代支配時代のことを記した編纂史料である。前半部分の記事は簡略で、天文以後の記事が詳

細で充実している。干支の記載の一部に誤りがあったりして、従来あまり活用されることがなかったが、勝俣鎮夫が「相良家法度」研究の史料として注目し、(7) その後、服部英雄の研究(8)などもあり、肥後中世史研究の重要史料として研究が進められ、一九八〇年には全文が活字化された。(9)

東京大学史料編纂所に乾坤二冊の謄写本があり、「右八代日記　子爵相良頼紹氏蔵本　明治二十九年五月謄写」の奥書があるが、原本の所在は不明である。蓑田鶴男は「私は昭和一七年から二年間、人吉市に住んだことがある。そのとき図書館で「八代日記」を拝見し、八代に関係ふかい部分があるのに驚喜し、抜き書きしておいた記憶がある」と書いているが、(10) この図書館の本も現在は確認できない。活字本は史料編纂所所蔵の謄写本を底本にしている。

内容は、相良氏の動静をはじめ社会経済の動向や気象などについても詳細な記事がある。勝俣は、日記の記主は相良氏家臣の的場内蔵助で、個人的日記の性格は少なく、前半部は後年付加されたものと推測している。服部英雄は勝俣説を支持しつつも、的場の記事を素材として加筆・補正された部分があることを指摘している。一方、工藤敬一は成立年代について元和六年（一六二〇）という仮説を主張している。(11)

つぎに『八代日記』から、年表をも兼ねる意味もこめて、対外関係の全史料を順次掲出しよう。日本の年号・西暦および行頭の算用数字は便宜私が書き加えたものである。

天文七年（一五三八）

1 同（六月）十九日辛酉市木丸御船作始、

天文八年（一五三九）

2 同（三月）卅日、一木丸為御覧、（晴広室カ）御簾中様徳口（渕カ）ニ御下候、

3 四月十三日辛亥市木丸出船候、

天文十三年（一五四四）

4七月廿七日ニ阿久根ニ唐舟着候、又廿九日ニモ着候、

5九月十四日、阿久根の唐舟出舟仕候、

天文十四年（一五四五）

6（七月）十六日、天草大矢野ニ唐舟着候、

天文十五年（一五四六）

7同（二月）十八日、一木丸船頭兵部左衛門博多ニ御登候、四月卅日罷帰候、

8同（八月）九日、甑島ヨリ二階堂殿八代御越候、唐船可進候由候、

天文十七年（一五四八）

9四月七日、あくねきこり八代ニテ作候唐船江口まで出候、

天文二十二年（一五五三）

10天文廿二年癸丑　此年ヨリ日本ノ舟大明国ニ渡テ雑物ヲ追捕シテ帰朝ス、

天文二十三年（一五五四）

11天文廿三年甲寅　去年・今年両年日本ノ舟渡唐ス、大明追捕シテ帰朝ス、

12同（三月）廿三日、晴広さま御舟市木丸御作せ候、船おろしニ候、晴広さま・頼興さま徳渕ニ御下候、休恵斎御申請候、

13三月二日、市木丸渡唐ノかといて、やかて江内仕候、

14同四日、市木丸江口まて出候、

15同（七月）十二日、渡唐仕候市木丸御舟徳渕着候、三月二日ニ渡唐ノかといて、

16九月六日ニ御屋形（菊池義綱）さま上国・唐行・ス、銭之事、此三ヶ条頼興又老者より衆義ニ御尋ね候、
天文二十四年（弘治元、一五五五）
17三月四日、八代ヨリ出候唐船少々今日出候、
18同五日、殿（晴広）さま・頼興さま被遣候唐船出候、朱雀図ミルヘシ、
19同廿日、かさ屋唐船出候、乙卯、四（日脱カ）不出イカ、、
20（四月十六日）八日ニ渡唐之船出候ハ、十一日之難風ニ悉吹ちらし候、十八艘、此内十六艘ハ八代船、
21廿一日ニ又渡唐之舟出候、廿三日之難風ニ吹もとし、本ノ地ニ着候、
22同廿五日、五島ニヲイテせキ（関）船ト申候而、盗船五島ヲク（宇久）殿ノ役人ナル（奈留）殿ト云方ノ宿所悉破候て雑物取候、
23同（六月）七日、植柳ニ日州肝月（付）渡唐ノ者四十余人候、本舟ハ大矢野（久種カ）殿ニ進上申候よし申候、
24同（七月）三日、細江渡唐ノ舟、殿（晴広）さま上申候よし頼直（相良）ヨリ五郎三郎を以御申候、
弘治二年（一五五六）
25同（三月）四日、徳渕森と申候者渡船出候、
永禄元年（一五五八）
26同（五月）廿九日、去春ノ渡唐船徳渕ニ着候、

右の二六条の記事によって知られるのは、八代が交通の要衝であることを反映して、海外事情、渡航船・来着船の情報、海賊の動向などに関する情報が輻輳する地点だったこと、外洋航行船を造る能力をもっていたこと、商業地として繁栄していたらしいこと、それに何よりも重要なことは渡唐船団の発航基地であったという事実である。

以下、これらの事実につき具体的に検討を加えてみよう。

三　不知火海の渡唐船

『八代日記』の造船関係記事のうち市木丸に関する記事は1・2・3・7・12・13・14・15である。これによって、まず市木丸が天文七年（一五三八）から翌年にかけて造られ、相良晴広の夫人が見物に出かけるほどで、よほどの大船だったらしく、天文十五年には博多へ回航、二ヵ月後に帰着したことが知られる。12は天文二十三年に最初の市来丸から一六年遅れて造られた市木丸二世号とでもいうべきものの進水に関する記事で、晴広以下が見物したことを記し、13はついで渡唐したことを記している。14の「江口」につき蓑田鶴男は揚子江口と推定しているが、(12)三月二日に出発した船が三月四日に揚子江口に達したとするのは無理であろう。15が示すように三月二日に「かといて」（門出）した船が七月十二日に八代徳渕に帰着したのであり、市木丸は渡洋を目的として造られた船だったのである。

9も造船に関する記事である。史料編纂所の謄写本では「あくねきこり」とは読み難いが、熊本中世史研究会編『八代日記』および『人吉市史』(13)の読みに従っておく。「あくねきこり」と読めば、薩摩阿久根の木こりということになるが、木こりが造船するというのは如何なものであろうか。いずれにしても相良氏以外の人物、あるいは他国の人物かもしれない者が八代で渡洋船を造った事実を語るものと解してよいであろう。

渡唐船に関する記事は不知火海の対外関係史上の歴史的性格を考えるうえで最も重要なものであるが、8・9・10・11・13・14・15・16・17・18・19・20・21・23・24・25・26等が挙げられる。

8は薩摩甑島より二階堂某が八代に来て唐船（渡明船）を発航させるといったという記事であるが、これだけでは八代が渡唐船発航の基地になったのか、あるいは単に渡唐船に関する伝聞を書き留めたのにすぎないのかは分明にできない。

10・11は、いわゆる倭寇に関する伝聞を後から加えたものに相違ない。『明史』「外国伝、日本」の条には10の天文二十二年（嘉靖三十二、一五五三）について、

（嘉靖）三十二年、三月、汪直勾諸倭大挙入寇、連艦数百蔽海而至、浙東西・江南北浜海数千里同時告警、破昌国衛、四月、犯太倉、破上海県、掠江陰、攻乍浦、八月、劫金山衛、犯崇明及常熟・嘉定、

とあり、11の天文二十三年については、

三十三年、正月、白太倉掠蘇州、攻松江、復趨江北、薄通・泰、四月、陥嘉善、破崇明、復薄蘇州、入崇徳県、六月、由呉江、掠嘉興、還屯柘林、縦横来往、若入無人之境、（中略）、是時、倭以川沙窪・柘林為巣、抄掠四出、

とある。天文二十二・二十三の両年は、嘉靖大倭寇の最盛期といわれた時期で、日本の五島に根拠を置いた王直の行動が頂点に達した時期であり、日本人の参加も当然多数にのぼったと考えられるのである。[14]

13・14・15は前述した市木丸関係の記事だが、三月に出航し七月に帰航、その間は中国で倭寇船団の中にあって密貿易に従事していたと考えられる。16の「唐行」は渡唐船派遣のことだが、これも市木丸と関係があるように思われる。この条は勝俣鎮夫が、相良氏法度の研究のなかで、相良氏権力の意志決定の重要な審議機関として衆儀が存在したことを主張する根拠とした史料であるが、[15]「唐行」もまた衆儀によるべき相良氏の重要事項の一つだったのである。

17は唐船の発航地が八代だったことを示しているが、それ以上のことはわからない。18・19・25は、それぞれ渡唐船発遣の主体が相良晴広・同頼興・かさ屋・徳渕森であることを明らかにしている。19のかさ屋は屋号を用いていることから商人と推測されるが、25の森も球磨河口の徳渕に住居を持っていた商人と推定できそうである。『角川日本地名大辞典（熊本県）』はかさ屋・森を「大商人」としている（七六六頁）が、もし独力で渡唐船を経営する実力を持っ

た人物と考えるなら「大商人」というのもあながち不当とは思えない。ちなみに『八代日記』天文二十二年（一五五三）二月二十七日条をみると、

薩摩テ〔之〕者八代徳渕ニ商ニ罷越候、兄弟三人にて候か彼三番めの弟か徳渕之者をつきころし候、其当人ニ則時ニ弟成敗也、

とある。徳渕は他国の商人も来訪して商行為を行う地点だったのである。12は徳渕が市木丸の進水地だったことを記し、26は徳渕が渡唐船の帰着地だったことを記している。

20・21は、渡唐船団が八代で編成され、その主力が一八艘中一六艘にもおよぶ八代船であり、八代から出航したことを示す貴重な記事である。

23は意味のとりにくい文章だが、肝付（大隅肝属か）の住人で渡航経験者四〇余人が徳渕の南にある植柳におり、渡唐した船は天草の大矢野氏に引渡したと話していた、ということになろうか。渡唐船情報の一つとして書いたものであろう。

不知火海は海路の要地であり、渡唐船が頻繁に来往した地点であったことは上来の考察で明らかにすることができたと思うが、一方、この海は海賊の横行する海でもあった。22は五島の海賊のことを物語っている。海賊はいうまでもなく略奪者であるが、逆の面からみれば奪う物があるからこそ海賊が横行するのであって、不知火海をふくむ西九州の多島海は多量の物資が往来する豊かな海でもあったのである。

ところで、多くの渡唐船がこの時期に何故渡航したのか、何を目的とし、何を得たのか等の諸問題は日本国内の史料は語ってくれない。中国側の史料から不知火海の渡唐船の意味を検証するのがつぎの課題である。

四　倭寇と不知火海

不知火海から渡唐船が出航した時期がいわゆる嘉靖大倭寇の時期と重なっていることについてはすでに述べた。渡唐船と倭寇の関係を明らかにするために、倭寇の性格に関するいくつかの事項を確認しておこう。

常識になっていることであるが、この時期の倭寇の構成員の主力は日本人ではなく中国人だった(16)。『洋防輯略』(17)には、

嘉靖壬子（三十一年、天文二十一年、一五五二）、倭初犯漳・泉、僅二百人、真倭人十一、余皆閩・浙通番之徒、頂前剪髪、椎髻向後以従之、

とあり、『明史』「日本伝」嘉靖三十四年（弘治元、一五五五）の条では、

大抵真倭十之三、従倭者十之七、倭戦則驅其所掠之人為軍鋒、

とある。さらに『明世宗実録』嘉靖三十四年五月壬寅条の南京湖広道御史仲律の「条上禦倭五事」をみると、第一に、

絶乱源、夫海賊称乱、起於員（負イ）海姦民通番互市、夷人十一、流人十二、寧・紹十五、漳・泉・福人十九、雖概称倭夷、其実多編戸之斉民也、臣聞、海上豪勢為（マヽ）賊腹心、標立旗幟勾引深入、陰相窩蔵、輒象貿易、此所謂乱源也、

と書いている。この文章は同じ実録の九月庚子条に「若海寇、則十九皆我中華之人、倭奴特所勾引驅率者耳」とある記事や、『洋防輯略』の真倭すなわち本当の日本人は「十一」（一〇％）、あるいは『明史』の「十之三」（三〇％）という大まかな表現と較べればかなり具体的である。倭寇集団のうち夷人すなわち外国人は一〇の一、流人すなわち土地を離れた流逋の民（ながれのがれた者）は一〇の二、浙江省の寧波と紹興の民は一〇の五、福建省の漳州・泉川・福州の民は一〇の九と読むのであろう。夷人と書いて倭人と書かないのは日本人以外の琉球人・ポルトガル人・朝鮮人そ

の他の外国人も意識のなかにあったのかもしれない。倭寇の集団はつねに流動的だったから、その構成員の比率は、活動の時期や場所によって一定していたわけではない。ここに示された数字は、いろいろな場面における構成員のおよその傾向を示したものと理解してよいであろう。このなかに福建省の民（閩人）と浙江省の民とともに、流逋の民の存在が記されていることも注目に価する。文章の後半に「海上豪勢」とあるのは勢豪の誤記と思われるが、官豪または郷紳といわれた地方存住の有力者で、倭寇活動を背後から支援していたのである。前に引用した『籌海図編』「福建倭変紀」に「内地奸民」と記されたのも郷紳等をさしたものである。倭寇が長期にわたって活動することのできた原因の一つに郷紳の存在は忘れることができない。

鄭舜功の『日本一鑑』「窮河話海」巻六「流逋」の項をみると「流逋誘倭入寇前代無稽考」とし、流逋と倭人の結合は元末明初に始まったことを記している。

嘉靖倭寇の始まった年は、『日本一鑑』「窮河話海」巻六のよれば嘉靖丙戌（五年、大永六年、一五二六）である。「倭寇始自福建、鄧獠初以罪囚按察司獄、於嘉靖丙戌、越殺布政査、約流逋入海、誘引番夷、往来浙海、繋泊双嶼等港、私通罔利」（「流逋」）とあり、脱獄囚の鄧獠が海上に逃れ、外国人を誘いこんで浙江省の揚子江河口に近い双嶼港等で密貿易を始めたのが倭寇の始まりだというのである。ついで許一・許二・許三・許四の兄弟がポルトガル人を誘引し、双嶼は国際大密貿易の拠点になった（「海市」「流逋」）。

日本人が最初に登場するのは嘉靖乙巳（二十四年、天文十四年、一五四五年）で、「嘉靖乙巳、許一夥伴王直等往市日本、始誘博多津倭助才門三人来市双嶼港、直浙倭患始生矣」（「流逋」）とある。許一（許松）が配下の王直をともなってしばしば日本に行き、博多の助才門（助左衛門か）等三人を双嶼港に誘引、以後、日本人参加の倭寇が生起したという説明である。

王直は、『明史』では「汪直」、『日本一鑑』「海市」の項では「的名鍠即五峰」とある。許兄弟のあとをついで倭寇の頭目として頂点に立った人物である。王直は、青年時代は遊民に交っていたが、任侠の男で、智略に富み、吝しみなく人に施し、信望が厚かったという。王直がはじめて日本に来たのは中国側の史料では先に見たように天文十四年（一五四五）だが、日本側の史料すなわち文之玄昌の『鉄炮記』（『南浦文集』所収）では天文十二年（一五四三）とされている。種子島に来着した船中に五峰という大明国の儒生（儒学者）がいて、筆談によって西南蛮種の外国商人が乗船していることを伝えたことになっている。儒生とよばれたことからも、かなりの教養の持ち主だったと察せられる。

一五四七年（嘉靖二十六、天文十六）、中国で朱紈が浙江巡撫に任ぜられた。朱紈は海禁の厳行を決意し、沿海郷紳らとの妥協を一切排除し、一五四八年には都指揮盧鏜に双嶼の攻撃を命じた。賊徒の死者は数えきれぬほどであったといい、双嶼は壊滅し、許棟（許二）と王直は逃れたが、許棟はほどなく逮捕された。許棟の死後、王直は倭寇集団中の第一人者となり、崩壊した双嶼を捨てて、平穏に貿易のできる地を求め、根拠地を日本の五島に移し、自身は平戸に居宅を構えた。平戸は貿易の盛行で西の都とよばれるほど繁栄し、王直は部下二千余人を擁して豪奢な屋敷に住み、常に緞衣をまとい、港には三百余人を乗せる大船を浮かべ、三十六島の逸民を指揮し、さながら王者の生活をし、徽王とよばれた(18)。

倭寇活動の舞台は、中国・日本・朝鮮・琉球・フィリピン・東南アジア諸地域を包括する東シナ海と南シナ海にひろがっていたが、王直の日本移住は、日本人の倭寇への参加を容易にし、急速に増加させたと考えられる。

鄭若曾『日本図纂』「日本紀略」の項に、

入寇者、薩摩・肥後・長門三州之人居多、其次則大隅・筑前・筑後・博多・日向・摂摩（ママ）津州・紀伊・種島、而豊前・豊後・和泉之人亦間有之、因商於薩摩而附行者也、

とある。「入寇者」すなわち倭寇の出身地を述べたものだが、これら諸地域の日本人・日本船が王直ら倭寇の群れに投じて南下したのである。『日本図纂』所載の日本図をみると五島の大きさが九州と同じくらいに描かれ、九州と五島を合わせたものが、本州と四国を合わせたものと同じくらいに描かれている。倭寇を媒体として形成された中国人の日本認識が地図上にうかがわれるのである(19)。

さて、如上の倭寇の行動時期に不知火海から発航した渡唐船は、中国ないし東シナ海においてどのように認識され、どのように処遇されたのだろうか。鄭若曾『籌海図編』巻一二、経略二、開互市条のつぎの記事が注目される。

或云互市之説、即入貢之説也、若我之威有以制之、則彼以互市為恩、不然、則互市之中変故多矣、予按、今之論禦寇者、一則曰市舶当開、一則曰市舶不当開、愚以為皆未也、何也、貢舶与市舶一事也、分而言之則非矣、市舶与商舶二事也、合而言之則非矣、商舶与寇舶初本二事、中変為一、今復分為二事、混而言之亦非矣、何言乎一也、凡外夷貢我　朝皆設市舶司以領之、（下略）、

倭寇防禦のために外国船に通商を許すか否かという論議に対する鄭若曾の意見である。これによれば、入貢船（貢舶）と公認の貿易船（市舶）はもともと同一のものであり、公認の貿易船と私貿易船（密貿易船、寇船）はもともと別のものだったのに、現在はそれらの区別が明らかでなくなってしまった、外国からの朝貢船はすべからく市舶司で処理されねばならないというのである。

ところで、日明間には成祖永楽帝の時代以降勘合の制度があり、日本から明に行く船は明皇帝から日本国王に与えられた勘合を所持することが義務づけられ、すべて朝貢船として寧波市舶司で管理されるのが建て前であった。『日本一鑑』「窮河話海」巻七「奉貢」の項は、日本からの入貢を古代から通観しているが、寧波の乱後、嘉靖年間の日本人入貢の記事を抜き出してみよう。

嘉靖甲辰(二十三年、天文十三年、一五四四)、夷僧寿光等一百五十人来貢、以不及期却之、
嘉靖乙巳(二十四年)、夷属肥後国得請勘合於夷王宮、遣僧御休来貢、以不及期却之、
嘉靖丙午(二十五年)、夷属豊後国刺史源(大友)義鑑得請勘合於夷王宮、遣僧梁清(清梁トモ)等来貢、以不及期却之、
嘉靖丁未(二十六年)、遣僧周良一名策元、乃山城国都天竜禅寺之僧、等三船来貢、又宋素卿子東瞻船一艘追随而至、
嘉靖丙辰(三十五年)、日本西海修理大夫六国刺史豊後土守源義鎮遣僧清授報使、先是布衣臣舜功、奏奉宣諭日本国行至豊後、得彼之情、一面着令従事沈孟綱・胡福寧齎書往諭日本国王、一面暁諭西海修理大夫源義鎮、禁止賊寇、故遣僧清授附舟報使、
丁巳(三十六年)、源義鎮遣僧徳陽来貢、(中略)、一則以不及期、一則以非正使、照例沮回、
嘉靖戊午(三十七年)、日本国属周防国遣僧龍喜来貢、

まず気づくのは、渡航者が、宋素卿以外は寿光・御休・梁清(清梁としたところもある)・周良・清授・徳陽・龍喜という僧侶であること、派遣者は肥後国の者・大友義鑑・大友義鎮・周防国の者であることである。『日本一鑑』「窮河話海」巻七、の「勘合」「貢期」の項にも同様の記事があるが、甲辰・乙巳・丙午・丁巳の貢使は日本国王使でもなく、十年一貢の貢期にも満たなかったので入貢を認めなかったとある。丙辰の清授は、王直を説得して中国に誘引する目的で日本に来訪した鄭舜功の帰国船に同行したのである。

寿光らの貢船については、『種子島家譜』に見える天文十二〔三〕年(嘉靖二十二〔三〕・一五四三〔四〕)に渡航し同十四年に帰朝した二合船がそれであるという栢原昌三の説がある。(20)

御休の渡航については、『日本一鑑』「勘合」の項に「嘉靖乙巳(二十四年)、肥後刺史得請勘合、遣僧御休来貢、以未及期、照例沮回、此勘合仍貯肥後」と記している。嘉靖二十四年(一五四五)に肥後刺史が勘合を夷王宮すなわち幕府から入

手して、使僧を入貢させたが、許されずに帰国、勘合はなお肥後にある、というのである。小葉田淳は、肥後刺史を相良氏と推定し、勘合所持は梁清の場合とともに事実と認めたいとしている。(21)幕府の手を離れた勘合が、周防大内氏・豊後大友氏・肥後相良氏に分れてそれぞれに所蔵されていたと考うべきであろうか。ちなみに肥後刺史の使者が渡航したという嘉靖二十四年（天文十四）は、王直が博多の助才門を双嶼の密貿易市場に誘引した年であり、『八代日記』では天草大矢野に唐船が来着した年であり、さきにあげたように室町幕府奉行衆から相良義滋に充てて渡唐船警固を命ずる奉書が出された年であり（『相良家文書』）、一方では、明人が多数搭乗した「荒唐船」が朝鮮半島南岸で活動した年でもあった。(22)

王直の日本移住にともなって、嘉靖三十四年（弘治元、一五五五）には蒋洲・陳可願が、翌年には鄭舜功が、それぞれ王直を説得帰国させる目的で来日した。蒋洲は嘉靖三十五年に、鄭舜功は翌三十六年に帰国したので、それに同行する形で清授・徳陽が渡航したのである。徳陽・龍喜はまた王直の縁でも渡航した。徳陽の渡航した嘉靖三十六年には妙善も渡航した。

中国側の史料をみると、肥後刺史（相良氏）からの入貢船があったことが知られるが、日本側にはこれに対応する史料はなく、中国側史料には『八代日記』に登場した多数の渡唐船の動向を示す記事はまったく見られず、相良氏の大船市木丸も八代船をふくむ一八艘の大船団もその姿を見せない。そうなると、『八代日記』の渡唐船は明側から正式に認められた朝貢船ではなかったのである。そのことはまた市舶司によって処理される正式の外国からの通交貿易船でもなかったことを意味する。勘合を所持しないかさ屋・森などの個人による出船、規定の貢期も船数も無視した船団、これらはいずれも日本国王の公許を受けたものではなく、したがって中国側からも入貢を認められない私船すなわち密貿易船であった。なかには、天文二十二年（一五五三）・二十三年の場合のように、掠奪目的の渡唐船もあった。正式の入貢船以外の外国船をすべて倭寇船と考えて処理した中国側にとって、不知火海から来た渡唐船はすべて倭寇船だったのである。王直・徐海等の倭寇の首領は中国では沿海郷紳と結びついたが、日本では九州諸大名や豪族と結んだ。相良氏は大内・大友・島津・宗ほかの諸豪族とともに、倭寇の強力な援護者であり、またその一員だったのではないだろうか。倭寇活動によって得られた生糸・絹織物・銅銭・薬材・陶磁器・工芸品等(23)は広範な後背地を有する八代相良氏にとっては魅力的な商品だった。五島を中心とする西九州海域に蟠踞していた王直以下、倭寇の存在は相良氏にとって好都合だったにちがいない。

むすび

十六世紀の倭寇は、アジア史の視点あるいは世界史の視点から検討されるべき課題である。しかし、その史料は大部分が中国史料であって、中国以外の日本・朝鮮・琉球・ポルトガル諸地域の史料はきわめて少なく、傍証史料という程度のものしか存在しない。

倭寇の文字は、本来、倭（=日本人）の寇（=アダ・侵略）という意味の文字であるから、この文字が日本国内の史料に現れなくても、あながち不思議ではない。日本人がみずからを侵略者ないし犯罪人と意識しなければ、当然この文字は日本国内の史料のなかで使用されることはないのである。ちなみに、第二次大戦中には「倭寇」の文字を教科書から抹殺する動きさえあった(24)。

本稿でとりあげた『八代日記』のうち、天文二十二年（一五五三）・二十三年の記事は、おそらく後世に補入されたものと想像されるが、「大明国ニ渡テ雑物ヲ追捕」「大明追捕」というかなり明瞭な表現で、みずからが掠奪者であることを認める表現をとっている点、注目すべき史料と言わねばならない。しかし、この二ヵ条を除いた渡唐船に関する記事は発船・帰着や遭難を淡々と記すばかりで、掠奪者・侵略者としての意識はまったく読みとることができず、密貿易者としての自覚すらもなかったと推測されるのである。渡唐船という言葉は普通の通商貿易船を意味していたと考えてよいであろう。『八代日記』の渡唐船の往来の実態は、中国側の史料によって個々に明確に裏づけることができないので、いささか隔靴掻痒の感はあるけれども、王直ら日本に根拠をもった倭寇群の行動を背景として、それと連動する形で行動したものにほかならなかったことは否定できないであろう。朝貢船以外の外国船はすべて密貿易船すなわち倭寇とする中国側の常識にたてば、不知火海の渡唐船は日本側ではたとえそれを普通の通商貿易船と意識していたにしても、中国側にとってはまぎれもなく倭寇船だったのである。

私は『八代日記』を日本国内では数少ない倭寇史料の一つと考えるものである。渡唐船の記事だけでなく、造船、情報伝達の状況、諸大名の動向、商業の問題などに関する記事も倭寇活動の背景を考えるために貴重な史料といえよう。今後も日中両国の認識のずれなどに注意しながら検討を重ねたい。

注

（1）『大日本古文書　家わけ第五　相良家文書之一』（東京帝国大学史料編纂掛、一九一七年。東京大学出版会覆刻、一九七〇年）。

（2）熊本中世史研究会編（代表工藤敬一）『八代日記』（青潮社、一九八〇年）。なお本書は「歴代参考」の戦国期の分と「関係未刊文書」六点を付収している。藤木久志の紹介文がある（『日本歴史』三九六、一九八一年）。

（3）小葉田淳『中世南島通交貿易史の研究』（日本評論社、一九三九年。刀江書院覆刻、一九六八年）四六頁。

（4）保科富士男・中島敬「『日本一鑑』本文の比較研究㈠〜㈣」（『東洋大学大学院紀要』二六〜二九、文学研究科、一九九〇〜九三年）に『日本一鑑』の解題・伝本・成立年の考証がある。

(5)『那覇市史』資料篇第1巻3、冊封使録関係資料（那覇市役所、一九七七年、所収）。原田禹雄訳注『陳侃　使琉球録』（榕樹社、一九九五年）は嘉靖刻本影印を収めている。

(6) 田中健夫『中世対外関係史』（東京大学出版会、一九七五年）一九五—一九九頁。

(7) 勝俣鎮夫「相良氏法度についての一考察」（寶月圭吾先生還暦記念会編『日本社会経済史研究　中世編』吉川弘文館、一九六七年）、のち「相良氏法度の一考察」と改題、勝俣鎮夫『戦国法成立史論』（東京大学出版会、一九七九年）に収録。

(8) 服部英雄「戦国相良氏の三郡支配」（『史学雑誌』八六—九、一九七七年）。

(9) 前掲注(2)、参照。

(10) 蓑田鶴男『八代市史』第三巻（八代市史編纂協議会、一九七二年）三五七頁。

(11) 前掲注(2)書、「解題」。

(12) 蓑田鶴男、前掲注(10)書、三五八頁。

(13)『人吉市史』第一巻（人吉市史編纂協議会、一九八一年）三五〇頁。

(14) 天文二十二・二十三年の倭寇活動の実状については、鄭樑生『明史日本伝正補』（台湾文史哲出版社、一九八一年）五二四—五五三頁、同『明・日関係史の研究』（雄山閣出版、一九八五年）三〇一—三三二頁、田中健夫『倭寇——海の歴史』（教育社、一九八二年）一三二—一四八頁、等の記述参照。

(15) 勝俣鎮夫、前掲注(7)書、一三二頁。なお服部英雄、前掲注(8)論文、参照。

(16) 石原道博『倭寇』（吉川弘文館、一九六四年）八二—一一一、二二五—三〇八頁、参照。

(17) 鄭樑生、前掲注(14)『明・日関係史の研究』四三六頁の引用に拠る。

(18) 田中健夫、前掲注(14)書、一一九—一三八頁。

(19) 田中健夫「海外刊行の日本の古地図」（同『対外関係と文化交流』思文閣出版、一九八二年、三五五—三五七頁）。

(20) 栢原昌三「日明勘合貿易に於ける細川大内二氏の抗争」（『史学雑誌』二五—九・一〇、二六—二・三、一九一四・一五年）。

(21) 小葉田淳『中世日支通交貿易史の研究』（刀江書院。一九四一年）四五二—四五三頁。

(22)『朝鮮明宗実録』一、即位年七月丙戌・丁亥・戊子、八月壬辰・甲午・乙未・丙申・辛丑条等。高橋公明「十六世紀の朝鮮・対馬・東アジア海域」（加藤榮一・北島万次・深谷克己編著『幕藩制国家と異域・異国』校倉書房、一九八九年、一五六—一六三頁）、参照。

(23)　倭寇の貿易品については、田中健夫、前掲注(14)書、一六九―一七二頁参照。なお本書、第六論文、参照。

(24)　宮崎市定『日出づる国と日暮るる処』(星野書店、一九四三年)七四頁。

〔付記〕　本稿の執筆に当り、中島敬氏の助力を受けた。記して謝意を表する。

〔補　記〕

本章の旧稿は一九九一年(平成三)一月に発表したが、執筆後の関連論文に、佐伯弘次「室町時代の遣明船警固について」(九州大学国史学研究室『古代中世史論集』吉川弘文館、一九九〇年)がある。なお『海と列島文化』5、隼人世界の島々(小学館、一九九〇年)所収の増田勝機「中世薩摩の海外交渉――朝鮮・中国との関係を中心に――」、徳永和喜「島津氏の南島通交貿易史――南島の国際性と薩摩藩の琉球口貿易の展開――」も参考になる。

注(22)関係では、高橋公明「一六世紀中期の荒唐船と朝鮮の対応」(田中健夫編『前近代の日本と東アジア』吉川弘文館、一九九五年、所収)がある。

第六　「倭好」覚書

――十六世紀の海外貿易品に関する一史料の注解――

はじめに

十六世紀の東アジアの貿易史料の一つに、明人が書いた「倭好」がある。この史料は、鄭若曾の『日本図纂』や『籌海図編』に収められており、当時の日本人が好んだ中国品すなわち貿易品二二種あげて解説したものである。明では多くの日本研究書に転載収録されて伝えられ、日本にもはやくから紹介されていた。本稿は、この史料の本文を掲出して、読み下し文・解説・参考を付するとともに、この史料がどのようにして成立し、中国人や日本人からどのようにあつかわれてきたかをも考察した覚書である。

一　本　文

まず「倭好」の全文を、崑山鄭開陽先生著『重鐫日本図纂』に収められたもので示しておこう。

テキストは『籌海図編』(1)（一五六二年成立）所収のものが有名で、その他にも多くのものがあるが、ここでは『籌海図編』よりも一年ほど前（一五六一年）に成立した『日本図纂』所収のものを、一六九一年の重鐫版によって掲げる。

『日本図纂』は『鄭開陽雑著』所収のものもあるが、内容は重鐫版のほうが優れていると思われるからである。(2)

①②③…等の番号は、便宜付けたもので原文にはない。

倭好

昔賈誼上三表五餌之策、知倭国之所好、則餌在是、而悟所以制之之術矣、故志之、

①絲

所以為織絹・紵之用也、蓋彼国中自有成式花様、朝会・宴享必自織而後用之、中国絹・紵但克裏衣而已、若番舶不通、則無絲可織、毎百斤値銀五六百両、取去者其価十倍、

②絲綿

髠首、裸裎不能耐寒、冬月非此不煖、常因匱乏、毎百斤価銀至二百両、

③布

用為常服、無綿花故也、

④綿紬

染彼国花様、作正衣服之用、

⑤錦繍

優人劇戯用之、衣服不用、

⑥紅線

編之以綴盔甲、以束腰腹、以為刀帯・書帯・画帯之用、常因匱乏、毎百斤価銀七百両、

⑦水銀

渡銅器之用、其価十倍中国、常因匱乏、毎百斤価銀三百両、

⑧針

女工之用、若不通番舶、而止通貢道、毎一針価銀七分、

⑨鉄錬

為懸茶壺之用、倭俗客至飲酒之後啜茶、啜已即以茶壺懸之、不許着物、極以茶為重故也、

⑩鉄鍋

彼国雖自有、而不大、大者至為難得、毎一鍋価銀一両、

⑪磁器

択花様而用之、香炉以小竹節為尚、碗・碟以菊花稜為上、碗亦以葵花稜為上、制若非觚、雖官窰不喜也、

⑫古文銭

倭不自鋳銭、但用中国古銭而已、毎一千文価銀四両、若福建私新銭毎千価銀一両二銭、惟不用永楽・開元二種、

⑬古名画

最喜小者、蓋其書房精潔、懸此以清雅、然非落款図書不用、

⑭古名字

書房粘壁之用、庁堂不用也、

⑮古書

五経則重書・礼、而忽易・詩・春秋、四書則重論語・学・庸、而悪孟子、重仏経、無道経、若古医書毎見必買、重医故也、

⑯薬材

諸味俱有、惟無川芎、常価一百斤価銀六十七両、此其至難至貴者也、其次則甘草、毎百斤価銀二十両以為常、

⑰氈毯

以青者為貴、

⑱馬背氈

王家用青、官府用紅、

⑲粉

女人搽面之用、

⑳小食籮

用竹絲所造、而漆飾者、然惟古之取、若新造者、則雖精巧不喜也、小盒子亦然、

㉑漆器

文几・古盒・硯箱三者、其最尚也、盒子惟用菊花稜、円者不用、

㉒醋

若曾按、日本所貢倭扇・描金盒子類皆異物也、其所悦於中国者皆用物也、是彼有資於中国、而中国無資於彼、忠順則礼之、悖逆則拒之、不易之道也、若徇其求、而徭期許貢、無端互市、断断乎不可、

癸辛雑識載、其地絶無香、尤以為貴、

二　鄭若曾と「倭好」

一五二三年（大永三、嘉靖二）、遣明船の細川氏と大内氏の使者が中国寧波において対立・衝突した寧波争貢事件（寧波の乱）以後、いわゆる嘉靖大倭寇の時代が始まり、それにともない、明人による多くの日本研究書が出現した。(3)「倭好」は、このような時代背景のなかで作られた文章で、作者は明末の地理学者でもあり経世家としても知られた鄭若曾である。鄭若曾、号は開陽、また伯魯、江蘇省崑山の出身、魏校・湛若水・王守仁らに師事、嘉靖年代の初めに貢生となり、ついで胡宗憲の幕下で倭寇平定のために活躍した。『籌海図編』がその代表的著述である。ほかに、『江南経略』『海防図論』『海運全図』『海運説』『太倉至北京海運故道』『黄河全図』『黄河議』『蘇淞浮糧義』『万里海防』『日本図纂』『江防図考』『朝鮮図説』『安南図説』『琉球図説』などの著述があり、子孫の鄭起泓・鄭定遠が編した『鄭開陽雑著』一一巻に収められている。なお、五編の論文が『皇明経世文編』に採られている。いずれも広範な史料蒐集に基づく労作で、明末地理学の水準を示すものであり、後世におよぼした影響が大きかった。(4)

中国人の史書には、先人が書いた文章をそのまま自己の著述のなかに取りいれて、何の断りも書いていないことが多く、もとの文章の最初の作者を特定することが困難な場合が少なくない。しかし、「倭好」については、『日本図纂』より以前の文献にはまったく同一の文章は見えない。『日本図纂』は、先行の定海薛俊が撰した『日本考略』に依拠した記事が多いけれども、「倭好」は『日本考略』にもない。このことは、本文末尾に「若曾按」と明示した文章が存することとともに、「倭好」が若曾自身が撰した文であることをしめす証拠とすることができよう。

鄭若曾は『籌海図編』の「参過図籍」に一三六種の書名をあげている程で、日本に関する情報を入手するには努力、苦心した。嘉靖四十年（一五六一、永禄四）鄭若曾は自身で「日本図纂序」につぎのように記している。

惟日本諸島、訊之長年火掌不知也、訊之擒獲倭党不知也、訊之貢臣不知也、訊之通事不知也、訊之被擄去人不知也、帰質所疑総督大司馬胡公、謂予曰、於識是也何有、鄞弟子員蔣洲・陳可願志士也、宣諭日本能道其山川遠近風俗強弱之詳、其言不誣、且召彝来廷数輩陳所睹記、（下略）

長年の火掌・擒獲の倭党・貢臣・通事・被擄去人などからの聞き取りをしたが、十分な知識が得られず、総督胡宗憲に聞いて蔣洲・陳可願の存在を知り、はじめて詳細な日本に関する知識を得ることができたという。蔣洲は王直誘引の目的で日本渡航を経験した人物であった(5)。

「倭好」の記事の情報源については後述するが、『日本図纂』の他の記事と同様に鄭若曾が独自に蒐集して執筆した記事と考えてよいであろう。

鄭若曾の「倭好」は、『日本図纂』に収められて以来、多くの中国人から注目を受け、明末の日本観形成に大きな役割をはたした。福島邦道は、『日本考略』『日本図纂』『籌海図編』の三書が影響を与えた後世の中国の書物として、『吾学編』『日本一鑑』『籌海重編』『全浙兵制考附録日本風土記』『両浙海防類考続編』『月令広義』『海防纂要』『図書編』『東西洋考』『武備志』『万暦三大征考』『登壇必究』『八紘訳史』などをあげている。影響の範囲はきわめて大きく広かったのである(6)。

なお「倭好」の記述体裁であるが、『籌海図編』では『日本図纂』とは異なり、品名を掲げてその下に説明文を二行に割って書く方式を採用している。この体裁はおおむねのちに続く書物にも踏襲され、後述する松下見林が『異称日本伝』に引いた『武備志』所収の「嗜好」の項の体裁も同様になっている。

三　日本で注目された「倭好」

「倭好」の記事を日本に始めて紹介したのは、おそらく松下見林の『異称日本伝』であろう。『異称日本伝』の江戸時代の木版本は、上中下三巻からなる一五冊本で、巻頭に「元禄戊辰九月己亥／西峰山人自序」があり、巻末に「元禄六暦癸酉八月十六日／摂州北御堂前／書肆　毛利田庄太郎開板」の識語を載せている。元禄戊辰は元禄元年、一六八八年、西峰山人は松下見林の号である。元禄六暦癸酉は一六九三年で、『日本図纂』の序文が書かれた嘉靖辛酉（嘉靖十年、永禄四、一五六一）から数えると一二〇年余ののちになる。(7)

松下見林（一六三六—一七〇三）は浪華の人、京に出て医を古林見宜に受け、博覧強記、漢学に精しく、また本邦の古典を渉猟、毎年人を長崎に遣わし舶来の書籍を購求、その蔵書は一〇万巻にちかく、歳五〇を過ぎて高松侯に仕え、しかもなお京に住して専ら著作をこととしたという。(8)

『異称日本伝』に見られる見林の読書量は驚嘆のほかはない。中巻の一から八までが明代の史料であるが、『皇明資治通紀』『明政統宗』『皇明実紀』『両朝平攘録』『高皇帝御製文集』『蘿山集』『大明一統志』『大明会典』『紀効新書』『続説郛』『唐詩訓解』『月令広義』『劉氏鴻書』『万姓統譜』『瑯琊代酔編』『三才図会』『五燈会元続略』『続釈鑑稽古略』『夢観集』『適情録』『玉煙堂』『医学綱目』『文房器具箋』『本草綱目』『五雑組』『潜確類書』『閩書』『図書編』『武備志』『続文章正宗』『続資治通鑑綱目』『大学衍義補』『聴雨紀談』『五倫書』『不求人』『皇明世法録』『普陀山志』『遵生八牋』『事林広記』『唐詩帰』『明詩選』『唐類函』『博物典彙』『音韻字海』『大明一統賦』『儷語編類』『弇州稿選』『蒼霞草』『献徴録』『発壇必究』があげられている。明末倭寇関係の史料で、『異称日本伝』によって初めて日本人の目に触れた文献も少なくあるまい。

このなかには『日本図纂』『籌海図編』『日本風土記』は見えないが、見林は「倭好」と同文の史料を『武備志』巻二三一、四夷九、日本考二の「嗜好」の項に見いだし、それを『異称日本伝』中之六に入れたのである。(9)

明治以降の研究者で「倭好」の記事をふくむ『日本図纂』『籌海図編』『日本風土記』などに関心を持ったのは、東洋史学者で倭寇問題にも造詣の深かった市村瓚次郎である。市村は、一九一五年（大正四）七月発行の珍書同好会本『日本風土記全浙兵制附録』に「日本風土記解題略」を執筆し、「明人の倭寇及び日本の事情を纂録せるもの頗多し、その中にて胡宗憲の籌海図編、鄭若曾の江南経略及ひ李言恭・郝杰同撰の日本考の如き最著はる、全浙兵制及ひ本書は大体これ等の書を基礎として編纂せるものなれはその記事に類似せるもの多きは怪しむに足らす」として内容を紹介した。(10)

昭和年代になると、秋山謙蔵が、「支那人の日本研究」以下の論文を発表して注目を浴びた。明末の日本研究書を網羅的に考察した先駆的業績で、「倭好」については『籌海図編』の記事をあげ、とくに「古書」の条を重視して言及した。(11)のちに秋山がまとめた大著『日支交渉史研究』でも、『籌海図編』の記事をあげていて『日本図纂』についての言及はない。(12)

一九三八年（昭和十三）地理学研究者の立場にたった藤田元春の「鄭若曾の日本地理」を収めた『日支交通の研究中近世篇』が出た。藤田は、『籌海図編』の著者が胡宗憲ではなく鄭若曾であること、蔣洲から多くの日本情報を得ていた事実を確認し、『籌海図編』の「使倭針経図説」を検討解説した。(13)

戦時中には、板沢武雄が『南方圏文化史講話』で、『籌海図編』の「倭好」に触れ、私貿易による明銭輸入の事実の重要性を指摘した。(14)

歴史学や地理学の立場からの研究に対し、国語学の立場からこの時期の中国文献を扱ったのは渡辺三男である。渡辺は『日本風土記』と同内容の国立北京図書館善本叢書第一集所収『日本考』(明万暦刻本に拠る影印本、二冊五巻)を底本にして全文を翻訳して注を加え、『訳註日本考』を刊行した。「倭好」は、その四〇―四三頁に収められている。渡辺は同書の「はしがき」で「大胆なる断定が容さるゝならば、この書によつて、明治以前の支那人の代表的日本観を、大凡知ることができると言ふことが出来る」と述べている。(15)

戦後になり、佐久間重男は『籌海図編』の「倭好」の中で価格表示のある部分を引いて明代の私貿易の動向を論じた。(16)

田中健夫は「籌海図編の成立」を発表し、『籌海図編』と『日本図纂』の関係を明らかにし、書誌的考察に加えて成立の事情におよび、その史料価値を論じた。また、田中は、一九六一年(昭和三十六)、中世対外関係史の一般向け概説書として『倭寇と勘合貿易』を書き、『籌海図編』の「倭好」を翻訳し、それに基づいて十六世紀の貿易を叙述した。田中はのちにも『中世対外関係史』で「倭好」を取りあげるとともに鄭若曾に日本事情に関する史料を提供した蔣洲の行動を論じ、さらに『倭寇――海の歴史』では『日本図纂』の「倭好」を訳出した。(17)

佐々木銀弥も、一九七七年(昭和五十二)、唐糸の輸入状況と価格・利潤を論じた「中世末期における唐糸輸入の一考察」で、『籌海図編』の「倭好」を史料の一つにあげて検討した。(18)

一方、国語学研究者の間では、戦後も中国資料による国語研究がすすめられ、十六世紀以後の日本研究書が取りあげられるようになった。

一九六一年(昭和三十六)、『全浙兵制考日本風土記』が京都大学国文学会により発行された。本文は内閣文庫所蔵本によって影印を収め、安田章が「日本風土記解題」を執筆し、「日本風土記音訳漢字表」「日本風土記国語索引」「日本風土記音訳漢字索引」を付した。安田は、『日本風土記』の編者は侯継高とする浜田敦の説（「国語を記載せる明代支那文献」『国語国文』一〇—七）を踏襲した。[19]

京都大学国文学会発行の『日本寄語の研究』[20]は、影印で本論文の執筆に当って底本に用いた『重鐫日本図纂』と『重刊日本考略』の全文、および『得月簃叢書』『籌海図編』『広輿図』『図書編』『武備志』『登壇必究』の国語関係部分を収録し、福島邦道「日本考略・日本図纂解題」、浜田敦「日本寄語解読試案」、「日本寄語・日本図纂索引」を収めている。福島の「解題」では、『籌海図編』との関係や日本地図について論じた部分で「倭好」にも触れている（三五—三六、四七—四八頁）。これらの国語学研究者による明末日本研究書の検討は、東洋史や日本史の研究者にも大きな刺激をあたえた。

中国人研究者では鄭樑生が『明・日関係史の研究』に『籌海図編』の「倭好」を引いている。[21]ほかに「倭好」の記事を考えるときに見逃すことのできない文献に鄭舜功の『日本一鑑』があるが、[22]その研究史の概要については中島敬の適切な要約がある。[23]

鄭若曾は日本渡航の経験者舜功から多くの日本に関する情報を得たが、「倭好」執筆の段階、すなわち『日本図纂』執筆の時に、どの程度の知識を鄭舜功から得ていたかは明らかにできない。[24]次節「読み下し・解説・参考」では「（参考）」において「倭好」の品目と『日本一鑑』窮河話海、巻二、器用の条、とを詳しく対比してみたが、その結果、「倭好」は、『日本一鑑』または同書の情報源と共通の認識をもっていた箇所が多かった事実を明らかにすることができた。

四　読み下し・解説・参考

ここでは「倭好」各条の読み下し文を太字でしめし、（解説）として語句の説明を行い、（参考）で関連する史料や文献をあげる。

倭の好むもの

（解説）この場合の「倭」は、日本人を指すとともに日本人以外の者をふくめたいわゆる倭寇と称された密貿易者集団をも指していると考えられる。

（参考）『異称日本伝』中之六、に収録されている『武備志』巻二三一、四夷、九、日本考二、では「倭好」と同じ内容の文章を「嗜好」としてあげている。

昔賈誼、三表五餌の策を上《たてまつ》る。倭國の好む所を知らば、則ち餌の是に在りて、これを制する所以の術を悟らん。故にこれを志《しる》す。

（解説）賈誼は前漢文帝の時の人、三表五餌の策は、対匈奴政策として文帝に献じたもので、彼の論策を纂輯した『新書』巻四、匈奴の条に詳しく見ることができる（渡辺三男、前掲書、四三頁）。

①絲

所以は、絹・紵を織るの用となすなり。蓋し彼の国中には自ら成式花様《さだまりたるもよう》ありて、朝会・宴享には必ず自ら織りて後にこれを用う。中国の絹・紵は、ただ裏衣のみ。若し番舶《バハン》通ぜざれば、則ち絲は織るべきものなし。毎百斤の値は銀五六百両にして、取去《ゆ》く者は其の価十倍なり。

（解説）絲は生糸。絹は、きぎぬ。太い糸で織ったあらぎぬ。古代から最も早く作られた絹織物。平絹。太田英蔵「天工開物の機織技術」（藪内清編『天工開物の研究』恒星社厚生閣、一九五四年）参照。

紵は、一般的にはいちび。麻の一種。白く、縄にない、布に織る。ほそあさのぬの。しかし、ここでは紵糸のことで、絹織物の一種。清代の緞子。厚手の絹で、多くは黒・紺の無地、またはそれに花文を現わしたもので、南宋のころから存し、明・清時代、おもに南京・蘇州・杭州・巴州・漳州で作られた（和田清編『明史食貨志訳註』東洋文庫、一九五七年、三七四―三七五頁、参照）。

「番舶」は、バハンで、海賊行為をさすこともあるが、密貿易をさすことが多い。『異称日本伝』所引『武備志』の「嗜好」の項では「ハハン」と振仮名がしてある。「番舶」が日本でバハンとよばれていたことについては新村出の「刊本では慶長頃の饅頭屋刊本の人倫の部に番舶《バハン》の二字が振仮名附きで出てをるのを極めて珍とする」という指摘がある（『船舶史考』教育図書株式会社、一九四三年、七〇頁、のち『新村出全集』に収録、筑摩書房、一九七一年）。なお、秋山謙蔵「ばはん船・八幡船・倭寇」（『日支交渉史話』内外書籍株式会社、一九三五年）五一二―五二九頁。田中健夫『対外関係と文化交流』（思文閣出版、一九八二年）一六八頁、参照。

（参考）『籌海図編』『日本風土記』では「毎百斤値銀五六百両」の部分が「毎百斤直銀五六十両」になっている。福島邦道は「当時の中国人の記述によれば、日本人が中国で湖糸を仕入れ、これを転売するのに毎斤五両であった（史学雑誌六二ノ一）という。すると、籌海図編の方の数字が正しくなる。日本図纂の数字を籌海図編において改めたのではないかと思うのである」としている（『日本寄語の研究』三五―三六頁）。『史学雑誌』論文というのは、注(16)の佐久間重男の論文である。楠葉西忍は、輸入品のなかでは生糸が最も重要であることを述べ「生糸第一用ニ立物也、北絹　段子　シヤ香　道士ノ古衣色々ノイン金也、唐土ニテハ指タル物ニテハ無、此方ニテ徳アリ、皆破物共也、タ、ミ入タル中ハ見事也、五寸三寸モ大切、女房ノ古衣装モ同事也」（『大乗院寺社雑事記』文明十五年正月二十四日条）としている（田中健夫『中世海外交渉史の研究』東京大学出版会、一九五九年、一四四―一四五頁、参照）。

②絲綿

髠《こん》首、裸裎《てい》にして、寒さに耐うることあたわず。冬月は此れに非ざれば煖《あたた》かならず。常に匱乏《きぼう》するに因り、毎百斤の価は銀二百両に至る。

（解説）絲綿は真綿、繭綿、または絹と綿。髠首は、頭髪を剃り落としたさま。裸裎は、はだか、またははだをあらわしたさま。ともに日本人の髪型や服装を表わしたもの。匱乏は、物の乏しいこと。

③布

用いて常服となす。綿花なき故なり。

（解説）布は、普通は麻布。柳田国男『木綿以前のこと』、永原慶二『新・木綿以前のこと』（中公新書）等参照。ただし、ここでは木綿布をさしている。中国における木綿生産については、西嶋定生『中国経済史研究』（東京大学出版会、一九六六年）所収の「明代における木綿の普及について」「中国初期棉業の形成とその構造」がある。前掲『異称日本伝』所収『武備志』では「綿花」を「棉花」としている。

④綿綢《めんちゅう》

彼国の花様を染めて、正（王カ）の衣服の用となす。

（解説）花様は模様。綿綢は綿紬・絹紬と同じ。絹のつむぎ。正衣服は「正式の衣服」「儀式用の衣服」とも取れるが、「王が用いる衣服」すなわち足利将軍の常服と考えるほうが適当なのではあるまいか。

（参考）『日本風土記』では「正衣服」の部分を「王衣服」にしている。後出の⑱馬背氈の条に「王家用青、官府用紅」などとあるところから考えれば「王衣服」と読むのが適切と思われる。

『日本一鑑』窮河話海、巻二、器用の条、一二丁表に「曰線紬」として「土作綿紬、入朝市去」とある。

⑤錦繍《きんしゅう》

優人の劇戯にこれを用い、衣服には用いず。

（解説）錦繍は、にしきとぬいとりのあるきぬ。あやにしき。うつくしいきもの。優人は役者。

（参考）『日本一鑑』窮河話海、巻二、器用の条、一五丁表には「曰錦」として「惟其国王・王妃出用之、婦女・優人僭用之」としている。

⑥紅線《べにひも》

これを編みて以て盔《かい》甲を綴り、以て腰腹を束ね、以て刀帯・書帯・画帯の用となす。常に匱乏するに因り、毎百斤の価は銀七百両なり。

（解説）盔甲は、よろいかぶと。盔は、かぶと。甲は、ドウマル、胴丸の意（前掲『日本寄語の研究』「日本寄語解読試案」一二二頁）。

（参考）『籌海図編』では「毎百斤価銀七百両」の部分が「毎百金価銀七十両」に、『日本風土記』ならびに『異称日本伝』所引『武備志』では「毎一斤価銀七十両」になっている。

⑦水銀

銅器を渡《めっき》するにこれを用う。其の価は中国に十倍す。常に匱乏するに因り、毎百斤の価は銀三百両なり。

（解説）「ミヅカネ」（前掲『日本寄語の研究』「日本寄語解読試案」九三頁）。

（参考）『日本一鑑』窮河話海、巻二、器用の条、一〇丁裏に「曰汞」として、「水銀也、其為流金・焼硃・

升粉之用、宋元豊時曾貢此物、本土不産、入朝市去、及他国市去者」としている。小葉田淳「水銀の外国貿易・国内産出と産業発達との関係」(『金銀貿易史の研究』法政大学出版局、一九七六年、所収)参照。

⑧**針**

女工これを用う。若し番舶通ぜずして、通貢の道を止むれば、毎一針の価は銀七分なり。

(参考)針はハリ(前掲『日本寄語の研究』一二五頁)。

「策彦和尚初渡集」下之上、嘉靖十八年(一五三九)十一月十二日条に「蘇針三百六十本収了、二百六十本換鵝、百本換麂」、同十六日条に「蘇針千三百五十本換羊、百本換麞麂、五十本換麞麂」とある(牧田諦亮編『策彦入明記の研究』上、法蔵館、一九五五年、一〇五頁)。

⑨**鉄錬《くさり》**

茶壺を懸くるためにこれを用う。倭の俗は客至りて飲酒せしの後に茶を啜る。啜り已《おわ》れば即ち茶壺を以てこれに懸く。物に着くるを許さず。極めて茶を以て重しとなす故なり。

(参考)『日本一鑑』窮河話海、巻二、器用の条、一二丁裏に「入朝市去者」とある。

⑩**鉄鍋**

彼の国は自ら有りと雖も、而も大ならず。大なるは至りて得がたしとなす。毎一鍋の価は銀一両なり。

(参考)『日本一鑑』窮河話海、巻二、器用の条、一二丁裏に「曰鍋」として「広東之鍋、西番商人有市往彼者」とある。

⑪**磁器**

花様を択びてこれを用う。香炉は小竹節を以て尚《とうと》しとなし。碗・碟《せつ》は菊花稜を以て上となす。碗はまた葵花稜を以て上となす。制若し觚にあらざれば、官窰と雖も喜ばざるなり。

（解説）碟は皿。「サラ」（前掲『日本寄語の研究』一二六頁）。稜は、リョウ、かど。考古学の用語としては、尖って角ばっている、または切り込みや突出しがあることをいう。觚は、コ、かど、稜角、高く尖りでた角。菊花形の輪花碗と碟、葵花形の輪花碗をさすか。宋・元・明の時代を通じて、官窯で最も有名なのは景鎮である。

（参考）『籌海図編』『日本風土記』では「菊花稜為上」「葵花稜為上」の部分を「菊花稜為尚」「葵花稜為尚」としている。『日本一鑑』窮河話海、巻二、器用の条、一一丁表に「曰楪、曰豆子、曰皿、曰御器、曰引入、曰合子、曰瓦器」をあげ、「本土難陶故少此物」としている。なお、木村康一「中国の製陶技術」（前掲、藪内清編『天工開物の研究』所収）参照。

⑫古文銭

倭は自ら鋳銭せず。ただ中国の古銭を用うるのみ。毎一千文の価は銀四両なり。福建私新銭のごときは、毎千の価は銀一両二銭なり。ただ永楽・開元の二種は用いず。

（解説）永楽は明の成祖の年号（一四〇三―一四二四）、開元は唐の玄宗の年号（七一三―七四一）。ともに銅銭の鋳造があった。

（参考）永樂銭・開元銭は善銭とみなされていたので「ただ永楽・開元の二種は用いず」の意味は不明である。永樂銭・開元銭の偽銭を差すのであろうか。

ちなみに月輪泰「朝倉氏遺跡出土の銅銭について」（『朝倉氏遺跡資料館紀要 1989』一九九〇年）二五頁、「朝倉氏遺跡出土銅銭一覧表」では、永楽通宝は四二〇枚で、全出土銭の一・五六％、開元通宝は二四七二枚で、九・一九％で、『勝山市埋蔵文化財調査報告　第7集　白山平泉寺　南谷坊院跡発掘調査概報Ⅰ』（勝山市教育委員会、一九九〇年）三七頁によれば、ＳＥ０１（井戸）内出土遺物の銅銭中で、永楽通宝は一枚だが、開元通宝が四番目に多くて一九枚出土している。また、桜木晋一「博多遺跡群の出土銭貨(1)」（『法哈噠』一、博多遺跡研究会、一九九二年）によれば、博多駅前出土備蓄銭総三八八三枚中、開元通宝は二九一枚、永樂通宝は八六八枚、博多遺跡群出土銭貨総四七七一枚中、開元通宝は一五七枚、永樂通宝は一〇〇枚と報告されている。

『日本一鑑』窮河話海、巻二、器用の条、一二丁表、に「曰銭」として「昔者自鋳、今用中国古銭及有香銭・礼銭、皆僧中所言、又有鵝眼、孔方兄・青蚨・用途・用脚之称」とある。

⑬**古名画**

小さきものを最も喜ぶ。蓋し其の書房は精潔なれば、これを懸け以て清雅となす。然れども落款図書あらざれば用いず。

（解説）書房は書院。落款図書は、落成款識の印章。書画に筆者が自筆で署名し、また印を捺すこと。またその署名や印。『日本一鑑』窮河話海、巻二、器用の条、一四丁裏に「曰画」として「表補絵・幢補絵・輪補絵・後素絵也、琴碁画・福禄寿画・観音画・達摩画・馬画・牛画・蘆雁画・朝陽対月画、俗愛古画、惟小斗方其画、幃屏亦有大小也、若画扇・水墨・黄牛頗佳」としている。

⑭**古名字**

書房は壁に粘りてこれを用う。庁堂は用いざるなり。

（参考） 天龍寺の策彦周良が入明した時、中峰明本の墨蹟を一見して所望の念に堪えず、倭物と交易しようとしたが能わず、そのまま帰国した。ところが翌年この墨蹟を王直が携えてきて、大内義隆に献じ、義隆は策彦が欲しがっていたものであることを聞き、これを策彦に贈った（辻善之助『増訂海外交通史話』内外書籍株式会社、一九三〇年、二六〇—二六一頁）。墨蹟が禅僧や大名に好まれ、密貿易家や倭寇が関係していた事情を物語っている逸話といえよう。

⑮古書

五経は則ち書・礼を重んじて、易・詩・春秋を忽《おろそ》かにす。四書は則ち論語・学・庸を重んじて、孟子を悪《にく》む。仏経を重んじ、道経なし。古医書のごときは、見る毎に必ず買う。医を重んずる故なり。

（解説） 五経は、儒教で聖人の述作として尊重する五部の経書で『易経（周易）』『詩経（毛詩）』『書経（尚書）』『春秋』『礼記』。四書は、儒教の教典で『大学』『中庸』『論語』『孟子』の総称。

（参考） 井上順理の考察によれば、日本では『孟子』は元来君主に進講することを禁忌とされ、皇室では避けられていたものだったとしている（井上順理『本邦中世までにおける孟子受容史の研究』風間書房、一九七三年）。なお長永孝弘「中世宮廷の学問をめぐる問題——花園天皇の動向についての再検討——」（『白山史学』二六、一九九〇年）参照。

『日本一鑑』窮河話海、巻二、器用の条、一五丁表に「曰書籍」として「儒仏之書、入朝賜之、致於医書多市去者」とし、同書、巻四、二丁表、「書籍」の項に「至如医書乃治生之本、国人至重之、医書大全翻刻其間」とあり、また二丁裏・三丁表に「学校之徒、一是之、中国書籍流彼頗多、珍蔵山城・大和・下野文庫及相模金沢文庫、抑惟大和、金沢二文庫以為聚書之淵藪、他庫雖蔵遺書未及二庫也」とある。

小葉田淳は、嘉靖十八年（一五三九、天文八）策彦周良が購入または寄贈を受けた書物の一覧を掲げている。(25)

⑯薬材

諸味倶《とも》に有るも、ただ川芎《せんきゅう》なし。常価は一百斤の価は銀六十七両なり。此れ其の至難にして至貴なるものなり。其の次は則ち甘草《かんぞう》なり。毎百斤の価は銀二十両にして、以て常となす。

（解説）川芎は、セリ科の多年草。根茎を煎じて頭痛・強壮・鎮静薬とする。甘草はマメ科の多年草。鎮痛・鎮咳剤ならびに甘味剤として用いられる。

（参考）『日本風土記』および『異称日本伝』所収『武備志』では「六十七両」の部分が「六七十両」に、『籌海図編』『日本風土記』および『異称日本人』所引『武備志』では「毎百斤価銀二十両」の部分が「毎百斤二十金」になっている。『徒然草』第百二〇段に関するつぎの記事のあることは有名。

唐の物は、薬の外は、みななくとも事欠くまじ。書どもは、此の国に多く広まりぬれば、書きも写してん。唐土舟の、たやすからぬ道に、無用の物どものみ取り積みて、所狭く渡しもて来る、いと愚かなり。「遠き物を宝とせず」とも、また「得難き貨を貴まず」とも、文にも侍るとかや。

『日本一鑑』窮河話海、巻二、器用の条、一五丁表に「曰薬剤」として「市物入朝市去」とし、同書、巻三、「薬餌」の条、一一丁裏に「日本通俗尚医、土産有薬種、植有園、品物固不備、必須航海以市之、因艱薬餌故」としている。

⑰氈毬《せんたん》

青を以て貴としとなす。

（解説）氈毬は、毛氈、毛筵、毛織物。

（参考）『籌海図編』『日本風土記』は品名のみをあげ説明文はない。『日本一鑑』窮河話海、巻二、器用の条、一一丁表に「曰氈茵」とし、「氈毯也」と注している。

⑱**馬背氈**

王家は青を用い、官府は紅を用う。

（参考）『日本一鑑』窮河話海、巻二、器用の条、一一丁表に、玳瑁・豹皮・虎皮・氈茵・馬背氈をあげ「已上五者、本土不産、入朝市去」としている。

⑲**粉**

女人面に搽《ぬ》りてこれを用う。

（解説）粉はおしろい。

（参考）『日本一鑑』窮河話海、巻二、器用の条、一五丁表に「曰粉」とし、「或云紅粉、又云胭脂」としている。

⑳**小食籮**

竹絲をもって造る所にして、漆にて飾るものなり。然れどもただ古きものを取る。新造のごときは、則ち精巧なりと雖も喜ばざるなり。小盒子もまた然り。

（解説）食籮は、飯笊。盒子は「カウバコ」、「香匣」の意であろう（前掲『日本寄語の研究』一二三頁）。蓋つきの小函、また印籠など。

㉑**漆器**

文几・古盒・硯箱の三は、其の最も尚ぶものなり。盒子はただ菊花稜を用い、円は用いず。

（参考）『日本一鑑』窮河話海、巻二、器用の条、一四丁裏に「曰漆器」として「出於山城物甚精緻、寧波・蘇州所為漆器、夷使入朝経過此地乃市之」としている。

硯箱は「スズリハコ」（前掲『日本寄語の研究』一二五頁）。

㉒ 醋《さく》

（解説）醋は、酢と同じ。

（参考）『日本一鑑』窮河話海、巻三、飲食の条、一〇丁裏に「曰醋」とし、「黄豆為之」としている。


若曾按ず。日本貢する所の倭扇・描金盒子の類は皆異物なり。其の中国に於いて悦ぶ所は、皆な用うる物なり。是れ、彼れは中国より資《う》るありて、中国は彼より資ることなし。忠順なれば則ちこれに礼し、悖逆《はいぎゃく》なれば則ちこれを拒むは、不易の道なり。其の求めに徇《したが》いて、期を愆《あやま》ちて貢を許し、無端《ほしいまま》に互市するがごときは断断乎として不可なり。

『癸辛雑識』に載す、其の地は絶えて香なく、尤だ以て貴しとなす、と。


（解説）描金盒子は、蒔絵の箱。悖逆はもとりさからう。

『癸辛雑識』は宋の周密の著、『説郛』『古今説海』などに収められている。互市は私販すなわち私貿易のこと。貢市に対していう（石原道博『倭寇』吉川弘文館、一九六四年、一一五―一二四頁）。

（参考）『籌海図編』『日本風土記』では「若曾按」の部分が「按」になっている。

扇については、『日本一鑑』窮河話海、巻二、器用の条、一二丁表に「曰扇」として「倭初無扇、因見蝙蝠之形始作扇、称蝙蝠、宋端拱間曽進此、按其作扇、有淡青素箋水墨黄牛者佳」とある。

五 「倭好」の特質とその情報源

「倭好」の記述が十六世紀のアジア全域における物資需給関係の反映であることは論を待たないが、これを詳細に分析すればさらに「倭好」の内包するいくつかの問題点を明らかにすることができるのである。

第一に注目されるのは、取りあげられた二二種の品目がいずれも商品だったことである。「倭好」のなかの多くの品目には銀による価格が表示されているが（①②⑥⑦⑧⑩⑫⑯）、このことは、これらの品物が安定性・恒常性のある取引対象として市場で売買される商品だったことを示している。さらに①④⑦⑨⑩⑮⑯⑱㉑は「取去者」「入朝市去者」「市之」のような記載があるもので、これは略奪品ではなく、交易品であることをしめしている。詳細な価格表示は、貿易取引の実務経験者の記録に基づいていると考えてよく、このような記録は日本側の楠葉西忍の『唐船日記』に対比されるものということができよう(26)。

第二に問題になるのは、品目の内容である。これらを求めたのはいったいだれだったのだろうか。まず考えられるのは遣明船の使節である。

小葉田淳は、嘉靖十八年（天文八、一五三九）とその翌年、策彦周良が寧波と蘇州で購入した物品と価格の一覧を挙げているが(27)、そのなかには「倭好」の品目と重複する物が多い。すなわち香炉（⑪磁器）・⑨鉄錬（鑰鎖子・鎖子）・食籠（⑳小食籠）・器皿（⑪磁器）・坐氈（⑰氈毯）・蘇針（⑧針）・方盆（㉑漆器）・⑥紅線・硯箱（㉑漆器）等は完全に重複し、それ以外の瓶・班竹箱子・芙蓉盃・筒・角・鉄瓶・定器・土物水続・墨・紙・白鑞・砂糖・ろがんせき・獅子・鑰袋なども、いずれも陶器・漆器・鉄器その他の工芸品の類である。ここには遣明使節に選ばれた禅僧と、その背後の僧侶・公家・上級武士などの嗜好がつよく反映している。

糸や織物類（①②③④⑤⑥⑰⑱）はおおむね贅沢品で、絹・麻・毛の別はあるが、用途は朝会・宴享・耐寒・常服・王衣・優人劇戯・盔甲・刀帯・書帯・画帯の用・王家・官府の用などと書いてあるから、公家・武家・僧侶等上流貴族層の要求した品であった。⑧針なども衣類との関係で要求されたのであろう。

⑨⑩⑪⑬⑭等は、美術工芸品の類で、当時流行していた茶の湯との関係が考えられる。⑦なども、その関係で輸入されたのかもしれない。⑬⑭㉑は書院の生活での必要品であった。

⑫古文銭は、進展する貨幣経済にとっての必需品であり、最近各地における遺跡の発掘調査では銅銭の遺物に関する多くの事例が報告されている。

⑯薬材は、古今変わらぬ貴重輸入品であった。しかし、一般庶民は病気のときでも自生の薬草や祈禱に頼るのが普通で、輸入薬材などはいわゆる高嶺の花でなかなか使用はできなかった。

⑲粉（白粉）も上流貴族の男女には魅力的な物であり、㉒も珍奇な外国の食品と考えられていたに違いない。

「倭好」に記された品目は、ほとんどが公家や高級武士の嗜好と教養に合致し、日本人の舶来品嗜好として指摘されている唐物尊重の時代風潮をそのまま表わしたもので、茶の湯の流行なども無関係ではなかった。

「倭好」には、番船すなわち密貿易船について記した部分もあるが（①⑧）、彼らが欲したものも正式の貢船が要求したものと変わらない内容だったのである。

ただ、「倭好」には日本人の中国品に対する受容を必ずしも正確には伝えていないと思われる点もある。最近の発掘調査では、莫大な数量の日用雑器に使用された中国輸入陶磁器が報告されているが、(28)「倭好」の⑪磁器の記述は高級品に関するものと考えられ、日用雑器のことは取りあげられていない。日用雑器の貿易はあまりに当然のことなので「倭好」に特筆する必要を認めなかったのであろうか。このことは煙硝（硝酸カリウム＝硝石）についてもいうことができる。煙硝は鉄砲の普及とともに戦国大名の必需品になったものであるが、中国ではこれを輸出の禁制品としていたので、もしこれを手に入れようとすれば、密貿易の方法に頼らざるをえなかった。しかし、煙硝が堺商人によって日本国内の流通ルートに乗せられていた事情は『石山本願寺日記』の記事から推察できるのである。すなわち、「証如上人日記」の天文二十一年（一五五二）十二月七日の条には「室町殿へ、塩硝十斤進献之、中務書状にて也、此儀者一昨日の自三淵中務へ以書状、塩硝四五斤御所望之由候間、堺へ取ニ遣之進之也」とある。文中の中務は証如の側近下間頼信、三淵は掃部入道である。ちなみに、『日本一鑑』窮河話海、巻二、器用の条、一五丁表には「硝」として「土産所無、近則竊市於中国、遠則興販於暹羅」とある。「竊市於中国」とは不法の密貿易または暴力的手段による取引と解釈することができよう。「倭好」のなかに列挙するのを憚ったのかもしれない。ともあれ「倭好」は、上層日本人の嗜好の反映であり、日本人全体の中国品に対する要望を表現したものではなかった。

以上「倭好」に見られるところは、おもに公家・上流武士・禅僧などの嗜好や教養に応ずる贅沢品と必需品であった。このことから考えられる情報の提供者は、先に指摘した遣明使節のほかに、公家・上流武士・禅僧などと直接・間接に接触してその嗜好や要求を察知した蔣洲・陳可願・鄭舜功などの渡来中国人、鄭若曾のいう長年の火掌・擒獲の倭人・通事・被擄去人などである。番舶などの文字が見えるところから考えれば、密貿易者群の見聞も当然情報源の一つだったと考えられる。

むすび

本稿は、明末の中国人が日本認識の一部として書いた「倭好」に関連して、私の理解を思いつくままに述べた覚書である。十六世紀の中国史料について、その逐語訳を試み、いくつかの点では私なりの解釈をしめすことができたかと思う。貿易品の史料として、また国際認識の一史料として再検討してもらえれば幸いである。

注

(1) 田中健夫「籌海図編の成立」(『日本歴史』五七、一九五三年、のち同『中世海外交渉史の研究』東京大学出版会、一九五九年、に収録)参照。

(2) 『日本図纂』は、静嘉堂文庫所蔵本(重鐫版)の影印が、京都大学文学部国語国文学研究室編『日本寄語の研究』(京都大学国文学会発行、一九六五年)に収められている。後補の表紙に「康熙辛未重鐫、崑山鄭開陽先生著/日本図纂/本衙蔵板」とあり、「康熙三十年歳在辛未仲夏天中節後一日、婁東後学周裳拝識於潯陽旅次」の「重刻日本図纂序」、「嘉靖辛酉季夏上浣之吉、山陰龍溪外史王畿拝撰」の「日本図纂序」、「嘉靖辛酉秋七月之朔、賜進士出身中憲大夫河南按察司副使帰安茅坤拝識」の「日本図纂序」、「嘉靖辛酉夏五月既望、崑山鄭若曾伯魯氏識」の「日本図纂序」がある。康熙辛未は康熙三十年、一六九一年、元禄四年。嘉靖辛酉は嘉靖四十年、一五六一年、日本の永禄四年である。なおこの年に日本では川中島の戦いがあった。第一紙の表に「日本図纂/崑山鄭若曾伯魯著　男応竜左卿 一鸞音卿校/五世孫起泓男定遠重訂/孫肇熹 発祥校字」とあり、「倭好」は影印本四九—五〇頁に収録されている。『鄭開陽雑著』一一巻は、静嘉堂文庫所蔵本と江蘇省第一図書館(南京国学図書館)蔵民国二十一年(一九三二)影印本がある。なお、一九六一年に台北版が刊された。両者の比較は、『日本寄語の研究』所収の福島邦道「日本考略・日本図纂解題」に詳しい(二一八—二三三頁)。

(3) 秋山謙蔵「支那人の日本研究」(『歴史地理』六一―一、一九三三年、のち『日支交渉史話』内外書籍株式会社、一九三五年、に収録)。同「支那人の日本再認識」(『日支交渉史研究』岩波書店、一九三九年、所収)。田中健夫『倭寇――海の歴史』(教育社、一九八二年)一九三―一九九頁。

(4) 藤田元春「鄭若曾の日本地理」(同『日支交通の研究　中近世篇』冨山房、一九三八年、一七四―一八八頁、初稿は一九三五年)。田中健夫、前掲注(1)論文。福島邦道、前掲注(2)論文、四〇―四二頁。

(5) 蔣洲の伝記については、田中健夫「明人蔣洲の日本宣諭――王直の誘引と戦国日本の紹介――」(同、前掲注(1)書、三一二―三二八頁)参照。

(6) 福島邦道、前掲注(2)論文、五二―五九頁、とくに五八頁の記事参照。

(7) 本稿では、『異称日本伝』影印本(国書刊行会、一九七五年、上下二冊、杉山二郎解説)に拠った。活字本は、物集高見編『新註皇学叢書』一一、近藤瓶城校『改訂史籍集覧』二〇、に収録されている。

(8) 松下見林の略伝と『異称日本伝』の概略については、田中健夫「倭寇図雑考――明代中国人の日本人像――」(『東洋大学文学部紀要』四一、史学科篇一三、一九八八年、本書第七論文)参照。

(9) 前掲注(7)『異称日本伝』影印本、第二冊、中之六、八三四―八三六頁。なお、同書、第一冊、中之二では『両朝平攘録』巻四を引き、「其嗜好華物云云、今按云云以下文見武備志・図書編、故略之」と記している(四二五頁)。

(10) 『日本風土記全浙兵制附録』五巻二冊(珍書同好会、一九一五年)。

(11) 秋山謙蔵、前掲注(3)「支那人の日本研究」。

(12) 秋山謙蔵、前掲注(3)『日支交渉史研究』。

(13) 藤田元春、前掲注(4)論文。

(14) 板沢武雄『南方圏文化史講話』(盛林堂、一九四二年)二〇〇―二〇一頁。

(15) 渡辺三男『訳註日本考』(大東出版社、一九四三年)。渡辺は『訳註日本考』の執筆に当たって、内閣文庫蔵本明版『全浙兵制考』(三巻三冊)附録『日本風土記』(五巻二冊)と珍書同好会本『日本風土記』(五巻二冊)も比較参照したとし、『日本考』は『日本風土記』をもとに作られたと推定、原撰者は不明だが、「恐らくこれは、万暦の初年、某によって、日本考略、籌海図編その他を資料として編纂され、伝写或は刊行されてゐたもの」(三七五頁)と推定している。

(16) 佐久間重男「明代海外私貿易の歴史的背景——福建省を中心として——」(『史学雑誌』六二—一、一九五三年、のち同『日明関係史の研究』吉川弘文館、一九九二年、に収録)。
(17) 田中健夫、前掲注(1)論文。同『倭寇と勘合貿易』(至文堂、一九六一年、一九六六年増補版)、二一二—二一三頁。同『中世対外関係史』(東京大学出版会、一九七五年)一六四・三一二—二一八頁。同、前掲注(3)書、一六九—一七二頁。
(18) 佐々木銀弥「中世末期における唐糸輸入の一考察」(中央大学『紀要』史学科二二〈通巻八四〉、一九七七年、のち同『日本中世の流通と対外関係』吉川弘文館、一九九四年、に収録)。
(19) 京都大学文学部国語国文学研究室編『全浙兵制考日本風土記』(京都大学国文学会、一九六一年)九—一一頁。
(20) 京都大学文学部国語国文学研究室編『日本寄語の研究』(京都大学国文学会、一九六五年)。
(21) 鄭樑生『明・日関係史の研究』(雄山閣出版、一九八五年)二三二—二四頁。
(22) 本論文で引用する『日本一鑑』は、民国二十八年(一九三九)刊、文殿閣影印本に拠る。なお、三ヶ尻浩校訂『日本一鑑』(謄写版刷、私家版、一九三七年)、保科富士男・中島敬「『日本一鑑』本文の比較研究(一)~(四)」(『東洋大学大学院紀要』文学研究科、二六~二九、一九九〇~九三年)参照。
(23) 中島敬「鄭舜功の来日について」(『東洋大学文学部紀要』四七、史学科篇一九、一九九四年)参照。なお、鄭舜功は、嘉靖三十五年(一五五六年、弘治二)五月広東より出航、七月豊後に到着、十二月離日、タイのバンコクに漂流。嘉靖三十六年(一五五七、弘治三)正月広東に至り、八月陸路寧波に至り、胡宗憲に帰国報告した。
(24) 『日本一鑑』窮河話海、巻八、評議の条、一〇丁表、に「比有監生鄭若曾、聞而顧之願聞要領、功因出書以示、未若曾曰昔為図纂・図編時、但倭夷事風聞未真、今見是書、惜見不早」とある。「是書」は『日本一鑑』またはその草稿であろう。
(25) 小葉田淳『中世日支通交貿易史の研究』(刀江書院、一九四一年)四四七—四四九頁。
(26) 田中健夫「遣明船貿易家楠葉西忍とその一族」(前掲注(1)書、所収)参照。
(27) 小葉田淳、前掲注(25)書、四三九—四四二頁。
(28) おびただしい数にのぼる発掘調査書を詳しく検討したわけではないので明確なことは言えないが、さしあたって、日用雑器の重要性については佐々木達夫「船載遺物の考古学」(『アジアのなかの日本史』Ⅲ、海上の道、東京大学出版会、一九九二年、所収)、『日本出土の中国陶磁』(東京国立博物館特別展観図録、一九七五年)、『日本出土の船載陶磁——朝鮮・ベトナム・タイ・イスラム

――』（東京国立博物館特別展観図録、一九九三年）、『海を越えてきたやきもの』（福井県立一乗谷朝倉氏遺跡資料館第七回企画展図録、一九九四年、の岩田隆・水村伸行の解説）、「一九九四年の歴史学界――回顧と展望――」（『史学雑誌』一〇四―五、一九九五年、三二一―三五頁、橋本久和執筆）等参照。

〔補　記〕

旧稿の解釈に関して、佐久間重男氏から二、三の意見をいただき、本文中に挿入した。謝意を表する次第である。

バハン関係の論文としては、曾根勇二「ばはん禁令について――家康・秀忠外交の一断面――」（田中健夫編『前近代の日本と東アジア』吉川弘文館、一九九五年）、千葉恵菜「近世初頭の「ばはん」問題と島津氏――対明交渉の関係から――」（『南島史学』四七、一九九六年）、曾根勇二「近世初期における幕府の対外政策」（曾根勇二・木村直也編『新しい近世史②国家と対外関係』新人物往来社、一九九六年）が発表された。

第七　倭寇図雑考

——明代中国人の日本人像——

はじめに——絵画史料の真実と虚構——

中国の明代にはいくつかの日本人の図像が中国人の手で描かれ、上梓された数も少なくなかった。本稿はこれらの日本人像の特質を解明して、中国人が日本人に対してどのような心象をいだいていたかを検討し、さらに図像作成の背景やその影響などについても考察しようと意図するものである。

風俗史料としての絵画史料の価値はきわめて重要である。写実による情報伝達は百万の文字にもまさるものがある。絵画のもつ迫真性、臨場感の再現は文字史料では表現しえない多くの真実を伝えてくれる。

しかし、絵画史料の長所の陰にひそむ弱点にはつねに心せねばならぬ。絵画史料は人の手によって描かれるもので完全な真実描写は存在しえない。写真にしても、使用のレンズやカメラの位置や画面構成などによって必ずしもつねに真実を写すとはいえない。まして絵画史料においておやである。絵画は真実と虚構とが混在した史料なのである。針小棒大、遠近の無視などは日常行われるところであり、絵空事の危険性は作画者の主観ないし思い込みがある限り避けられないものである。意図的な画面構成も、不用意・無意識の表現も、ともに作画者が人間であり、考える存在であることに起因する。絵画史料の検討はその真実と虚構とを弁別する作業から始められねばならない。

絵画史料は、それを作成する側ばかりでなく、見る側、読む側にとっても面倒な存在である。見る者にとって肝要な心得は思い込みや先入観を持って絵画史料に対してはならぬということである。一枚の武将像を、ある人は出陣の勇姿と見るのに、ある人は敗軍の孤影と見るなどは珍しとしないのである。

絵画史料の解釈は研究者の力量が問われる作業であるが、その誤差をなるべく少なくするためには、絵画史料が物語る事実を正確に把握するとともに、それが作成された背景、それを作り出し、かつ受け容れた社会の動向等を十分に理解することが必須の前提となろう。

絵画史料の真実と虚構とを解明するには、作画者の思い込みを見破るとともに、見る者の思い込みにも慎重な配慮がなくてはならぬ。

一　『異称日本伝』の倭寇図

図23は一般に最もよく知られた倭寇図である。明治・大正期に倭寇研究家として活躍した後藤粛堂（秀穂）が、

明治末大正初年までの中学用東洋史には、大抵どの本にも極つて裸体に長刀を引つかついだ図が掲げられ、それが「倭寇」[1]と銘を打つて居る。

とした図である。

松下見林編著『異称日本伝』[2]中之七に引用されているものである。出典は「不求人全編、巻之十三、諸夷」とあり、「京南　竜陽子　精輯」としている。「日本国」と横書してその下に図を挙げ、

即倭国在新羅国東南大海中、依山島而居、九百餘里専一沿海、寇盗為生、中国呼為倭寇、

と説明文を加えている。冒頭の文章は『旧唐書』巻一九九上、東夷伝、倭国日本国伝の「倭国者古倭奴国也、（中略）、在新羅東南大海中、依山島而居」をうけていることは明らかだが、「寇盗為生、中国呼為倭寇」の文は十六世紀中国大陸沿海地方に暴威をふるった倭寇を意識した記述である。これに対する松下見林の考察は次の通りである。

今按、建武至天文殆二百餘年、我国大乱、当斯時西海小民入中国、或為盗、詳見引閩書等下、此図乃図其寇形乎、又王氏三才図会、図日本国人為僧形、此偶日本僧入明者図之也、惜乎、不令中国人観我縉紳先生而図之也、昔粟田真人冠進徳冠、頂有華蘤四披、紫袍帛帯、進止有容、唐書之所志、豈不盛乎、此図可掩袂而過也、

文中の『閩書』は一五四巻におよぶ大著で、『異称日本伝』中之四に引用されている。明末崇禎四年（一六三一）の序をもつ福建地方の地誌で、倭寇関係記事の多い書物である。『異称日本伝』の中巻はすべてが明代の書物の引用であるが、ここには数多くの倭寇記事が載せられている。『異称日本伝』は、日本国内の書籍には一切書かれていなかった倭寇の存在を日本人に知らせた点でも重要な意義があった。

さらに文中の「王氏三才図会」とは王圻の『三才図会』である。日本国人の図は『異称日本伝』中之三に引かれている。図24で、長袖・円頂の人物像である。出典は「雲間　允明父王思義　集」とあり、「人物十三巻」より引用している。「日本国」と横書してその下に図を挙げ、裏面に図23とまったく同文の説明文が加えてある。見林の按文には、

今按、此図亦寇盗為生之文、甚乱真、詳見引不求人下、

とある。

『三才図会』は明末に刊行された一〇六巻の類書。絵入り百科全書と思えばよい。天・地・人の三才にわたる事物を天文・地理・人物・時令・宮室・器用・身体・衣服・人事・儀制・珍宝・文史・鳥獣・草木の一四部門に分け、絵

と説明を加えており、荒唐無稽の記事も多いが、明代史研究には必読の書とされている。撰者王圻の万暦三十五年（慶長十二、一六〇七）の序があり、子の王思義が校訂して同三十七年に刊行した。日本にも多く伝来し、内閣文庫（国立公文書館）には六四冊本と八一冊本の二種があり、ともに「雲間元翰父王圻編輯〔集イ〕男思義校正」とある。寺島良安は本書を模して正徳二年（一七一二）に『和漢三才図会』一〇五巻を撰し、翌年上梓した。なお、一九七〇年の台北成文出版社有限公司の六冊本、一九八八年の上海古籍出版社の三冊本の影印がある。

この『三才図会』の日本国人像（図24）は新井白石の眼にもとまった。白石は図が僧形である点にかなりのこだわりを示している。『以酊庵事議草』[3]につぎの文がある。

謹按ずるに、本朝のむかし隋・唐幷に三韓・渤海等に聘を相通ぜられし代々には、必当時学術文才ゆたかなる人を撰びて正副等の使となされ、一行の使人皆々其撰を極められき、その使となされしうち、大臣に迄至りしは吉備・菅家其人なり、其余公卿に至らざるはすくなし、唐滅びて遣唐船の事やみ、渤海滅びて蕃客の事やみしにより、我国の文学も日々に衰へて、つひには武家の代となりたり、其後南北戦乱の間、武人の中文事にそのいとまあらざれば、鎌倉の代の如く文字をしれるもののなきに至て、（中略）、つゐに禅僧をして外国の事をしらしむるに及べり、されば三才図彙〔会〕等の書を見るに一人の禅僧を写して日本国の人と注したり、これ当時見る所にしたがひて図せし所と見へたり、あさましき事共にて、我国の恥辱にあらずとは申すべからず、いかで我国の武人にのみ限りて、外国の事におゐては目しひ耳しひのごとくに、目見る事なく耳きく事なくして、わづかに五岳の僧をたのみて其事をきゝわきまへ、その事を見わきまふべきや、もし今よりのち万代の間我国外国はからざる外の事も起らん時に、其国に使して君命をも辱しめざらむもの、そも〳〵又誰人かあるべき、猶又乱世の旧俗によりて世にいはゆる長袖の出家沙門にのみ命ぜられむに、いかでか国威を万里の外にものぶるには及ぶべき、文中の五岳は京都五山のこと。儒者としての白石の仏徒嫌いを露骨に表わした文章であるが、外交のことを禅僧にまかせてきた室町幕府以来の政策を批判して武家独自の外交の推進を警告した文章でもある。発想には儒者の見林と似たところがある。

ともあれ、明代の中国人に意識された日本人像は、一つは狂暴な倭寇の姿であり、一つは使人として入明した禅僧の姿であったことに注目しておきたい。

つぎに『異称日本伝』とその編著者松下見林について若干説明しておこう。

『異称日本伝』は上中下三巻、一五冊よりなる。元禄戊辰（元年、一六八八）九月己亥（三十日）の西峰散人自序があり、刊記は「元禄六暦癸酉 八月十六日／摂州北御堂前／書肆 毛利田庄太郎開板」とある。編述の意図は自序に明らかで、

（前略）、故異邦之書、随時志我方宜美悪居多、昔 舎人親王撰日本書紀、往往引以備参考、余亦竊比、以三餘之暇常閲載籍、其間得我遺事、則集録之、而諸書之所述、是非混淆、虚実粉糅、不知而作者有之、豈可尽信乎、当主我 国記徴之、而論弁取舎則可也、於是、不自揆加今按、釈同異、正嫌疑、有余義則必兼注之、分為上中下三巻、上巻集漢・魏・晋・宋・齊・梁・隋・唐・五季・宋・元書、中巻集明書、下巻集斯盧書、名曰異称日本伝、異称者取諸異邦之人称之之語也、考索不該洽、未必集成、惟為同志艱於考拠、不能正妄謬者述之而已矣、

とある。引用書は厖大な数にのぼり、上巻三冊には『山海経』『史記』以下、宋・元以前の書六一種、中巻八冊には『皇明資治通紀』『両朝平攘録』『閩書』『図書編』『武備志』等、明代の書五〇種、下巻四冊には『東国通鑑』『三国史記』『経国大典』『海東諸国紀』等、朝鮮半島関係の書一六種、総計一二七種である。

内容にも、倭五王問題の検討、倭寇活動の指摘、豊臣秀吉外征関係史料の紹介、『海東諸国紀』の地図をふくめた

全文紹介など多くの特色が見られる。

見林の伝記では短文で要領を得た田尻佐『贈位諸賢伝』[4]の記事を引いておこう。

松下見林　増正四位　明治三〇、四　京都の儒医なり、名は慶摂、或は秀明と称し、字は諸生、西峰散人の号あり、父見朴、亦医を以て大阪に住す、見林、幼時古林見宜の門に学ふ、博覧強識、最も国学に精しく、古典に通暁す、古今内外の書籍、殆ど渉猟せざるなし、居を堀河にトし、医業を営むの間に有益の著述に従事し、又洽く書冊を購入して之を蔵し、其数幾万の多きに達す、人の借覧を請ふものあれば、好で之を読ましむ、年五十の時、高松侯松平頼常、礼を厚ふして学政を諮詢せし以来其藩に仕ふ、然れども京都に留りて述作に耽ること故の如し、著書数十種後世に刊行せらる、元禄十六年十二月七日年六十七にて病歿せり。

『大日本人名辞書 新訂版』（同刊行会、一九三七年）や『新撰大人名事典』（平凡社、一九三八―四一年）の記載もほとんど変らないが、本姓橘氏、名は慶、としている。『異称日本伝』の完成には三〇余年を費したというが、幕府の蔵書にもよらず、京都の地にあってほとんど個人の力でこれをなしとげたことは偉業というほかはない。見林は著述の数も多く、『国書総目録』（岩波書店）には四〇余の書名が見られる。

記述を図23にもどそう。倭寇の風俗に関心を持った後藤粛堂は、倭寇がこの倭寇図にあるようにつねに裸体で行動したか否かに疑問をいだいた。[5]後藤がまず手がけたのは『異称日本伝』の引く『不求人全編』の所在の確認である。ただ後藤はなぜか論文のなかでこの書名を『不求人全書』と書き誤っている。後藤の探索は「漢籍の宝庫たる内閣文庫」から出発するが、ここでは見ることができず、後藤は「内閣文庫にも無い」と断言している。ついで大正三年（一九一四、後藤が大正二年としたのが記憶ちがい）の史学会大会[6]のとき尾張徳川家から『不求人全書』（マヽ）を出陳してもらい、市村瓚次郎とともに点検したが倭寇図は見つからず、のちに倭寇図は実は『学府全編』のなかにあることを発見したという。ただ後藤の論文では、この『学府全編』がどこにあったかは明らかにしていない。

二　内閣文庫蔵『学府全編』の倭寇図

後藤粛堂は『異称日本伝』の倭寇図は『学府全編』所載のものであることを明らかにしたが、『学府全編』そのものについては所在も内容も明らかに示さなかった。ところが、私はこの本を、後藤が「無い」といった内閣文庫で見ることができた。『内閣文庫漢籍分類目録』（一九五六年）二九七頁に、

鼎鋟崇文閣彙纂士民万用正宗不求人全編　三五巻　明竜陽子編　明万暦三五年刊（余文台）　毛　一〇

とあるのがそれで、豊後佐伯藩主毛利高標本の一〇冊であることを示している。本の大きさは縦二六・五センチ、横一六・三センチ。匡郭は不統一だがおおよそ縦二一・四センチ、横一二・七センチほどである。各冊とも表紙の題簽は剝げ落ちていて、その部分に「万用正宗」と打付書してあり、「一之二」のように巻の順序が記されている。「浅草文庫」の朱印、「昌平坂／学問所」の黒印、「佐伯矦毛利／高標字培松／蔵書画之印」の朱印がある。各冊の内題は同一ではなく、統一もとれていないので左にそれを掲げよう。

第一冊　万用正宗　一之二

鼎鋟崇文閣彙纂士民万用正宗不求人全編巻之一（天文門類）

鼎鋟崇文閣彙纂士民捷用分類万用正宗巻之二（地輿門類）

第二冊　万用正宗　三之六

鼎鋟崇文閣彙纂士民万用正宗不求人全編巻之三（人紀門類）

同　右　巻之四（時令門類）
鼎鋟崇文閣彙纂四民捷用分類学府全編五巻（躰式門類）
鼎鋟崇文閣彙纂士民捷用学府全編巻之六（書啓門類）
第三冊　万用正宗　七之十
鼎鋟崇文閣彙纂士民捷用分類学府全編巻之七（婚娶門類）
同　右　巻之八（喪祭門類）
同　右　巻之九（耕佈便覧・農桑耕織図式）
同　右　巻之十（官爵門類）
第四冊　万用正宗　十一　十二
同　右　巻之十一（卜員門類）
同　右　巻之十二（律法門類）
第五冊　万用正宗　十三　十四
同　右　十三巻（諸夷門類）
同　右　巻之十四（算法門類）
第六冊　万用正宗　十五之八
鼎鋟崇文閣彙纂四民捷用分類学府全編巻之十五（八譜門類以下）
（十六）（落筆須知全備上下）（書法門類）
鼎鋟崇文閣彙纂四民捷用分類学府全編十七巻（画譜門類）

鼎鋟崇文閣彙纂士民捷用分類学府全編巻之十八（種子門類）
第七冊　万用正宗　十九之廿一
同　右　巻之十九（尅擇門類）
同　右　巻之二十（武備門類）
同　右　巻之廿一（相法門類）
第八冊　万用正宗　廿二之六
同　右　巻之廿二（卜課門類）
同　右　巻之廿三（風月門類）
同　右　巻之廿四（笑談門類）
同　右　巻之廿五（星命門類）
同　右　巻之廿六（酒令門類）
第九冊　万用正宗　廿七之三十一
同　右　巻之廿七（法病門類）
同　右　巻之廿八（養生門類）
同　右　巻之廿九（修真門類）
同　右　巻之卅（戯術門類）
同　右　巻之卅一（茔宅門類）
第十冊　万用正宗　卅二之五

同　右　巻之三十二（断易門類）

同　右　巻之卅三（医学門類）

同　右　巻之卅四（詩聯門類）

鼎鋟崇文閣彙纂四民捷用分類学府全編巻之卅五（雑覧門類）

右を見て気付くのは一巻から四巻までが「士民万用正宗不求人全編」、五巻以後が「士（四）民捷用分類学府全編」であることとである。一巻の表紙裏に「類聚三台／万用正宗」とあり書林余文台の識語がある。序の「題万用正宗不求人全編引」には「萬暦己酉（三十七年、一六〇九）歳仲春吉旦」の日付が見え、最終の三五巻の刊記は「万暦歳次丁未（三十五年、一六〇七）／潭陽余文台梓」とある。序の日付が刊記の日付よりも二年の後となっているのは不可解なことだが、『不求人全編』と『学府全編』とは本来、似てはいるが別の本であって、これを書林余文台が故意か偶然か合綴したものと考えれば説明がつく。このことが混乱の原因となったらしく『内閣文庫漢籍分類目録』では、書名を『不求人全編』としながら、刊行年は『学府全編』のを記載したのである。松下見林の見た『不求人全編』も内閣文庫本と同様に『学府全編』と合綴されたものだったのではないだろうか。そうなると、後藤粛堂が見たという紀州徳川家の『不求人全書（編）』は『学府全編』と合綴された本ではなかったのであろう。

図25は、右の「鼎鋟崇文閣彙纂士民捷用分類学府全編十三巻」の「諸夷門」第二葉の裏面である。図が酷似していることと説明文が同文であることからみて、『異称日本伝』所収図（図23）のもとになった図であることは明らかである。頭髪の形が少し違うだけで、右手に大刀を持って肩にかついだ様子や着衣の襞（皺）の状態などもよく似ている。着衣は双肌ぬぎ、尻からげのように見える。(7) ただ内閣本の『学府全編』がそのまま『異称日本伝』の底本であったか否かは明らかにできない。なお、図の上方の蓐収・天呉は架想上の国で、同類の書には必ずといってよいほど登場す

る。左方の大琉球国は現在の沖縄島にあった琉球国である。この国人もはだしに描かれている。倭寇図の裸ではだしは後藤が大いに気にしたところであるが、はだしの日本人は『職貢図』[8]以来、中国人の脳裏にしみこんでいた先入観念だったのかもしれない。大刀もまた欧陽脩の「日本刀歌」があるよう日本人を象徴するものの一つとして中国人に意識されていたようである。無冠で頭髪を月代（さかやき）のように剃っているのも特色の一つである。

三　南波松太郎氏蔵『万金不求人』の倭寇図

『万金不求人』は、南波松太郎氏が古書肆から購入した明代の類書である。「賀來氏蔵書」の印がある。体裁・内容等は内閣文庫蔵『万用正宗不求人全編』とよく似ている。

大きさは縦二三・一センチ、横一三センチ。匡郭縦二〇センチ、横一二センチである。五冊、一八巻。題簽は「万金不求人　仁」以下「義」「礼」「智」「信」である。内題は「新鍥彙選古今一覧萬金不求人」、門類は、天文、地輿・人紀、時令・卜課、官制、尅擇、医学、相夢、星命・修養、風水・卦術、書柬・襍聯、殊窩・壺譜、笑談・酒令、算法、律例・琱筆、琴碁・書画、棋牌・雙陸、武芸・諸夷、等である。巻一八末尾の刊記は「萬暦甲辰（三十二年、一六〇四）夏月／詹氏西清堂梓」とある。内閣文庫蔵『学府全編』よりも三年以前に刊行されている。似かよった類書があまり年を隔てずに数種刊行されたらしい。

図26は『万金不求人』第五冊（信）巻一七、「諸夷門」の第六葉裏と第七葉表とを見開きで示したもの。

「日本図」の項では上段「諸夷土産異物出処」に「土産」として、

丹土　白珠　青玉　天鼠皮可為裘　萱豆　胡桐虫食其道而末下流、俗名胡梧涙、可以釘金艮器　独峯皮　紫鞓草　栢脈根

青稞麦

を挙げ、下段「諸夷像誌」には「日本国」と横書し、裸、はだし、大刀を肩にした人物を図している。『学府全編』の図25と比較してみると、同じ構図で、ほとんど差異はないが、こちらの方の人相にはあまり狂暴な感じはなく、着衣は短袴のようで襞（皺）は少ない。説明文は、

即倭国在新／羅国東南大海中、依山島／居、九百餘里／専一沿海、為寇生活、中国呼為倭寇、

で、相違といえば「寇盗為生」とあったのが「為寇生活」としてあることだけである。同一の構図で、文章もほぼ同一のものが諸文献に現われるのは、中国において倭寇観・倭寇像が固定化していた事実を示すものといえよう。

四　『万宝全書』の倭寇図

後藤粛堂は、倭寇裸論に関連してつぎの報告をしている[9]。

友人樋畑雪湖君から面白いものを送つてくれた。それは君の蔵書中に清の咸豊壬戌の増補万宝全書と云ふのがある。それに載つている倭寇の図も文章も、異称日本伝中に不求人全書（マヽ）として載せてあるものと同じであるが、たゞ異なる所は其人が着物を着て居る点にあるとて、其図を写して贈つてくれた。（傍点モトノマヽ――田中）

とある。文中の咸豊壬戌は一八六二年（同治元）である。これによって『増補万宝全書』なる書物のあることを知ったが、「増補」のついていない同名の書物が内閣文庫に存在していた。

『内閣文庫漢籍分類目録』二九七頁には、

新刻艾先生天禄閣彙編採精便覧万宝全書三五巻　明艾南英編　明刊（王氏三槐堂）　林　六

とある。林（大学頭）家の旧蔵本である。本の大きさは縦二三・七センチ、横一三・五センチ、匡郭縦二〇・八センチ、横一二・三センチである。「弘文学士院」（林鵞峰）、「林氏／蔵書」（林述斎）、「浅草文庫」の朱印、「昌平坂／学問所」の黒印がある。六冊、三五巻。表紙題簽はなく、各冊表紙に「万宝全書一之五」のように記されている。内題は「新刻艾先生天禄閣採精便覧万宝全書」だが、巻二と巻三のみ「新刻艾先生天禄閣彙編採精便覧万宝全書」と「彙編」の二文字が余分に加えられている。門類は、〔第一冊〕天文・地理・時令・法律・対聯、〔第二冊〕文翰・冠婚・種子・外夷・状式・官品・字法、〔第三冊〕算法・談笑・八譜・画譜・関王筶・酒令・勧諭・相法、〔第四冊〕人紀・農桑・夢書・地理、〔第五冊〕医学・宅経・命理・秤命・小筮、〔第六冊〕通書・医馬・詩謎・祛病・養生・茶論、である。成立年を明記した文章はないが、人紀門二一巻「大明紀」の最後が「崇禎皇帝御名由検、崇禎元年戊辰、宝位万年」で終っているので、崇禎元年戊辰（寛永五年、一六二八）後のほど遠からぬ時期と考えてよいであろう。「書林三槐堂／王泰源梓行」の刊記がある。

さて、同書の倭寇図（図5・31）は、第二冊の「外夷門」にある。高麗国・小琉球国のつぎ、女直国の前である。上部に「日本国」を横書し、その下に人物図をおいているのは『万金不求人』『学府全編』と変らない。図柄は前二書と全く同じく裸ではだし、着衣を腰部に巻き、頭を剃り、太刀を肩にしている。目付きは前二書よりもいささか鋭い感じがする。腰につけた着衣の描写は襞が多く、『万金不求人』よりもむしろ『学府全編』に近い。説明の文は、

即倭国在進／羅国東南大／海中、依山島／居、九百餘里／専一沿海、為寇生活、中国呼為倭寇、

で、『万金不求人』と同文だが、「新羅」と書くべきところを「進羅」と誤っている。

ところで、後藤が樋畑雪湖蔵本として報告した『増補万宝全書』は清の咸豊壬戌（十二年、同治元、文久二、一八六二）の本であるという。この本は内閣文庫本『万宝全書』を清代に増補刊行したものと考えてよいと思うが、樋畑（ある

いは後藤）の指摘には疑問点が二つある。第一は文章が『不求人全書』の文すなわち『学府全編』の文と同じだといっている点である。すでに見たように、『万宝全書』の文章は『学府全編』の文とは同一ではなく『万金不求人』と同一であった。樋畑（あるいは後藤）は小異を無視して「同じ」といったのであろうか、それとも厳密に両者を対比したうえで「同じ」といったのであろうか。疑問の第二は「着物を着て居る」ことである。増補本の原図を一見もしないでの発言はあまり意味がないが、㈠実際に着物を着ていたのか、㈡着物を着ているかのように描いてあったのか、をまず明確にしなければなるまい。ちなみに『万金不求人』の倭寇図に二、三の線を加えて細工をすれば着衣の人物像とすることは至極簡単なのである。㈡がもし正しいとすれば、転写の際の誤りということになり、あまり問題にはならない。しかし、もし㈠が正しいとすれば、これはかなり重大な問題である。すなわち清代の中国人が、日本人が裸であることを不自然と考え、従来の倭寇像を着衣の倭寇像に改変したことになり、これは中国人の倭寇観の変革につながってゆくことになる、ともあれ、原物を見ない想像はこの程度で打ち切ることにするが、増補以前の『万宝全書』の倭寇図は、他書とほとんど変りのないものだったのである（本書第八論文、参照）。

これまで管見に入った日本人図を載せた書物を数種検討してきたが、いずれも明末に刊行された絵入りの類書であった。年代順に並べてみると、

『万金不求人』　万暦三十二年（一六〇四）
『学府全編』　万暦三十五年（一六〇七）
『三才図会』　万暦三十五年（一六〇七）
『不求人全編』　万暦三十七年（一六〇九）

ただし、これは倭寇図ではなく、禅僧図である。

ただし、内閣本は全巻が完備していないので倭寇図の存否は不明。後藤粛堂の見た紀州徳川家本では倭寇図は存在していなかったという。

『万宝全書』　崇禎元年（一六二八）以後

これらに共通していることは、㈠明末十七世紀初頭の編纂物であること、㈡図も文章も類型化されていて、相互にほとんど変化がないこと、㈢門類の分け方から記述の内容に至るまで、非常によく似た書物が繰り返し数種類も編纂・刊行され、中国内で普及したこと、㈣日本にも簡便な百科全書としてかなり多く輸入されていたことである。このことについては大庭脩も「手軽な俗書の色彩のつよい類書は、輸入漢籍の重要なものであったと私は考えている」と書いている。(10)

秀吉の朝鮮出兵が万暦二十年（文禄元、一五九二）から同二十六年（慶長三、一五九八）までだから、これらの類書には当時の日本人に対する憎悪の印象も投影されていたかもしれない。

明末刊行の類書類をさらに広く検索するならば、類似の倭寇図は多く見出すことはできよう。(11)

五　後藤粛堂の「倭寇の図」

図27は、明治四十二年（一九〇九）六月の『風俗画報』三九七号に後藤粛堂が「倭寇の図」として発表したものである。後藤は同誌に「遠江　後藤秀穂」の名で「倭寇図説」を掲載し、同図製作の過程を明らかにしている。その抱負は、

倭寇徒の扮装は、我が風俗史上頗る興味ある問題なれども、只不求人全編に赤裸倭人を出すの外に一切所見なし、

頃日春耕少しく閑あり、乃ち諸書記する所に拠り、輳合して一幅倭寇の図を作る。是れもと破天荒の事にして村学究の能くすべき所に非るは論なし、その素志隗より始めよの微意にして、幸に先進大家の叱正を得て、完備なる倭寇図を得るに至らんことを切望す、

というもので、「不求人全編」の倭寇図すなわち『異称日本伝』の倭寇図を改め、正確な倭寇図を示すのが目的であった。図に描かれた百脚旗（まとい）、兵士の着衣、裸体、刀、鳥銃・弓・槍等の武器、螺、首領の騎馬・陣羽織・鎖帷衣・笠・扇（日の丸）、隊伍等の典拠を示し、当時新刊の『国史大辞典』（旧版、吉川弘文館、一九〇八年）が「倭寇」の項目に「常に紅衣黄蓋を纒ひ、短袴を着け」と記述しているのを批判した。(12)

後藤は、後年この図のことを回想し、

図は、田舎の素人の器用な男に指図して書かしたので、無論拙ではありますが、理窟の考証を土台として丸め上げるまでには、実際涙の出るほどに苦心しました。これが私の第一図、延いては倭寇と云ふものが絵になつた最初のものでもあるから、私には紀念のものたるを失はない。

と述懐した。こののち、後藤は第一図を修正して、大正三年（一九一四）に第二図を作成した。

これ（第二図）を作つたのは、此時史学会の大会に、倭寇史料の展覧会を帝大教室に開くことゝなり、それに提出すべく、前の図を土台として幾分の修正を加え、学習院の画の先生萩園君に書いていただきました。

としている。この修正図にも依然として裸の倭寇が描いてあったらしいが、後藤はこのことをのちさらに自己批判した。(13)

史学会は創立以来日本の歴史学を代表する学会であったが、大正三年四月の第十六回大会は倭寇研究史上記念すべき大会であった。その展示会の様子は『史学雑誌』二五―四によって知ることができる。(14)

先づ東洋史部と記せる廊下を右折するや倭寇侵略図を支那、(後藤氏案)、朝鮮半島(津田氏案)に分ちて壁面に掲げ、年表(後藤氏案)と相俟つて其一般を窺ふに便ならしめ亜で掲げたる二三の絵画は興味の裡に当時を髣髴せしむ。愈々室に入るや上記目録に見えたる倭寇関係資料所狭きまでに陳列せられ観者をして如何に倭寇の盛なりしかを一目明瞭ならしむ。

文中の後藤氏は後藤粛堂、津田氏は津田左右吉である。津田の地図とは『朝鮮歴史地理』二(南満洲鉄道株式会社、一九一三年)所載の『高麗史』等の史料を根拠に作製した倭寇地図であろう(『津田左右吉全集』所収)。後藤の第二図は「二三の絵画」と報告されたものの一つと思われるが、現在は所在を知ることができない。

なお、『史学雑誌』所載の倭寇関係資料は当時の研究情況を推察させるものであり、現在では見ることのできない関東大震災以前の東京帝国大学図書館の蔵書や南満洲鉄道会社調査部の蔵書もふくんでいるので左に示しておく。

第一　朝　鮮　部

高麗史	南満洲鉄道会社調査部蔵	李朝実録	東京帝国大学図書館蔵
龍飛御天歌	同　　　上	東国通鑑	同　　　上

第二　支　那　部

籌海図編	東京帝国大学図書館蔵	靖海記	同　　　上
江南経略	藤　田　豊　八　氏　蔵	洗海近事	学　習　院　図　書　館　蔵
皇明馭倭録	市　村　瓚　次　郎　氏　蔵	鄭端簡公奏議	内　閣　文　庫　蔵
備倭記	内　閣　文　庫　蔵	譚襄敏公奏疏抄	市　村　瓚　次　郎　氏　蔵
倭変事略	市　村　瓚　次　郎　氏　蔵	潘司空奏疏抄	同　　　上

南宮奏議	東京帝国大学図書館蔵
許国公奏議	市村瓚次郎氏蔵
皇明奏疏類鈔	内閣文庫蔵
唐荊川外集	同上
白華楼稿	市村瓚次郎氏蔵
鄭端簡文集	内閣文庫蔵
皇明経世文編	同上
蒼霞草	東京帝国大学図書館蔵
呉淵頴集	市村瓚次郎氏蔵
高皇帝御製文集	東京帝国大学図書館蔵
正気堂集	同上
震川全集	同上
列朝詩集	同上
経世要略	市村瓚次郎氏蔵
経国雄略	侯爵徳川義親氏蔵
皇明世法録	内閣文庫蔵
国朝典彙	同上
皇明会典	東京帝国大学図書館蔵
全辺記略	内閣文庫蔵
紀効新書	東京帝国大学図書館蔵
練兵実紀	同上
類輯戚大将軍練兵諸書	内閣文庫蔵
全浙兵制考	同上
海防纂要	同上
両浙海防類考続編	藤田豊八氏蔵
全浙兵制考	内閣文庫蔵
江防考	同上
武略神機	同上
武備志	東京帝国大学図書館蔵
鄭端簡公年譜	内閣文庫蔵
楊襄毅公年譜	同上
戚少保年譜	岩村成允氏蔵
元史	東京帝国大学図書館蔵
皇明実録	同上
弇州志料	市村瓚次郎氏蔵
吾学編	東京帝国大学図書館蔵
国朝献徴録	同上
明名臣録	同上
明政統宗	同上
明大政纂要	同上
明朝紀事本末	同上
明史稿	同上
明史	同上
威海衛志	内閣文庫蔵
温州府志	同上
廉州府志	同上
広東通志	同上
閩書	同上

浙江通志　東京帝国大学図書館蔵　皇明職方地図　内閣文庫蔵
寧波府志　帝国図書館蔵　図書編　市村瓚次郎氏蔵
漳州府志　東京帝国大学図書館蔵　図書集成　東京帝国大学図書館蔵
福建通志　同上　環翠楼記原榻本　陸軍幼年学校蔵
広輿図　市村瓚次郎氏蔵　同上覆刻本　西村豊氏蔵

第三　日本部

八月廿日附松浦式部卿法印宛利長景勝等連名状（松浦文書）　同年同月二十六日附（同上）　侯爵徳川義親氏蔵
（天正十七年）卯月六日附伊地知伯耆入道宛兵庫頭義弘状（薩藩旧記前集）　海賊流車輪船之図　東京帝国大学図書館蔵
玉葉　史料編纂掛蔵
応永九年八月十六日附島津総入道宛義満状（島津氏文書）　禦海儲言　西村豊氏蔵
（文明十年）二月廿二日附島津又三郎宛義政状（薩藩旧記前集）　南海治乱記　東京帝国大学図書館蔵
文明十五年四月九日附島津一族宛前大和守下野守執達状（同上）　善隣国宝記　同上
（永正七年）十月十日附島津陸奥守宛状（同上）
永楽五年五月二十五日附明主成祖国書（相国寺文書）　明治以後の倭寇研究書類

後藤がこの史学会大会のときに尾州徳川家の『不求人全書』を調査したことは先に述べたが、右の目録にはこの書名がない。倭寇に関係なしとして省いたのであろうか。

六　ボクサー『日本のキリシタン世紀』の倭寇図

図28は昭和六十二年（一九八七）二月、京都大学文学部研修生ルイ＝ライアン氏（Louis Ryan）が来訪して私に示し

たもの。著書の原名は、

THE CHRISTIAN CENTURY IN JAPAN (1549—1650) by C.R. BOXER

UNIVERSITY OF CALIFORNIA PRESS (BERKLEY AND LOS ANGELES 1967)

で、その二五七頁の挿入図版である。説明文は、

WAKO

From a Sino-Spanish manuscript of 1590

とある。芭蕉葉のようなものを右手に持ち、裸体ではだし、腰には褌様のものを巻いているだけ。右腰の刀は日本刀のつもりらしいが、柄の部分は洋風で異様である。頭髪は長く、頭頂部のみを剃っている。明代十七世紀の絵入り類書と比較すると南方風で、かなりのんびりとした感じになっている。イスパニア人の脳裏にも、中国人と相似た倭寇像がひそんでいたのであろうか。それとも、中国人の倭寇図を写すときに多少の変化をつけたのにすぎないのであろうか。一五九〇年（天正十八、万暦十八）の筆写（manuscript）に拠るとされているが、この年は『万金不求人』成立の年よりも一四年前に当る。この図は種々の想像をよびおこすのであるが、具体的にはなにもわからない。参考としてここに掲げておく次第である。

七　東京大学史料編纂所蔵『倭寇図巻』

『倭寇図巻』(15) は倭寇の風俗を描写した絵画としては最も信頼度の高いものである。

書肆文求堂により、中国よりもたらされて東京帝国大学の所蔵となり、関東大震災にも東京大空襲にも災厄を免れ

た。落款等の印章はなく、旧題は「明仇十洲台湾奏凱図」とある。仇十洲とは明代の著名な画家仇英のことで、十六世紀前半に人物画や楼閣画に麗筆をふるった。しかし図巻の内容からみると、この旧題は後人がつけたものと思われるし、筆者が仇英というのも、場所が台湾というのも当っていない。川上涇は絵画表現の面からこの図巻を検討して、オリジナルな画蹟とは見なされないことを指摘し、その原本は倭寇活動の盛期、またはこれに近接する時期に作られたものであろうとしている。この図巻自体の作期は、文徴明とその子弟門人によって樹立された呉派文人画風が民間画工にまで浸透してゆく時期、すなわち明末清初（十七世紀）に推定できるという(16)。

大きさは天地三二センチ、全長五二二センチにおよぶ絹本着色の長巻である。画面は、㈠倭寇船団の出現、㈡上陸、㈢形勢の観望、㈣掠奪・放火、㈤退避する明人、㈥倭寇と明の官兵との接戦、㈦明軍の勝報、㈧明の官兵の出撃、の八段に大別され、時間の経過を追う形で展開する。

倭寇の服装は、鎧兜を着けた者もいるが、大多数の者は浴衣のような衣服をまとっている。尻からげで、はだしではあるが裸の者はいない。帯の描写は不明瞭である。頭頂を剃って月代のようにしていて、髷は結わずにざんばら髪にしている。『万金不求人』（図26）や『学府全編』（図25）の描写と共通した部分もある。武器は刀・槍・弓矢はもとより鉄砲も見える。また合図に使用したと思われる法螺貝・扇子や幟なども見える。『籌海図編』や『武備志』に見える武器図と比較してもよく合致するので、描写は正確と考えてよいであろう。

後藤粛堂が涙が出るほど苦心して丸めあげた倭寇図よりも、はるかに正確で豊富な内容をもつ倭寇図が明人によって描かれていたのである。後藤が生前にこの図巻を見ることができたらいかなる感想をもらしたであろうか。

『倭寇図巻』はさらに、船団の構成、船舶の構造、倭寇集団の構成、各種の武器、掠奪の様相、戦闘の経過等を具体的に示していて貴重である。

図29は倭寇上陸の場面である。図巻中出色の部分で描写は精細、人物の動きも溌剌としている。大船は『籌海図編』巻一三の「大福船」と似ている。大福船は三檣の大型ジャンク式兵船で一〇〇人を収容したという。図巻の帆は網代帆だが、中国船の帆のように折りたたまず、日本船の蓆帆のように巻いてある。手前の小船は『籌海図編』の「沙船」と似ている。二檣、船上の右端に長髪の婦人二名が描かれている。左端人物の鎧兜は日本風なのか中国風なのかよくわからない。

図30は上陸後の倭寇が形勢を観望し、暫時待機している場面。鉄砲を手にした人物に注目されたい。各人物の服装や頭髪の描写は画一的で、画家が考えている倭寇像が明らかに示されている。手にしているのは日本風の弓矢・日本刀・扇子等のほかに、中国風の偃月刀・鎌型の槍・三刃の矛などが見える。笠も後藤図が日本風だったのに、ここでは中国風に描かれている。倭寇も日本式の武器だけで身を固めていたわけではなかったろうから、日中両国の武器がまじっているこの描写はむしろ実際に近かったのかもしれない。あるいは、画家の知識の不正確さがこのような描写をさせたのかもしれない。絵画は写真と異なり、そこには必ず画家の感想が付加されるから、そのままの真実として受けとることはいずれにしても危険であろう。

むすび――倭寇像の画一化と固定化――

『異称日本伝』に載せられた倭寇図の源流をたずねて、数図の存在を明らかにした。すべての倭寇図を網羅したわけではないが、これまでの考察から明人の日本人像を要約するとつぎの三系列に分けることができよう。

第一の系列は、円頂・長袖の図である。『三才図会』所載の図（図3、その3・図24）で、日本から勘合船で入明した

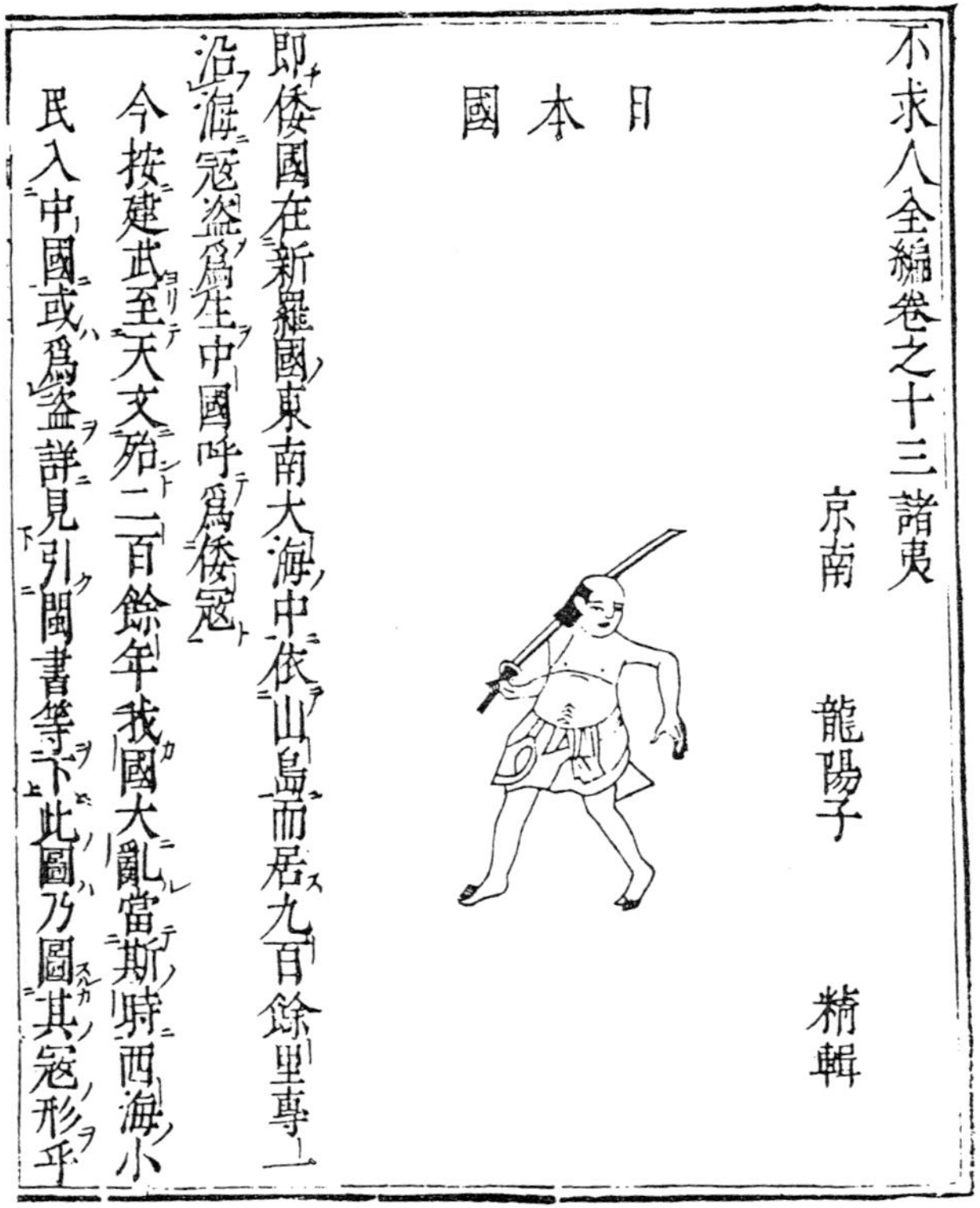

図23 『異称日本伝』の倭寇図

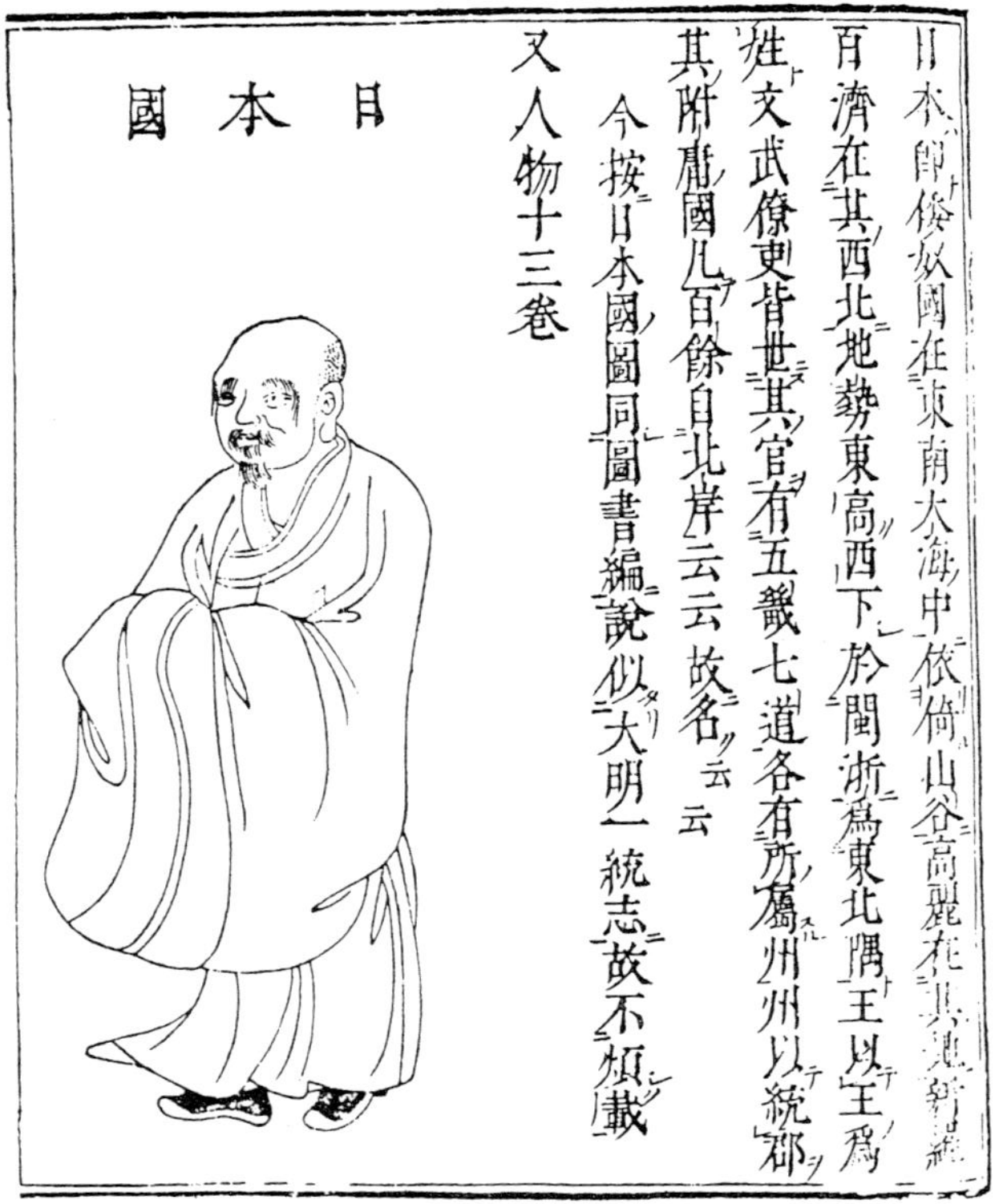

図24 『異称日本伝』の日本人図

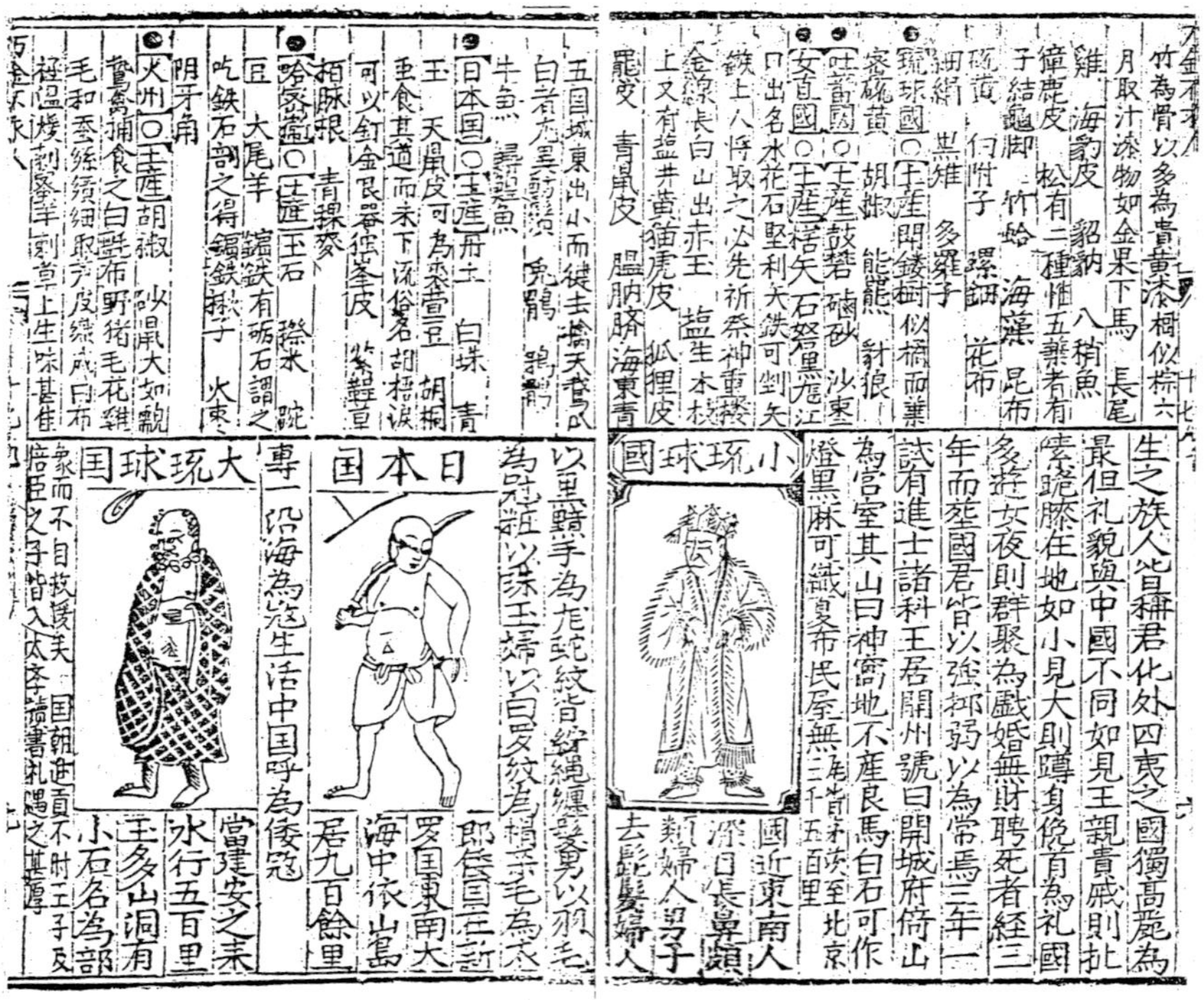

図26　『万金不求人』の倭寇図

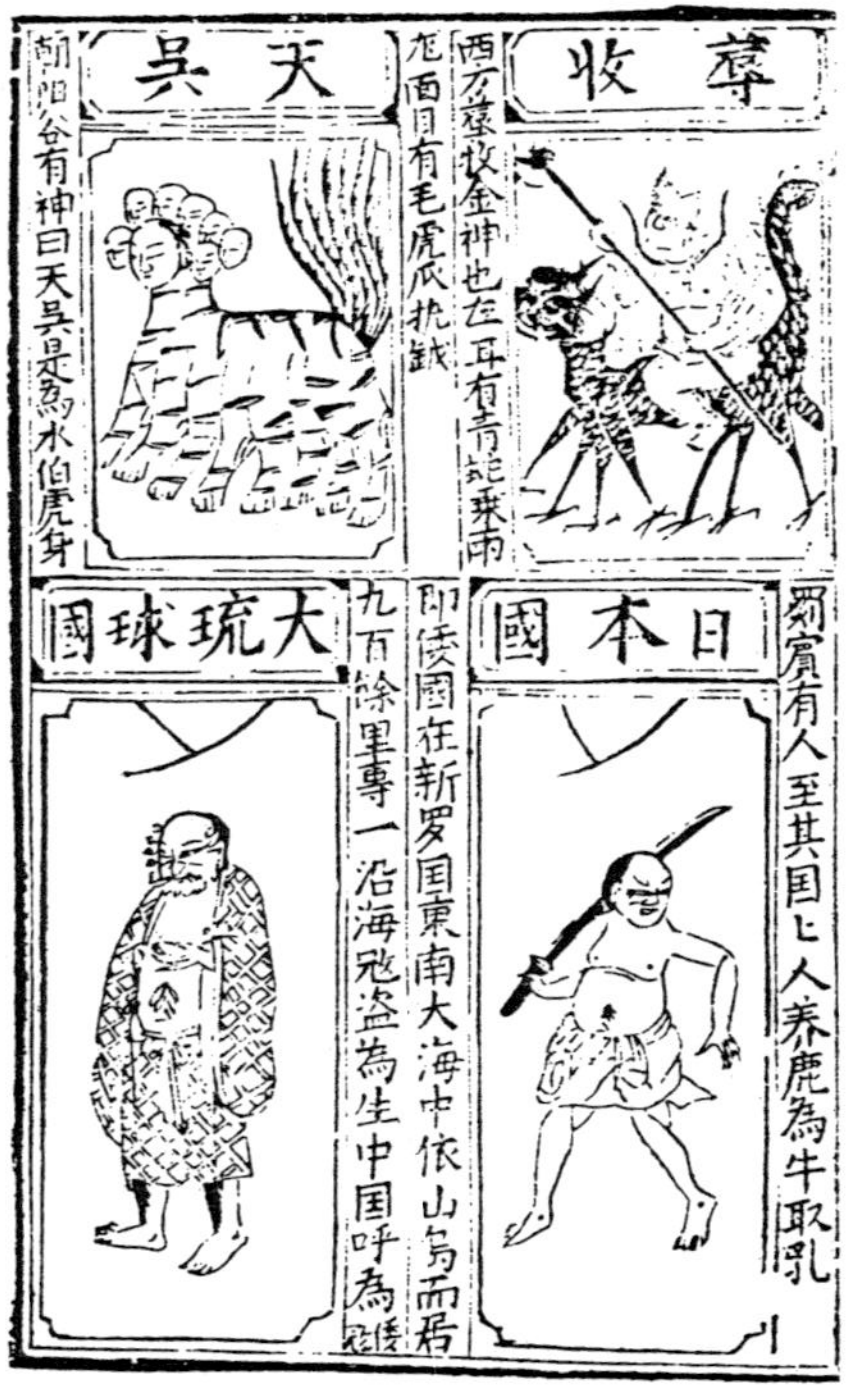

図25　『学府全編』の倭寇図

図27　後藤粛堂の「倭寇の図」

図28 『日本のキリシタン世紀』の倭寇図

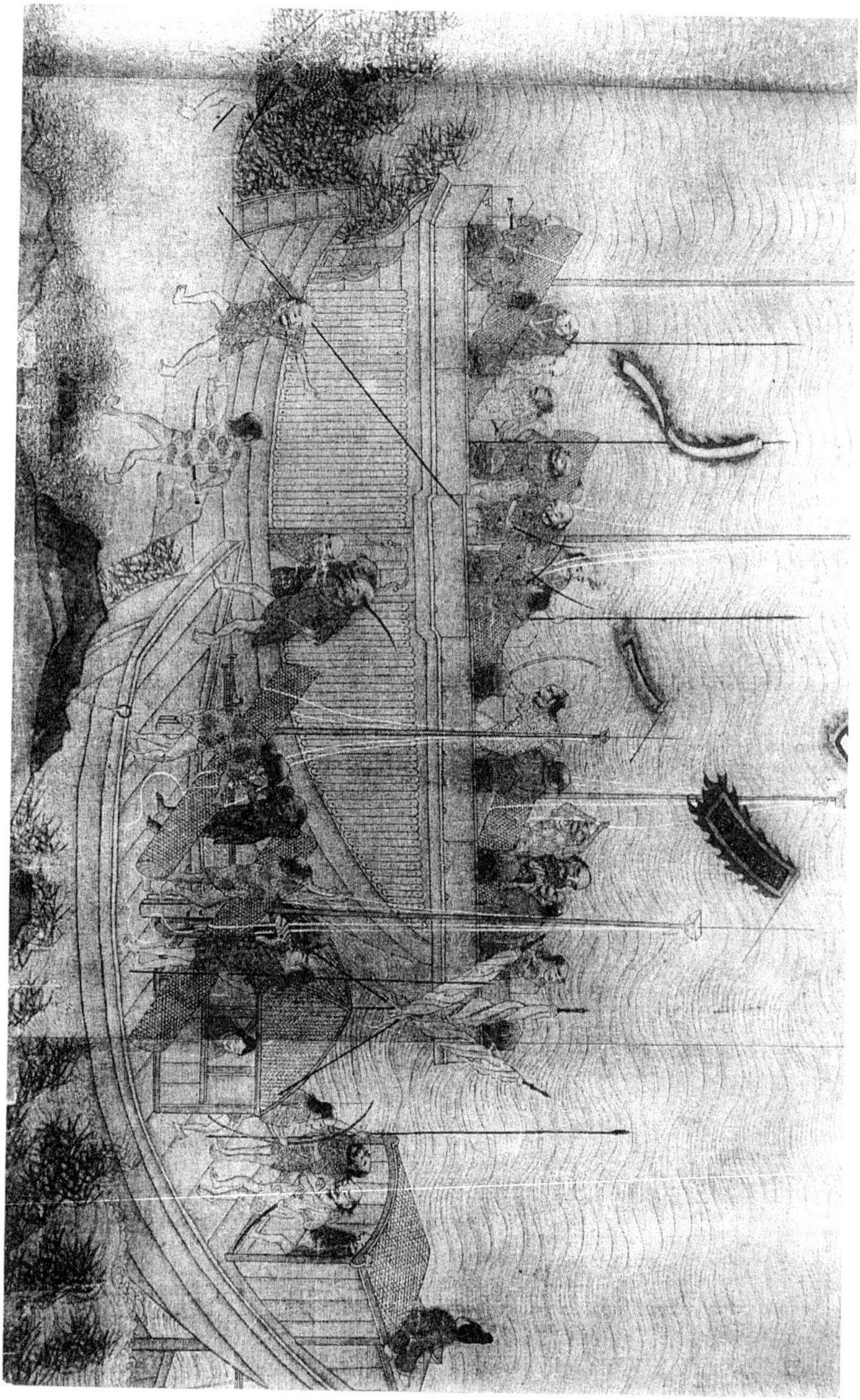

図29　『倭寇図巻』（その1）

図30 『倭寇図巻』(その2)

僧侶の姿を写したものと解されている。

第二の系列は、頭髪を剃り、大刀を肩にかつぎ、半裸ではだしの倭寇像である。『万金不求人』(図26)、『学府全編』(図25)、『万宝全書』(図5・31)等の図で、各図の間には多少の相違はあるが大同少異で、先行の出版物の図を後の出版物がそのまま踏襲していたことは明らかであり、倭寇像の画一化と固定化の現象が見られる。ボクサー『日本のキリシタン世紀』所載の図(図28)も、この系列に属するものと考えてよかろう。

第三の系列は『倭寇図巻』の倭寇像(図29・30)である。この図巻は最も精密・詳細な倭寇風俗の記録で、倭寇の服装や船舶および鉄砲などの兵器だけでなく、上陸・放火・掠奪・水戦等の行動の様式を描写していて貴重である。同時代の文献の記述ともよく合致し、信頼度は高い。しかし、人物像は半裸ではないが尻からげで、頭頂を剃り、はだしであり、第二系列の倭寇像から著しく逸脱してはいない。第二系列の一種と考えることも不可能ではない。

右の三系列の日本人像のうち、第一系列と第二系列の図は、松下見林の『異称日本伝』によって江戸時代の初めには日本に紹介されていた。第三系列の『倭寇図巻』は中国における流布の状態は明らかではないが、日本では大正年間まではその存在が知られていなかったものである。第一系列の図はなぜか中国人からも日本人からもあまり注目されることがなく、第二系列の図が中国人からも日本人からも注目を浴びた。けだし、倭寇への関心と興味との反映といえよう。

中国で倭寇図が作成されたのは、十六世紀における倭寇活動とそれに続く豊臣秀吉の万暦朝鮮出兵に接する十七世紀初頭を中心とする時期である。

倭寇の構成員中に占める日本人の割合は少なく、一―三割程度で、他の大部分は中国人だったのであるが、倭寇活動は中国人に日本に対する関心をよびおこした。この時期、中国人の日本認識は空前の高揚を見せた。清代に編纂された『欽定古今図書集成』は全一万巻からなる世界最大の類書といわれているが、そのなかには日本関係記事が全部で八巻あり、そのうち六巻余が明代の書物で占められている。このことや、『日本国考略』『籌海図編』『日本一鑑』『日本風土記』など数多い日本研究書の撰述と出版も日本に対する関心の高まりを象徴している。(17)

倭寇像は、このような時代を背景に作成されたのであるが、そこに一貫して見られるのは日本人はすなわち倭寇であり、倭寇は未開野蛮で狂暴な悪者であるとする観念である。これが倭寇嫌悪、秀吉憎悪の情とともに固定化し、画一化されたのである。

倭寇像の固定化・画一化については二つの原因が考えられる。第一の原因は、中国人の国際理解には一つの固定的な類型があったことである。私はこれを中華型国際認識と名付けて論述したことがあるが、(18)おおむね百科全書的であり、ひとたび中国の文献に載せられた情報は、よほどのことがおこらない限り変更されることはない。新しい情報がはいれば、それはふるい情報に付け加えられるにすぎず、ふるい情報と入れ換えられることはない。国際認識の恐るべき固定化現象である。このことは第二系列の倭寇図に明瞭に現われている。繰り返し同画面・同文章のものがいくたびも作成・印刷されて疑われることがなかったのである。第二の原因は、倭寇自体のなかに画一的・固定的認識を生みださせる要因が存していたことである。倭寇は中国人から日本人中心の海賊集団として意識されていたものだが、実体は中国人中心に日本人やポルトガル人その他の人びとが混合して作りあげた集団であった。その風俗の統一は集団と外部との区別を明確にし、集団内部の結合と外部への威力誇示に有効であった。明末馮夢竜編纂『古今小説』の「楊八老越国奇逢」のなかで、倭寇が中国人の男女を捕虜にした場合は、むりやり髪を剃り、漆をぬって倭奴に変装させ、いざ合戦という時にはこれを陣頭に押し立てて進む、官軍の方でも首一つ取れば褒美が貰えるので、瘡《かき》っ禿でもあれば、普通の良民でも首を切って手柄にしようとする、と書いている。(19)頭髪を剃る行為は捕虜を倭寇集団の一員として取り込むことになり、一方、この行為をすれば誰でも倭寇に変装することができたのである。特異な風俗を共有し誇示することにより、集団は肥大化し、その命脈を保つことになったともいえよう。『職貢図』以来の日本人ははだしであるという観念は、憎悪感・蔑視感と悪意とによって倭寇図を生みだし、固定化した。一方、倭寇自体もこの固定化・画一化された倭寇像に合わせて行動するようになり、固定化・画一化の傾向に一層拍車がかけられた。

この倭寇図が明治以後の日本で歓迎されたのは、この図に日本人の勇壮な海外発展の姿を読みとり、重ね合わせた偏見・曲解・思い込みがあったからである。倭寇像＝日本人像に対するこのような観念を中国人が完全に忘れさることはなく、また日本人にとってもこのような倭寇像が完全に脳裏から消え去ることはなかろう。中国人の日本人に対する一種の思い込みをもとに生みだされた一枚の絵画史料が日中両国の相互認識のうえでながい期間にわたって演じてきた役割の重さを感じないわけにはゆかないのである。

注

（1）後藤粛堂「倭寇に就て㈡」（『中央史壇』一三―七、一九二七年）。

（2）『異称日本伝』は元禄元年（一六八八）の三巻一五冊の木版本があり、一九七五年には国書刊行会から洋装二冊本として影印刊行された。活字本は『改定史籍集覧』二〇および『新註皇学叢書』一一に収められている。

（3）今泉定介・市島謙吉編『新井白石全集』四（吉川半七、一九〇六年）七一七―七一九頁。

（4）田尻佐編輯『贈位諸賢伝』下（一九二七年、近藤安太郎増補・復刻、近藤出版社、一九七五年）四六二頁。

（5）後藤粛堂、前掲注（1）論文。

（6）「第十六回史学会大会記事」（『史学雑誌』二五―四、一九一四年）参照。

（7）石原道博は『倭寇』（吉川弘文館、一九六四年）一四頁に、

竜陽子の『学府全編』（万暦三十五年）にのせる倭寇図は、いわゆる赤体に三尺の剣を右肩にになったすがたをうつしているが、これ

は『不求人全編』にみえる倭寇図と同一のものであり（巻一三・諸夷）、教科書のさしえなどにも、よく引用されていた。

と書いている。この文章は、石原が『学府全編』と『不求人全編』という二つの史料を見たようにとれるのであるが、石原が果して内閣文庫本『学府全編』以外の『不求人全編』なる書物を見たかどうかは疑問である。石原が「『不求人全編』にみえる倭寇図」と書いた文は、正確には「『異称日本伝』に『不求人全編』の図として引かれた倭寇図」と改めた方がよいのではなかろうか。

ちなみに石原、前掲『倭寇』六〇頁の「倭寇図」は内閣文庫本『学府全編』の倭寇図（図25）でも『異称日本伝』所収の倭寇図（図23）でもなく、村田四郎『八幡船史』（草臥房、一九四二年）巻頭の「倭寇の図」である。同書における村田の図版説明は、

明の万暦三十五年（慶長十二年、一六〇七）竜陽子の著、学府全篇に載する所にして、明人の書きたる貴重の倭寇図なり。
（著者筆写）

とあるが、この模写の頭髪の部分の描写は内閣文庫本『学府全編』の倭寇図（図25）よりもむしろ『異称日本伝』の倭寇図（図23）によく似ている。村田は『異称日本伝』の倭寇図を写しながら、その説明に当り、後藤の論文に従ってあえて『学府全編』の倭寇図としたのではないだろうか。ただし、村田図の踝《くるぶし》の部分は『学府全編』を見て描いたと思われるふしもあるので、村田が『学府全編』を見ていなかったと断定することはできない。この村田図を引用した石原は内閣文庫本『学府全編』の倭寇図や『異称日本伝』の倭寇図と比較検討することなしに、村田の説明をそのまま叙述のなかにとりいれたのではないだろうか。

（8）『職貢図』は北京歴史博物館の『唐閻立徳職貢図』と、台北故宮博物院の『顧徳謙摹梁元帝蕃客入朝図』が知られている。

（9）後藤粛堂、前掲注(1)論文。

（10）大庭脩『江戸時代における中国文化受容の研究』（同朋舎、一九八四年）一五頁。

（11）同系統の絵入りの類書で、表紙に「不求人」と書いた書物を内閣文庫で見たので参考のために付記しておく。

その本は、『内閣文庫漢籍分類目録』二九七頁には、

新鍥万軸楼選 删補天下捷用 諸書博覧 三七巻（巻二二―二七缺） 明承明甫編 明万暦三二刊（楊欽齋）

とある。大きさは縦二三センチ、横一三・五センチ、匡郭縦一九・八センチ、横一二・七センチである。内題は、右の書名を一行書きにしている。八冊、二七巻二七門で、刊記は「万暦甲辰歳潭　邑楊齋繡梓」とある。第二冊「不求人二」六巻が諸夷門で、交趾国・高麗国のつぎが大琉球国・小琉球国となっていて、日本国の項は欠落している。大琉球国と小琉球国の説明文は『万金不求人』や『学府全編』の説明文とは逆になっていて、編纂態度はかなり杜撰であり、他書と比較すると疎漏な点が少なくない。

(12) 後藤は『国史大辞典』（旧版）「倭寇」の項の批判を、「倭寇に就て㈤」（『中央史壇』一三―一一、一九二七年）および「倭寇風俗考（外編）上」（『中央史壇』一四―三、一九二八年）でも詳細に展開している。
(13) 後藤粛堂「倭寇風俗考（緒言）」（『中央史壇』一四―二、一九二八年）。
(14) 田中健夫「中世海賊史研究の動向」（『中世海外交渉史の研究』東京大学出版会、一九五九年、所収）参照。
(15) 『倭寇図巻』は、一九三〇年に古兵書図録刊行会が辻善之助の「東京帝国大学蔵倭寇図巻記」を付し、単色写真複製本を刊行し、一九七四年には近藤出版社が原色複製版を刊行した。後者の「解説」は、田中健夫「『倭寇図巻』について」と川上涇「『倭寇図巻』の絵画表現について」を収めている。なお、田中健夫『中世対外関係史』（東京大学出版会、一八七五年）参照。
(16) 川上涇・前掲注(15)論文。
(17) 田中健夫『倭寇――海の歴史』（教育社、一九八二年）一九三―九九頁、参照。
(18) 田中健夫「中世東アジアにおける国際認識の形成」（同『対外関係と文化交流』思文閣出版、一九八二年、所収）。
(19) 松枝茂夫訳『三言二拍抄』（『中国古典文学全集』第一九巻、平凡社、一九五八年）二二二頁。

〔補　記〕

昭和六十三年（一九八八）五月四日付の南波松太郎先生よりの書翰によると、『万金不求人』はその時より三年ほど前に大阪心斎橋の中尾書店から三〇万円で購入したもので、中尾氏はその時よりもさらに一〇年ほど前に九州福岡の黒田藩家老宅から入手した、と話していた由である。同書の蔵書印に見えた賀来氏が、この本の旧蔵者だったのかもしれない。

ボクサーは、東西交渉史料の蒐集家・研究家。一九〇四年、イギリス南部のドルセットに生まれ、陸軍士官学校を卒業して、昭和の初年、日本陸軍の研究生として来日、東京・奈良・豊橋等の諸連隊に勤務、戦中は陸軍少佐香港駐屯軍参謀、戦後は極東委員会の一人としてまた来日した。幸田成友「シー・アール・ボックサー氏に再

会す」(『藝林間歩』一、一九四六年)、神田喜一郎『典籍剳記』(高桐書院、一九四六年)等参照。

本章第四節で、未見ゆえ疑問とした『増補万宝全書』の着衣の倭寇図は、のちに東京大学総合図書館で同題の書物の倭寇図を実見することができたので、本章で行った推論は無用のものとなったが、一応旧稿の状態をそのままのこしておくことにした。本書第八論文との併読を願う次第である。

第八　倭寇図追考

——清代中国人の日本人像——

はじめに

本稿は、本書第七論文「倭寇図雑考——明代中国人の日本人像——」（以下、前稿と略称する）の続稿で、明代の日本人像が半裸の姿が描かれていたのに対し、清代には着衣の姿に変ったことに注目して執筆したものである。

前稿は、中国明末の類書に分類される絵入り百科全書等のなかにしばしば現われる倭寇図数種を取りあげて、その特質を論じたものである。その論文では、倭寇図には三系列の図像すなわち、

第一　円頂・長袖の僧侶の像

第二　頭髪を剃り上げて大刀を肩にかついだ半裸ではだしの像

第三『倭寇図巻』のはだしの人物像

が存したことを指摘し、特に第二系列の類型化された倭寇像が一般の日本人像として類書のなかに定着、固定化し、国際関係の動向にも大きな影響をおよぼしたことを論じた。

本稿は、清代まで引継がれた第二系列の倭寇像が、どのような変容をとげたかを考察する。

一　『万宝全書』における半裸の倭寇図

『万宝全書』は、明代末期に作られたものであるが、清代倭寇図の前提となるもので、前稿では後藤粛堂の倭寇裸論に関連して、国立公文書館内閣文庫所蔵（林家旧蔵本）の『万宝全書』（図5・31、略号(A)）を紹介した。本稿では東京大学所蔵の『万宝全書』を中心に再論することにする。前稿で報告した後藤粛堂の「倭寇に就て(二)」（『中央史壇』一三―七、一九二七年）の文はつぎの通りである。

友人樋畑雪湖君から面白いものを送つてくれた。それは君の蔵書中に清の咸豊壬戌の増補万宝全書と云ふのがある。それに載つている倭寇の図も文章も、異称日本伝中に不求人全書（マヽ）として載せてあるものと同じであるが、たゞ異なる所は其人が着物を着て居る点にあるとて、其図を写して贈つてくれた。

これは、前稿執筆時に私自身実見できなかった着衣の倭寇像の報告である。樋畑本は略号を(J)とする。

前稿で紹介した「増補」の文字を冠していない内閣文庫所蔵『万宝全書』(A)の倭寇図は、第二系列に属する典型的な半裸ではだしの人物像であった（図31参照）。

ところで、『万宝全書』は、便利な絵入り百科全書として、明末から清初にかけて数度重刊された。

つぎに、東京大学所蔵の同一名称の三本を紹介する。

第一は、東京大学総合図書館所蔵の『万宝全書』三七巻、二帙四冊（架番号、A20/19）、である（略号(B)）。「南葵文庫」印のある南葵文庫旧蔵本で、本の大きさは、縦二四センチ、横一三・五センチ、匡郭縦二一・八センチ、横一二センチである。表紙には「万宝全書　自一　五」のように墨書してあり、内題は「新刻眉公陳先生編纂諸書備採万巻捜奇全書」「新刻艾先生天禄閣彙編採精便覧万宝全書」「新刻艾先生天禄閣採精便覧万宝全書」などとあり、統一されていない。版心には「全書」「便覧全書」と書いてあるところがあり、まったくないところも多い。表紙裏の刊記には「徐筆洞先生精纂／万宝全書」とある。陳継儒の二葉の序があり、「万宝全書題詞」にはじまり「陳継儒識（印）（印）」で終っていて、年代の記載はない。門類は、目次と本文や版心に称呼の不統一な個所があるが、本文を主として示せば、〔第一冊〕天文・地理・人紀・文翰・体式、〔第二冊〕授陞品級・外夷・律法・農桑・時令・棋局・酒令・射以観徳・笑談・草字・種子・算法・観画訣法・勧諭、〔第三冊〕風月・相法・壮法・夢解・三仙秘訣・宅経・医学・養生・命理・秤令、〔第四冊〕地理・尅択・卜筮・百怪書法・訓童要訣・関大王馬前霊筶・通用対聯・歌調・会意詩、である。

「人紀門」の「大明紀」末に「崇禎皇帝　御名検、崇禎元年戊辰、宝位万年」とあり、本書の内容は明代の事項に限られていることがわかる。

版式も門類の編成も内閣文庫本(A)とは異っているが、個別の内容の面で大きな相違はない。

倭寇図がふくまれている「外夷門」の記述は簡単で、高麗国・小琉球国・日本国・女直国・大琉球国・三仏斉国・交趾国・真臘国以外の記述はない。日本国の部分は絵も文章も内閣文庫本(A)とのあいだに注目すべき差異は存しない。文章は、先行の『万金不求人』（南波松太郎氏所蔵本）、『三才図会』、『学府全編』（内閣文庫の目録では『万用正宗不求人全編』）等とほぼ同文で、

即倭国在進／羅国東南大／海中、依山島／居、九百餘里／専一沿海、為寇生活、中国呼為倭寇、

とあり、相違しているのは、先行の『学府全編』『万金不求人』等の書物に「新羅」とあった個所を「進羅」と誤っていることである。人物図は、ほとんど先行の書物そのままの、大刀を肩にして右方に顔を向けながら左方へ歩いて

いる半裸ではだしの像である。

第二は、東京大学東洋文化研究所の『万宝大全』三五巻、一帙五冊（架番号、子・類書、130）である（略号Ⓒ）。ただし、同研究所の目録カードは『（新刻艾先生天禄閣採精便覧）万宝全書』で採っている。この本は巻二一から巻二四までが欠巻で、作成の年代を明確に知ることができないが、内題に「新刻艾先生天禄閣採精便覧万宝全書」、版心に「便覧全書」とあって、内容も版式も内閣文庫本の『万宝全書』Ⓐと同一である。ただ表紙裏の刊記には「艾千子先生纂／万宝大全／書林立正堂梓」と三行に書いてあり、「万宝聚碧叙」「長州明卿陳仁錫題」とした序文がある。ただし、第三五巻末の「書林三槐堂／王泰源梓行」の文は内閣文庫本Ⓐの刊記と同文であり、表紙裏の刊記とは矛盾する。本の大きさは、縦二三・三センチ、横一三・〇センチ、匡郭縦二一・三センチ、横一一・五センチである。

倭寇図は巻九「外夷門」にあり、内閣文庫本Ⓐと図像も説明文もまったく同一である。同一の版木を用いて別名の書物を刊行したのであろう。

第三は、東京大学東洋文化研究所所蔵『敬堂訂補万宝全書』二四巻、一帙四冊（架番号、子・類書、91・1）である（略号Ⓓ）。本の大きさは、縦二一・五センチ、横一四センチ、匡郭縦二〇・二センチ、横一二センチである。表紙に題簽はなく、内題は「敬堂訂補万宝全書」、版心は「訂補全書」とある。第一冊（巻一―巻五）、第二冊（巻六―巻一二）、第三冊（巻一三―巻一七）、第四冊（巻一八―巻二四）という編成になっている。表紙裏の刊記には、匡郭外に「精繍図像」と横書きし、匡郭内には右に「煙水山人纂輯」、中央に「文会堂増訂不／求人真本」と大書し、左には「新増 天星総図 貴州新郡 地輿総図 近科状元 五岳形図 酔花居蔵板」と四行に書いてあり、本来の書名は「文会堂増訂不求人真本」であったようである。煙水山人識の序文二葉がある。作成年代に関する記述はないが、巻三「人紀門」の「大清紀」に「康熙皇帝在位」の記述があり、康熙年間（寛文二年、一六六二―享保七年、一七二二）以前の記事が収められている。

倭寇図は巻七「外夷門」にある（図32参照）。人物図は、半裸像で、内閣文庫本(A)とほとんど同じであるが、背景の樹木や足許の草が加えられている。説明文の方は内閣文庫本(A)や東京大学総合図書館本(B)（南葵文庫旧蔵）に「倭寇在遅羅国東南大海中」とあった部分が、「倭国在暹羅国東南大海中」と改められている。内閣文庫本(A)等が『万金不求人』『学府全編』等の先行の諸書に「新羅」とあったのを「進羅」と誤写した部分を、十分な検討を加えることなくさらに「暹羅」と改め、誤写を重ねたのである。

明末の倭寇像は、いとも無雑作に清代の日本人像として引継がれたようである。

二　『増補万宝全書』における着衣の倭寇図

東京大学には、樋畑雪湖が後藤粛堂に見せたという『増補万宝全書』と同じ題名の本が数種所蔵されている。樋畑所蔵本(J)は「清の豊壬戌の増補万宝全書」と報告されているが、東京大学には咸豊壬戌（十二年、文久三、一八六二）よりも以前に刊行されたものがある。これらを逐次紹介する。樋畑所蔵本ないし同版の本を見る機会がないので明言はできないが、内容は樋畑本と同一、あるいは酷似したものと推定して大過あるまい。

まず注目されるのは、東洋文化研究所所蔵『増補万宝全書』三〇巻、一帙六冊（架番号、子・類書、91・2）である（略号(E)）。本の大きさは縦二五・〇センチ、横一五・八センチ、匡郭縦一九・七センチ、横一二・一センチである。表紙には題簽がなく、各冊に「万宝全書」と墨書してある。内題・版心とも「増補万宝全書」と記されている。表紙裏の刊記は、匡郭外上方に「乾隆丙寅年重鐫」と横書きし、匡郭内には右側に「諸名家合選」、中央に「増補万宝／全書」と大書、左側に「金閶書業堂／梓行」としてある。乾隆丙寅は乾隆十一年、日本の延享三年、一七四六年である。第一紙が序文で、末尾に「乾隆十二年春王月毛煥文増補識」とある。巻冊の構成は目次と本文と一致していないところがあるが、本文を中心に示せば次の通りである。〔第一冊〕天文・地理、〔第二冊〕人紀・外夷・文翰・農桑・清字、〔第三冊〕字法・算法・品級・時令・画譜・四譜・採茶・酒令、〔第四冊〕夢解・牛馬・勧諭・通書・命理、〔第五冊〕相法、秤命・笑談・種子・営造、〔第六冊〕堪輿・卜筮・対聯・医学・祛病、となっている。

倭寇図が収められているのは巻四「外夷門」でつぎの諸国の人物図と記事がある。

高麗国　小琉球国　日本国　女国　大琉球国　三仏斉国　交趾国　真臘国　暹羅国　浡泥国　蘇門答剌　回鶻国　散馬兒罕　火州　匈奴韃靼　崑崙層斯　天竺国　西洋古里　西蕃国　吐番国　南尼華羅　西南夷　烏衣国　扶桑国　擺里国　大羅国　深烈夫　士麻　都播国　女慕国　紇魯国　亀茲国　大漢国　巴赤吉　婆羅遮国　回回国　阿里車盧　無臂国　穿胸国　不死国　鉄東　長人国　近仏国　方連魯蛮　里契丹　五渓蛮　小人国　馬孫図　一臂国　女人国　哈蜜国　大哇国　大食勿斯国

本書の成立年については疑問があるので、検討してみたい。第三巻「人紀門」の「大清紀」に「乾隆皇帝、在位萬萬年」とあり、本書が乾隆年間（元文元年、一七三六―寛政七年、一七九五）に作成されたことはほとんど疑問の余地がない。問題は刊記にある「乾隆丙寅年重鐫」と、序文にある「乾隆十二年春王月」との矛盾である。乾隆丙寅は乾隆十一年で、序文が刊記より一年後に書かれたことになる。刊記が序文に先立って書かれることはありえない。後述する東京大学総合図書館蔵『増補万宝全書』（略号(F)）は、「嘉慶丙寅新鐫」の刊記を有する本で、序文は東洋文化研究所本(E)とまったく同文だが、最後の部分だけ「乾隆四年春王月毛煥文増補識」となっている。嘉慶丙寅は嘉慶十一年、文化三年、一八〇六年で、乾隆四年は元文四年、一七三九年である。嘉慶本は最も普及した本らしく、のちの『増補万宝全書』と称する書物は例外なく、嘉慶本と同じ「乾隆四年」の序文を載せている。このような事例から考えると、

(E)の序文の「乾隆十二年」は「乾隆四年」の誤写である可能性がかなり高いといえよう。誤写だとすれば、刊記と序文の年代の前後に関する矛盾は解消する。また、(E)が「乾隆丙寅年重鐫」と書いているのに対して、嘉慶本(F)が「嘉慶丙寅新鐫」と書いている点も気になるところである。「重」が前で「新」が後になっていることはさして目角を立てるほどの問題ではないかもしれないが、両書とも「丙寅」年の刊行とされていることを単なる偶然と考えてよいのであろうか。「嘉慶」を「乾隆」に書き誤まることもありえたのではなかろうか。これを、もし誤写と推定すれば、「乾隆丙寅年重鐫」本と「嘉慶丙寅新鐫」本との成立時期は前後逆転していたと考えることができるかもしれない。

倭寇図は巻四「外夷門」にあり（図33参照）、文章は前記諸種の『万宝全書』(A)(B)(C)とほぼ同じであるが、『万宝全書』に「進羅国」とされていた部分は「暹羅国」になっている。この点は、前掲『敬堂訂補万宝全書』(D)の場合と同様である。

図像の方には大きな変化が見える。前稿では、私は未見の樋畑本『増補万宝全書』(J)の倭寇図について、(一)実際に着物を着ているのか、(二)着物を着ているかのように画いてあるのか、を明確にすることが肝要だと書いたが、『増補万宝全書』(E)(F)の図は明らかに(一)に該当する。『万宝全書』(A)(B)(C)と『増補万宝全書』(E)(F)の倭寇図は、大刀を肩にして顔を右方に向けているはだしの人物である点は共通しているが、前者の頭部が月代《さかやき》のように頭頂を剃りあげていた半裸像であるのに対し、後者は頭頂に帽子または髷のようなものが描き加えられ、身体部分は膝の下までが着衣に包まれている。背景には左方に樹木が描いてある。『万宝全書』(A)(B)(C)の成立が崇禎元年（一六二八）直後の時期で、『増補万宝全書』(E)(F)の成立は少なくとも乾隆四年（一七三九）以後であるから、両者の間には一〇〇年を超える時間の経過がある。この間に中国では、倭寇の被害や豊臣秀吉の朝鮮侵略を経験した明王朝はすでに崩壊し、清王朝の時代に移行していた。日清間では、清商船の日本渡航はさかんであったが両国間に正式な外交関係はなく、一般中国人の日本への関心は急速に冷却していた。こうした日本への関心の後退が、狂暴な倭寇像を否定して、着衣の多少温和な倭寇像を出現させたのかもしれない。しかし、前述した「進羅」から「暹羅」への変化が示すように、半裸から着衣への変化も何か特別の原因または契機があったためではなく、むしろ無関心なるが故に抵抗もなく行われた変化との印象を受けるのである。長崎の唐人屋敷における中国人の日本人観察がこの変化をもたらしたと考えるのには無理があるのではなかろうか。ちなみに翁広平の日本研究書『吾妻鏡補』（別名『日本国志』）の完成は嘉慶十九年（一八一四）であるが、出版されることはなかったのである。

つぎに、東京大学総合図書館蔵『増補万宝全書』三〇巻、一帙二冊（架番号、A20/264）について述べよう（略号Ⓕ）。本の大きさは縦二三・二センチ、横一四・二センチ、匡郭縦二〇・九センチ、横一二・一センチである。表紙には題簽がなく、各冊に「増補万宝全書一」のように墨書してある。内題・版心とも「増補万宝全書」に統一されている。「岡氏／図書印」の蔵書印がある。表紙裏の刊記は、匡郭外上方に「嘉慶丙寅新鐫」と横書きし、匡郭内には右側に「諸名家合選 分類世事総覧」、中央に「増補万宝／全書」と大書、左側に「内附品級頂帯／状元全録／新増分県 博古堂梓行」とある。嘉慶丙寅は嘉慶十一年、文化三年、一八〇六年である。序一葉があり、末尾には「乾隆四年春王月毛煥文増補識」とある。本の内容は、前掲、東洋文化研究所所蔵金閶書業堂梓行の『増補万宝全書』Ⓔと同じで、同じ版木を使用したものと想像される。門類の構成も完全に一致するが、第一冊（巻一―巻一三）、第二冊（巻一四―巻三〇）となっていて、第二冊には乱丁がある。「人紀門」「大清紀」の記事が同一であることも勿論である。巻四「外夷門」の「日本国」についての文章と図像とが一致することもいうまでもない。

このことから考えると、中国では同じ版木を用いて刊記・序文だけを取替えた書物の梓行も決して稀なことではなかったのである。この嘉慶の刊記を有する『増補万宝全書』三〇巻本は他にも多く見られる。東京大学総合図書館所

蔵青洲文庫旧蔵本（架番号、A20/4）、同東洋文化研究所本（架番号、子・類書、104）、同文学部中国哲学研究室本等である。

三　「絵図万宝全書」系『増補万宝全書』における倭寇図の抽象化

清代の後期になると、『増補万宝全書』という名称を継承しながらも、掲載図が著しく簡略化・抽象化されたものが刊行されるようになる。ここでは、これを「絵図万宝全書」(a)・(b)系として紹介することにする。

第一は、東洋文化研究所所蔵、道光年間（文政四年、一八二一―嘉永三年、一八五〇）刊行の『増補万宝全書』（架番号、子・類書、91・3）二〇巻、一帙六冊である（略号(G)）。大きさは、縦二二・三センチ、横一五・三センチ、匡郭縦一九・四センチ、横一二センチである。表紙に題簽はなく、第三冊までは各巻の内容を表紙に直接墨書している。「松門文庫所蔵」「鷺谷蔵書」「斎藤蔵書」の朱印がある。表紙裏の刊記は、匡郭外上方に「道光癸未年重鐫」と横書きし、匡郭内には、右方に「新増補添 分県郡県額徴漕銀 歴科状元学校額数 満文清語輿地路程 貴州新郡一応詳載」、中央に「増補万宝全書」と大書、左方に「諸名家彙輯 金閶経義堂蔵板」としている。道光癸未は道光三年、文政六年、一八二三年である。序は先行の『増補万宝全書』(F)と同じで、末尾は「乾隆四年春王月、毛煥文増補識」とある。内題・版心とも「増補万宝全書」と書かれている。「人紀門」も道光の記述があり、道光年間の刊行であることに疑問はない。第一冊（巻一・二）、第二冊（巻三・四）、第三冊（巻五―巻八）、第四冊（巻九―巻一二）、第五冊（巻一三―巻一六）、第六冊（巻一七―巻二〇）である。巻四「外夷門」の倭寇図は、説明文は『増補万宝全書』(E)(F)と完全に同文だが、人物図の方には大きな変化がある（図34参照）。極端な表現をすれば、単に人物が存在しているだけで、どんな服装の者なのかはほとんど判別できない。背景に竹のようなものがあり、人物が顔を右方に向けている構図は先行諸書と変わりはない。肩にしているのは大刀のようにも見えるが、明確ではない。頭部には明らかに帽子を着け、身体部分は着衣、足の部分ははだしのように見えるが、これも明瞭ではない。抽象化・変形のいちじるしい人物図で、日本国人と他の国人とを識別させる箇所は見当らない。この図を他書の図と区別するため、刊記には(H)(I)のように「絵図万宝全書」の文字はないけれども、図がつぎに述べる(H)の図と酷似しているので、「絵図万宝全書」(a)系に分類する。

ちなみに本書が刊行された道光癸未年（一八二三）の前年、中国では出港の西洋船および阿片を厳しく検査、同年には阿片の栽培を禁止、阿片戦争は道光十九年（一八三九）に始っている。

第二は、東京大学総合図書館所蔵『増補万宝全書』二〇巻、一帙三冊（架番号、A20/48）で、「鷗外蔵書」の朱印のある森鷗外（林太郎）旧蔵本である。（略号(H)）。本の大きさは縦二二・五センチ、横一三・五センチ、匡郭縦一九・〇センチ、横一一・五センチである。表紙は後から付けたもので題簽は「万宝全書一」「万宝全書二」のようになっている。内題・版心とも「増補万宝全書」である。表紙裏の刊記は匡郭外上方に「同治甲戌新刊」と横書きし、匡郭内には、右方に「陳眉公先生纂輯」、中央に「絵図万宝／全書」と大書、左方下に「愛日堂梓」とある。同治甲戌は同治十三年、明治七年、一八七四年である。第一紙が序文で、前掲諸種の『増補万宝全書』(E)(F)(G)と同文のものがあり、末尾に「乾隆四年春王月毛煥文増補識」とある点も同じである。巻冊の構成は、〔第一冊〕天文・地理・人紀・諸夷、〔第二冊〕文翰・清字・字体・算法・爵禄・時令・画譜・博奕・夢解、〔第三冊〕馬牛・勧諭・風鑑・数命・笑話・種子・袪病、である。

倭寇図が収められているのは巻四「外夷門」で、東洋文化研究所の乾隆本『増補万宝全書』(E)との相異をあげると、(E)の烏衣国が本書(H)では烏衣国、大哇国が人埜国、大食勿斯国が人食勿斯国、となっていることである。説明文も絵

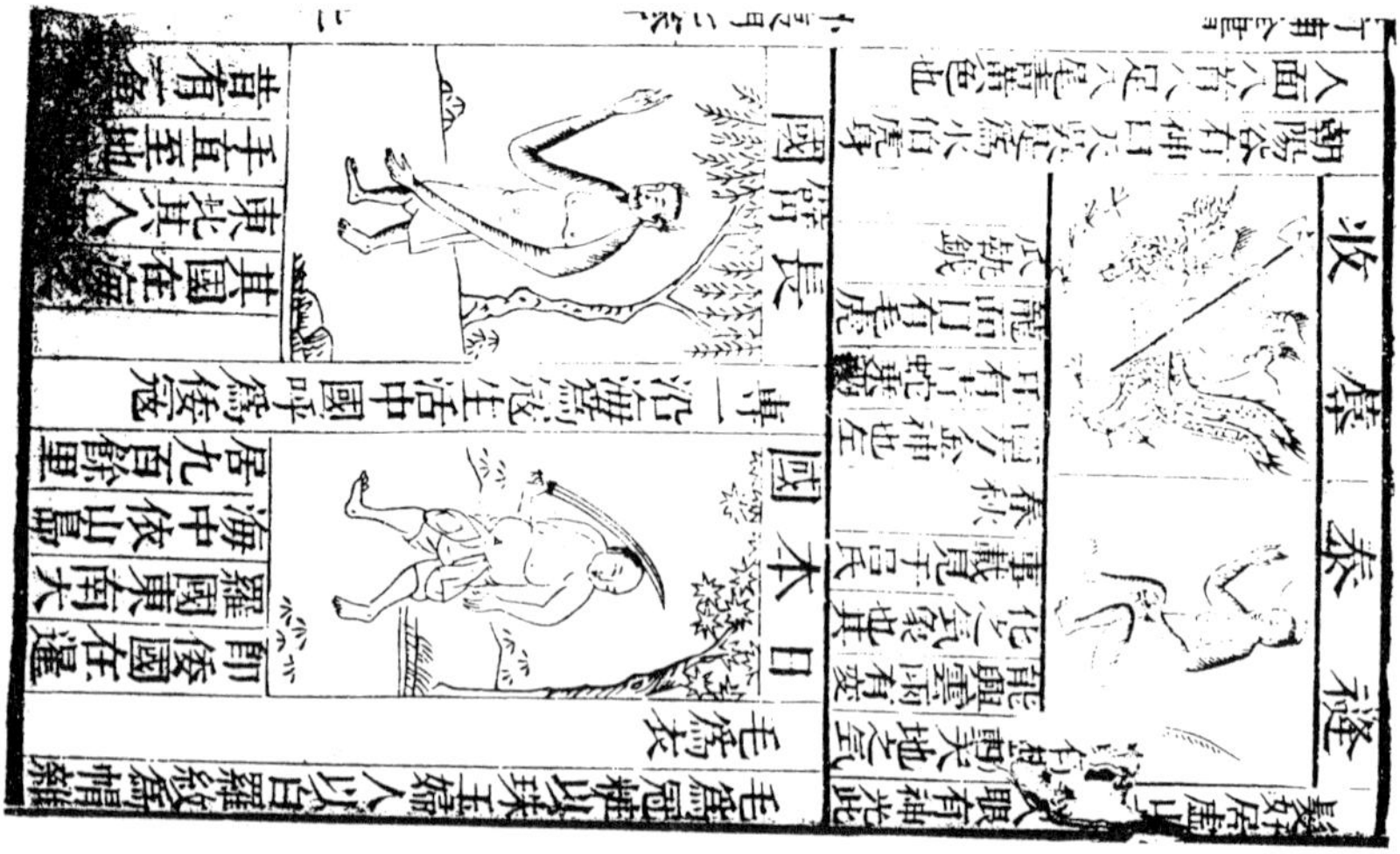

図32　『敬堂訂補万宝全書』　東京大学東洋文化研究所所蔵　略号(D)

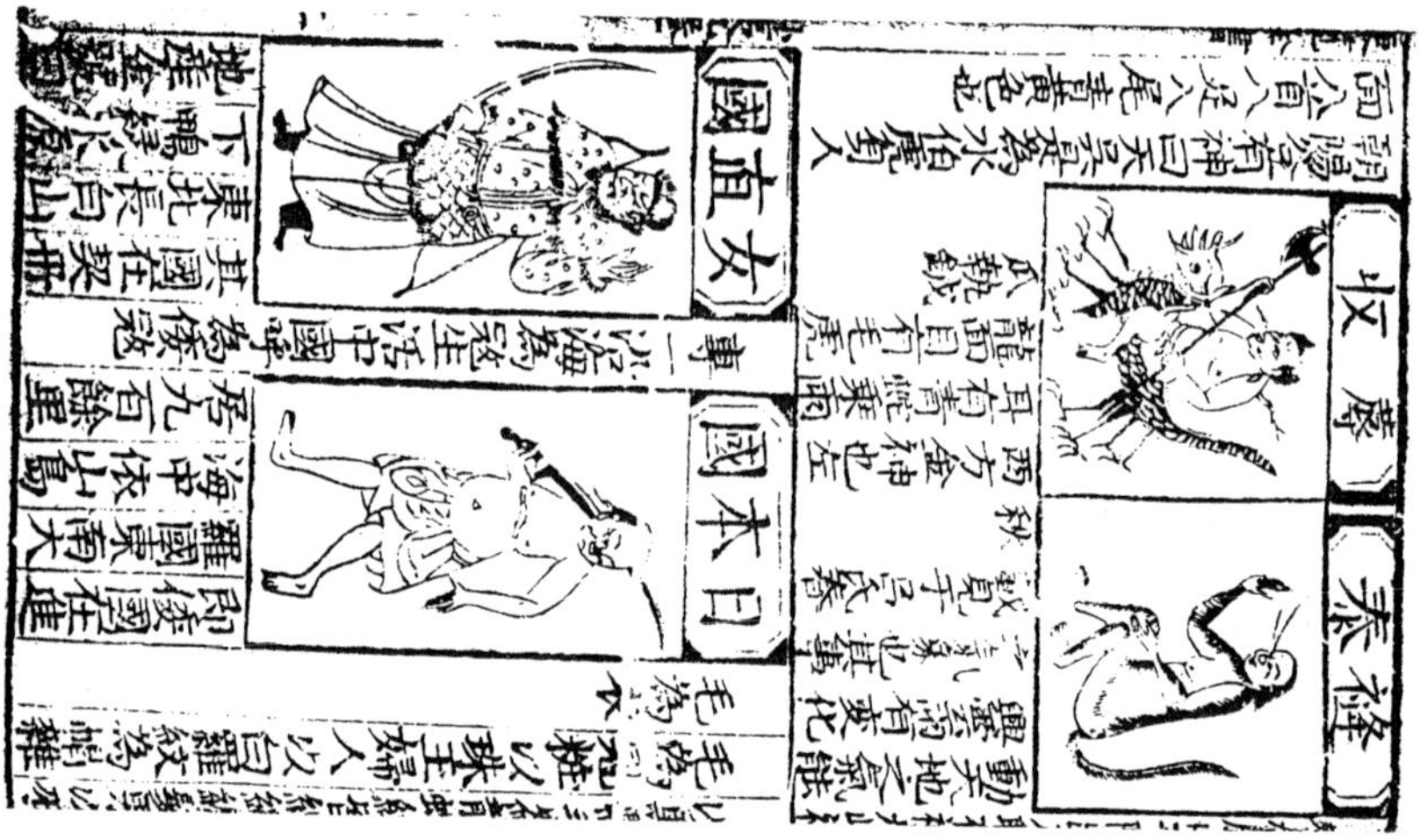

図31　『万宝全書』　国立公文書館内閣文庫所蔵　略号(A)

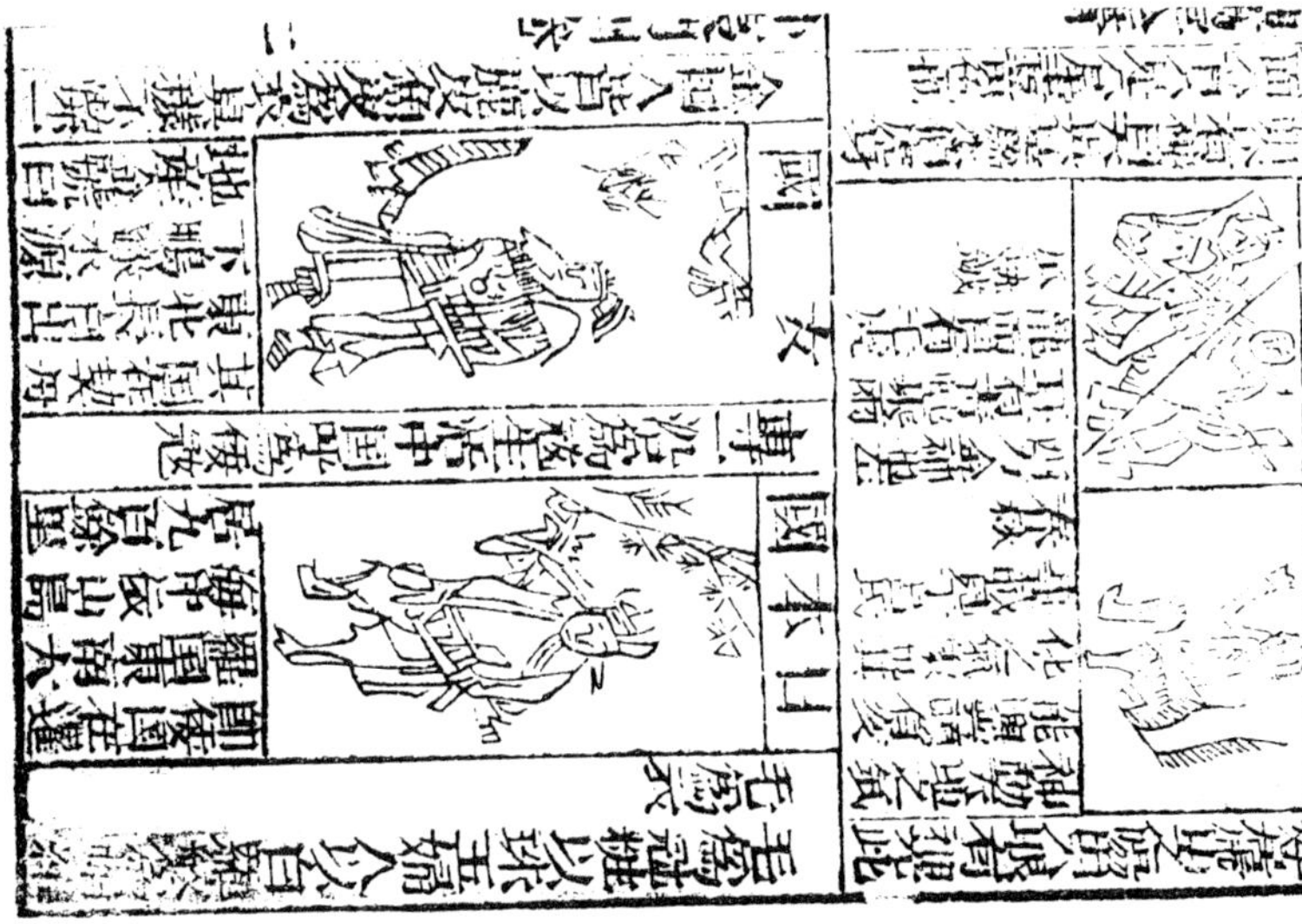

図34　『増補万宝全書』（「絵図万宝全書」(a)系）　東京大学東洋文化研究所所蔵　略号(G)

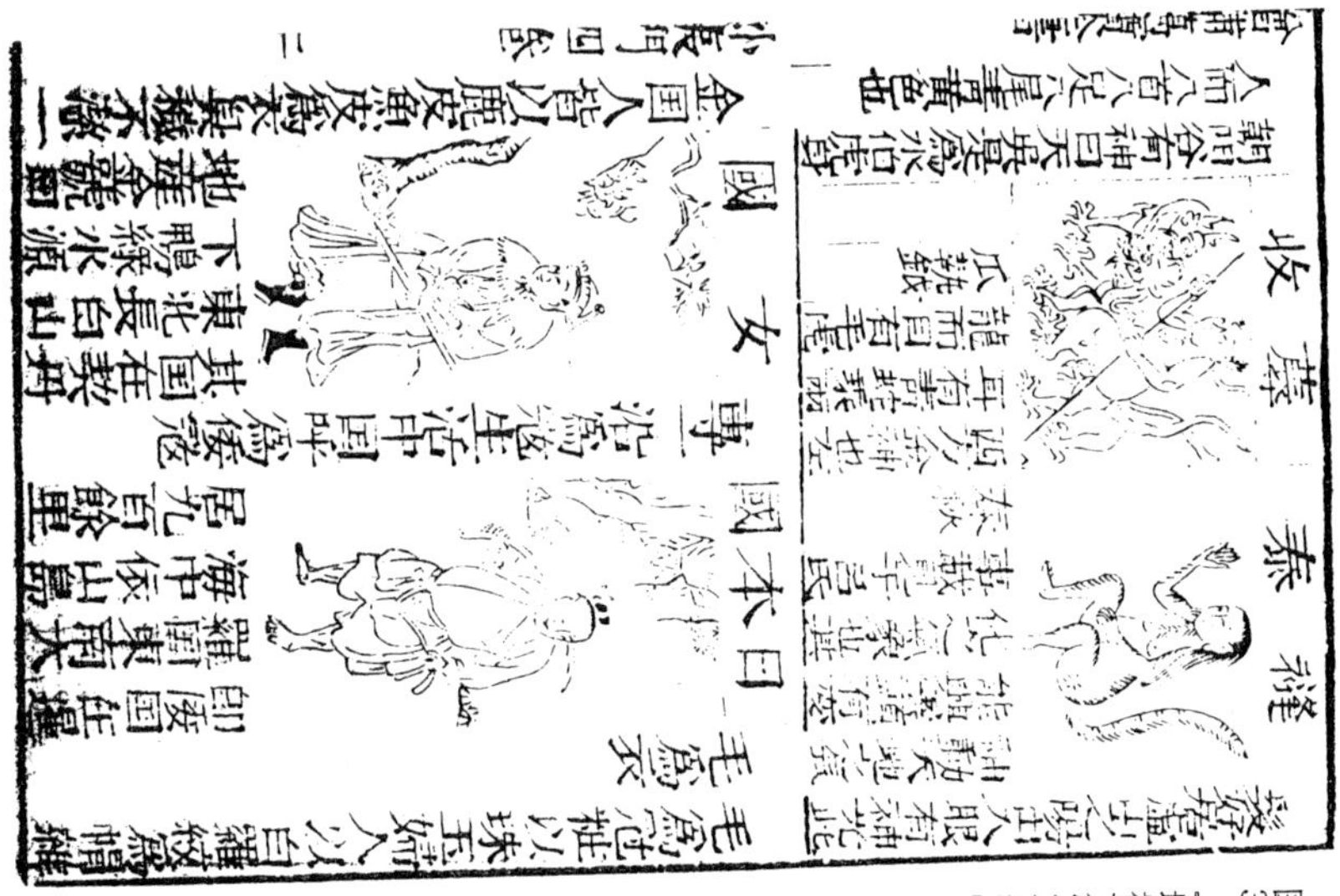

図33　『増補万宝全書』　東京大学東洋文化研究所所蔵　略号(E)

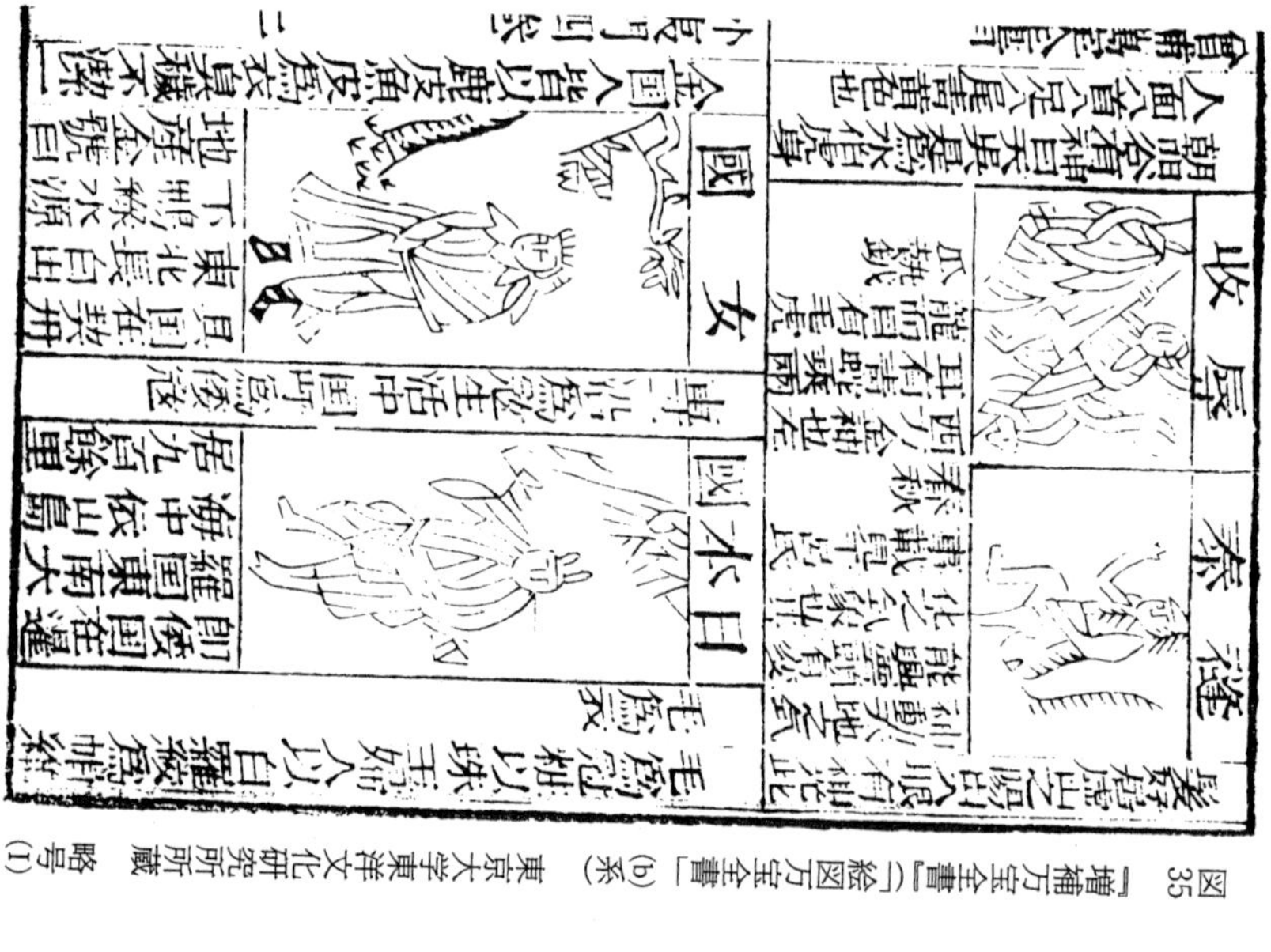

図35　『増補万宝全書』(「絵図万宝全書」(b)系)　東京大学東洋文化研究所所蔵　略号(I)

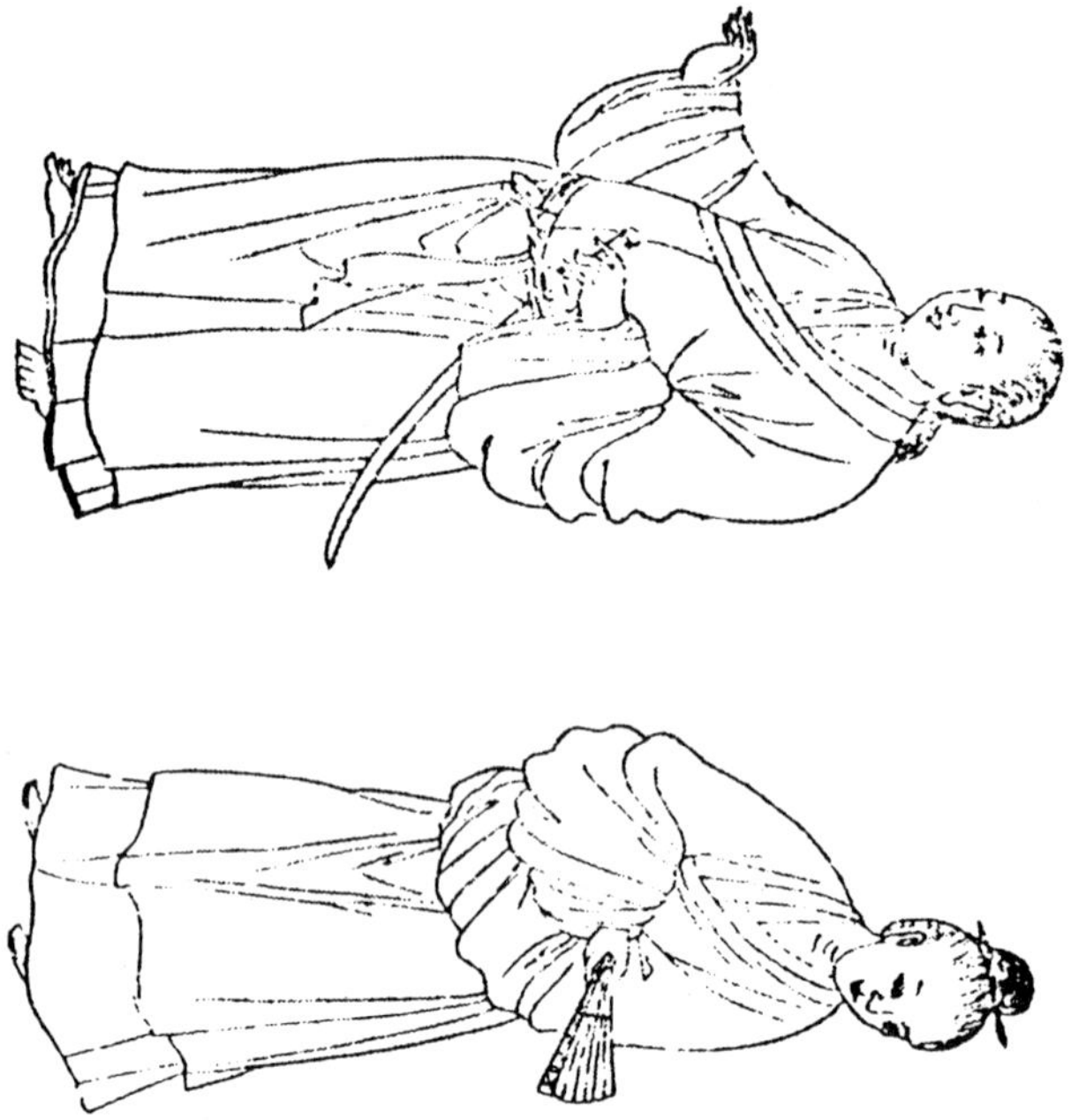

図36　『皇清職貢図』(武安隆・熊達雲著『中国人の日本研究史』より転載)

も、前掲東洋文化研究所所蔵の道光本『増補万宝全書』(G)とほとんど変らない。版がまったく同一ではないところを見ると、この種の類書が繰り返し改版して刊行されていた事情が察せられる。(G)とともに「絵図万宝全書」(a)系に位置づけることにする。

本書が作られた同治十三年(明治七、一八七四)は、同治十年の日清修好条規調印の三年後であり、同治十三年の五月には西郷従道らの台湾出兵があったのであるが、清国一般の日本に対する関心の高まりはなく、この『絵図万宝全書』(H)程度のものにすぎなかったと考えられるのである。

第三の「絵図万宝全書」は、東洋文化研究所所蔵の『増補万宝全書』二〇巻、一帙六冊(架番号、子・類書、103)である(略号(I))。本の大きさは縦二三・六センチ、横一五・三センチ、匡郭縦一九・二センチ、横一二・四センチである。表紙題簽は、「増補万宝全書一　二」「増補万宝全書自十七至二十」のようになっている。内題も「増補万宝全書巻之三」のように記されている。

表紙裏の刊記は、匡郭外上方に「光緒丙戌新刊」と横書きし、匡郭内には、右方に「陳眉公先生纂輯」とあって、その下に「掃葉山房／督造書籍」の朱印があり、中央に「絵図万宝／全書」と大書、左方下部に「掃葉山房蔵版」とある。序は嘉慶本・道光本の『増補万宝全書』(F)(G)、同治本の『増補万宝全書』(H)と同文で、末尾は「乾隆四年春王月毛煥文増補識」としてある。光緒丙戌は光緒十二年、明治十九年(一八八六)で、同治本『増補万宝全書』(H)が作られた同治甲戌(一八七四年)から一二年後である。門類の構成は同治本(H)とほぼ同じだが、冊分けは、第一冊(一巻—四巻)、第二冊(五巻—一三巻)、第三冊(一四巻—二〇巻)になっている。

倭寇図は、同治本(H)同様、巻四「諸夷門」にある。説明文は同治本と差異がないが、図像のデフォルメは一層すすんでいる。この図は、「絵図万宝全書」(a)系(G)(H)とは多少相違があるので、「絵図万宝全書」(b)系とした(図35参照)。

国際政局の動向が、類書の人物図に反映するような事態はまったくなかったようである。

むすび

本稿では、明代、倭寇の最盛期を背景に出現して、画一化され固定化した倭寇像が、清代に入ってどのように継承され、どのように変化したかを類書のなかの倭寇図を手懸りに考察してみた。

絵入りの類書は清代にはかなりの需要があり、日本にも輸入されたらしく、国立公文書館内閣文庫と東京大学とに所蔵されているものを検索しただけでも数種類の『万宝全書』と称する題名の書物が数度にわたって版を重ねていた事実を知ることができた。

清代中国人の倭寇像は、明代中国人のそれが半裸で狂暴な像であったのに対し、着衣で温和な姿に変化している。しかし、この事実をもって中国人の日本人に対する憎悪感が消滅したと単純に考えることはできない。むしろ、中国人特有の諸外国に対する無関心と固定観念の停滞性とが憎悪感鈍化の傾向を助長したと考える方が妥当のようである。中華思想の一側面ともいうことができる杜撰な先入観の継承と固定化といえよう。清代の中国人は長崎貿易などで明代の中国人よりも、日本人と接し日本人を知る機会が多かったはずであるのに、日本人認識は明代の中国人より精度を増すよりむしろ減退してしまったのである。

明末に形成された中国人の日本人観は、日清戦争の直前に至るまで、三〇〇年近い年月の間、ほとんど凝結したまま変化を見せることなく温存され続けた。本稿はその間における半裸から着衣へという変化に焦点をあてて追求してみたのであるが、このことは日本人観の大転換といえるのであろうか、それとも問題とするには足りない小変化に過ぎなかったのであろうか。私はこれを後者の無関心にもとづくの小変化と認識している。
本稿で検討の対象とした国立公文書館内閣文庫および東京大学所蔵の諸文献の倭寇像をまとめると、つぎの三つの型に分けることができる。(A)〜(I)は本文中で用いた略号である。

Ⅰ型　半裸・はだしの像

(A)『万宝全書』　内閣文庫所蔵　崇禎年間（一六二八—一六四四年）刊　（図31）
(B)『万宝全書』　総合図書館所蔵　南葵文庫旧蔵　崇禎年間刊
(C)『万宝全書（万宝大全）』　東洋文化研究所所蔵　崇禎年間刊
(D)『敬堂訂補万宝全書（不求人真本）』　東洋文化研究所所蔵　康熙年間（一六六二—一七二二年）刊　（図32）

Ⅱ型　着衣の像

(E)『増補万宝全書』　東洋文化研究所所蔵　乾隆丙寅（一七四六年）刊（？）　（図33）
(F)『増補万宝全書』　総合図書館所蔵　嘉慶丙寅（一八〇六年）刊
　＊同版のものが総合図書館（青洲文庫）・東洋文化研究所・中国哲学研究室にもある。

Ⅲ型　抽象化された像

(G)『増補万宝全書』　東洋文化研究所所蔵　道光癸未（一八二三年）刊　（図34、絵図(a)系）
(H)『増補万宝全書（絵図万宝全書）』　総合図書館所蔵　森鷗外旧蔵　同治甲戌（一八七四年）刊　（絵図(a)系）
(I)『増補万宝全書（絵図万宝全書）』　東洋文化研究所所蔵　光緒丙戌（一八八六年）刊　（図35、絵図(b)系）

以上、管見に入った倭寇図を三つの型に分類したが、冒頭にあげた樋畑雪湖報告の「咸豊壬戌の増補万宝全書」(J)は、咸豊壬戌すなわち一八六二年という年代から考えるとⅢ型に属する書物と考えるのが普通かもしれないが、「倭寇の図も文章も、異称日本伝中に不求人全書（マヽ）として載せてあるものと同じであるが、たゞ異なる所は其人が着物を着て居る点にある」という文章の内容を見ればII型の書物と考える方が自然である。書物の刊行順序は、II型からIII型へと時間の経過を追って移行したように考えられがちだが、II型とIII型は同時に並行して刊行されていたと考えることも決して無理ではあるまい。

　ちなみに、題名・刊記・序文・内容（版）がまったく相違する書物が存在する一方で、題名は同じだが、別の版木を用いているもの（ⒶⒷ、ⒼⒽⒾ）、題名は異っているが、版木は完全に同じものを用いているもの（ⒶⒸ）、題名も版木（内容）も同じだが、刊記や序だけが相違しているもの（ⒺⒻ）が存在し、これらが長い時間を隔てて刊行されていたことを考察したが、各書は系統的に順次刊行されたとは考え難く、むしろ恣意・不規則に刊行されたとみるべきであろう。

　これまで行ってきた作業は、中国人の日本人観を収めた多くの史料のうちから、特殊分野に属する類書を取りあげ、しかもそのなかの数種について、刊行年次を念頭におきながら画像になった日本人の姿を紹介したにすぎない。狭い範囲内の部分的検討で、文字通りの管見である。しかし、ここに見られた中国人の諸認識が日本人理解の一形態だったことも消し去ることのできない事実である。国際相互理解のための一素材を提供し、先入観念固定化の実態とその恐ろしさを明らかにすることだけはできたのではあるまいか。

〔追　記〕

　本稿では類書以外に言及しなかったが、日本人像を載せた清朝の官書に『皇清職貢図』がある。武安隆・熊達雲著『中国人の日本研究史』（『東アジアのなかの日本歴史』12、六興出版、一九八九年）九四―九五頁に紹介され、写真も示されている（図36参照）。『皇清職貢図』は、傅恆が勅命を奉じて編集、乾隆年間刻印、日本を朝貢図として描き、一三九字の記述のなかに「夷性狡猾」と評しているという。「日本国夷人」と「日本国夷婦」とある一男一女の白描画像があり、男は腰に刀をさし、女は扇を手にし、男の髪の結い方は月代（髡頂）でなく、男女の着物も日本式の型ではない。武安隆は上記のことを指摘して、「全般の形象を見ると、実際に見て写生したのではなく、画家が資料を研究し、想像しながら画いたものと思う。（中略）、この二枚の日本人像は研究されて描かれたものであり、一般の絵画にある日本人と異なる意味をもっているのである」（九五頁）と書いている。武安隆は、当然のように半裸像ではないことに言及していないが、この人物図は男女とも着衣の像である。男子像の衣服は下肢の踝まで覆っている。中国風のいわゆる長袖である。総髪・はだし・帯刀に日本人としての特色を見ているらしいが、「研究されて描かれたもの」とするよりは、いわゆる『魏志倭人伝』や『職貢図』の先入観念を受け継ぎ、拠るべき十分な資料には基づかない単なる想像の産物とみる方が自然であろう。

〔補　記〕

前稿発表後、村井章介氏から『増補万宝全書』(F)の所在について教示を受けた。前稿では国立公文書館内閣文庫所蔵の諸本を中心に論述したが、本稿では東京大学所蔵の諸本にまで対象をひろげ、清代まで論述してみた。この種の研究では遺漏は免れられない宿命ともいえるが、今後とも諸賢の教示を得て中国人の日本観の実態を明らかにする作業を続けてゆきたい。

第九　倭寇図補考

――仁井田陞氏旧蔵書について――

はじめに

明清時代の類書の絵入り日用百科全書に描かれた日本人像を考察して、私はさきに三編の論稿を発表した。すなわち、

①「倭寇図雑考――明代中国人の日本人像――」(『東洋大学文学部紀要』第四一集、史学科篇13、一九八八年二月。本書第七論文。以下、拙稿①と略称)

②「倭寇図追考――清代中国人の日本人像――」(『東洋大学文学部紀要』第四六集、史学科篇18、一九九三年三月。本書第八論文。以下、拙稿②と略称)

③「相互認識と情報」(荒野泰典・石井正敏・村井章介編『アジアのなかの日本史V　自意識と相互理解』東京大学出版会、一九九三年一月。本書第二論文。以下、拙稿③と略称)

である。拙稿①は、後藤粛堂が「倭寇に就て(二)」(『中央史壇』一三―七、一九二七年)で倭寇風俗の史料として採りあげた中国明代の類書との関連から、国立公文書館内閣文庫に所蔵されている諸書等の倭寇図を考察したものだが、後藤とは立場をかえて、日本人の姿が中国人からどのように意識されたかという点に力点をおいて論じてみた。拙稿②は、

拙稿①の続稿で、時代を清代まで下げ、東京大学所蔵の類書中の日本人図について考察し、倭寇図の変遷の過程をたどってみた。拙稿③は、検討の対象を日本人図のほかに高麗国（朝鮮）人図、大琉球国（琉球）人図、小琉球国（台湾）人図にまでひろげ、その差異を比較して、中国人の異民族認識の性格を論じた。

ところが、私の三論文に先立って、故仁井田陞の論文「元明時代の村の規約と小作証書など――日用百科全書の類二十種の中から――」（『東洋文化研究所紀要』第八冊、一二三―一六六頁、一九五六年。『中国法制史研究　奴隷農奴法・家族村落法』東京大学出版会、一九六二年初版に再録、一九八〇年補訂版発行。この論文集では同名論文の㈠として七四一―七八九頁に収録。以下、仁井田補訂版と略称する）があり、絵入り百科全書を史料として用い、そのなかには日本人像にも言及した箇所がふくまれていたことを中島敬氏から指摘された。四〇年近く前に発表されていた論文に気付かずに仁井田に非礼をおかした不明を恥ずるとともに、中島氏の好意に感謝し、仁井田旧蔵書中の日本人像を検討して再論することにした。

仁井田旧蔵の諸書は、現在各冊に「仁井田博士遺愛」の朱印が捺され、一括して東京大学東洋文化研究所に所蔵されている。なかには購入の経緯を注記した書物もある。

また、仁井田旧蔵書をふくめて明代の絵入り百科全書を総括的に考察した酒井忠夫「明代の日用類書と庶民教育」（林友春編『近世中国教育史研究』二五―一五四頁、国土社、一九五八年）の存在についても中島敬氏の教示を受けたので、本稿執筆の参考にした。

一　着衣の日本人像

(A)三台万用正宗　一帙一〇冊四三巻（架番号、子・類書、20356）

本の大きさは縦二四・〇センチ、横一三・〇センチ、匡郭縦一九・九センチ、横一二・二センチである。表紙各冊には、左方に「万用正宗　一」のように墨書し、右方に内容を示す門類が書いてある。各冊とも内題は「新刻天下四民便覧三台万用正宗」、版心は「三台万用正宗」とある。表紙裏の刊記は、上部に人物群像が描かれ、その下に三行に分け、右二行に「類聚三台／万用正宗」と大書、左に「坊間諸書雑刻、然多沿襲旧套、採其一、去／其十、棄其精、得其粗、四方士子惑之、本堂／近鋟此書、名為万用正宗者、分門定類倶／載全備、展巻閲之、諸用了然、更不待他求／矣、買者精認三台為記」とした宣伝の文章がある（図37、その1参照）。

「類聚三台万用正宗引」と題した半葉の序があり、末尾に「書林三台山人仰止余象斗言」とある。四三巻の末に「万暦乙亥孟秋／書林余文台梓」の刊記がある。乙亥は神宗万暦三年、日本の天正三年、一五七五年である。酒井忠夫が「乙亥」を「己亥」と読み誤り、万暦二十七年に当てたのは誤りである（酒井、前掲論文、八一頁）。仁井田補訂版七五九頁では、なぜか原論文では万暦乙亥三年としてあったのを（一三九頁）、万暦二十七年に改め、酒井の誤りを踏襲している。余象斗・余文台・余仰止は同一人で、福建省建寧府建陽県の人、書林三台館・双峰堂を経営した（酒井、前掲論文、一四四頁）。

蓬左文庫にはこれと同一の版の書がある。『名古屋市蓬左文庫漢籍分類目録』九八頁に「万暦二十七年潭邑林余文台双峰堂刊黒口本」とあり、「寛永末年買本」の注記があるもので、尾張藩主徳川義直の蒐書と推察される。仁井田本には「蓬左文庫に同一本あり／昭和三十年秋十月調査／仁井田」とした仁井田の朱書の識語がある。仁井田は前掲論文のなかで「本書は十六世紀における代表的な日用百科全書の一つである。しかし本書にはもととなった本があるらしい」（一三九頁、補訂版七五九頁）、「一般にいって明代の日用百科には、そのよって来るところがあることは明らかであって、本書だけが、旧套を脱しているとはいいがたい」（一四〇頁、補訂版七六〇頁）としている。

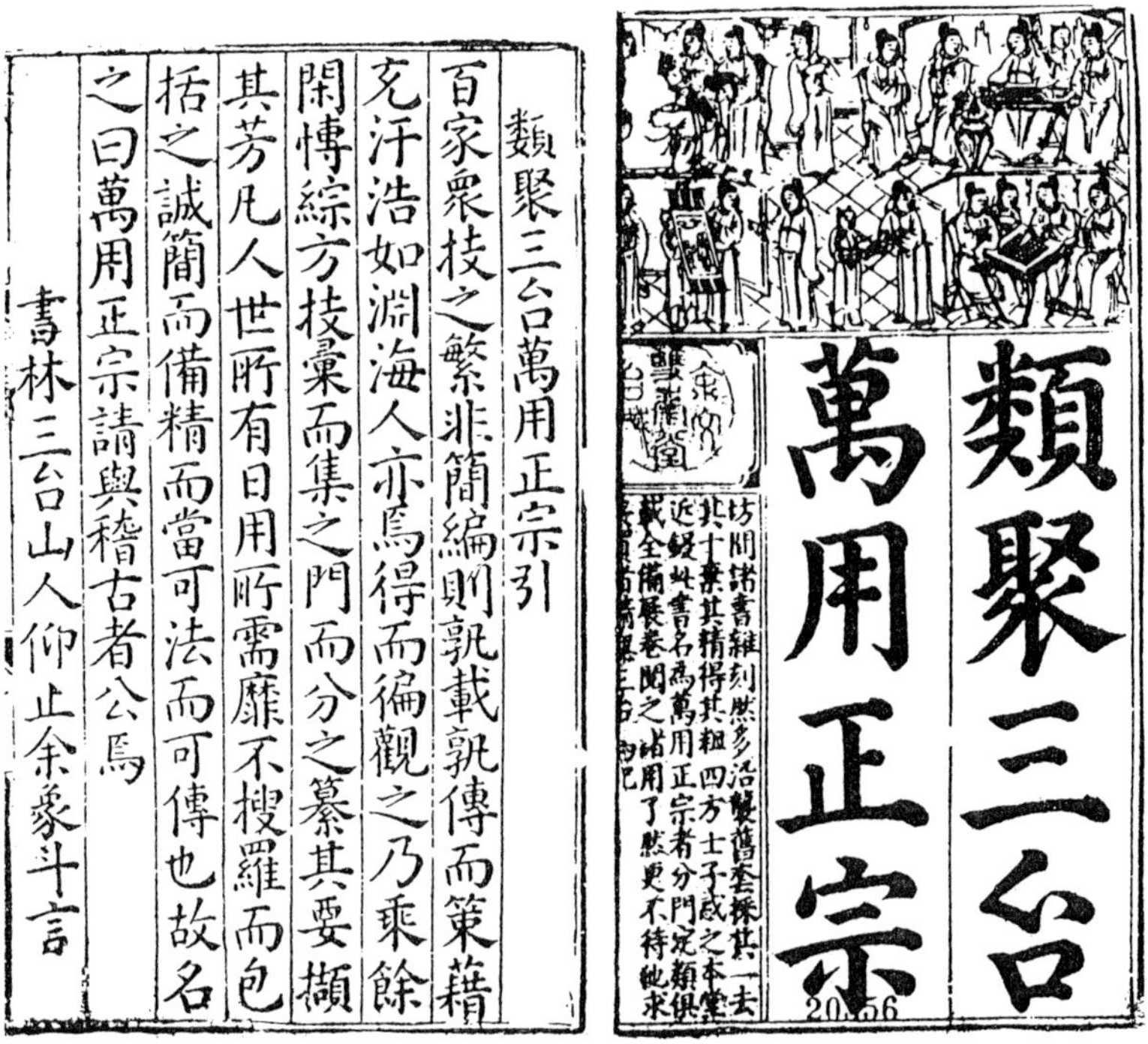

図37　(A)『三台万用正宗』（その１）

各冊の門類は、〔第一冊〕天文・地輿・時令・人紀、〔第二冊〕諸夷・師儒・官品・律法、〔第三冊〕音楽・五譜・書法・画譜、〔第四冊〕蹴鞠・武備・文翰・四礼、〔第五冊〕民用・子弟・侑觴・博戯、〔第六冊〕商旅・筭法・真修・金丹、〔第七冊〕養生・医学・護幼・胎産、〔第八冊〕星命・相法・卜筮、〔第九冊〕夢珍・営宅・地理・尅擇・牧養、〔第十冊〕農桑・僧道・玄教・法病・閑中・笑謔、である。

日本人図は、巻五「諸夷門」にある（図38、その2参照）。

人物図は、仁井田のいう「整った服装」（一四〇頁、補訂版七五九頁）で、はだしだが長袖の衣服を着け、頭髪と口髭と顎髭とがある人物が描いてある。拙稿①③で考察した『三才図会』（図3、その3）の日本人図と同系統のものと考えることができよう。ただ、この図を見るかぎりでは、僧形と断定することはできない。

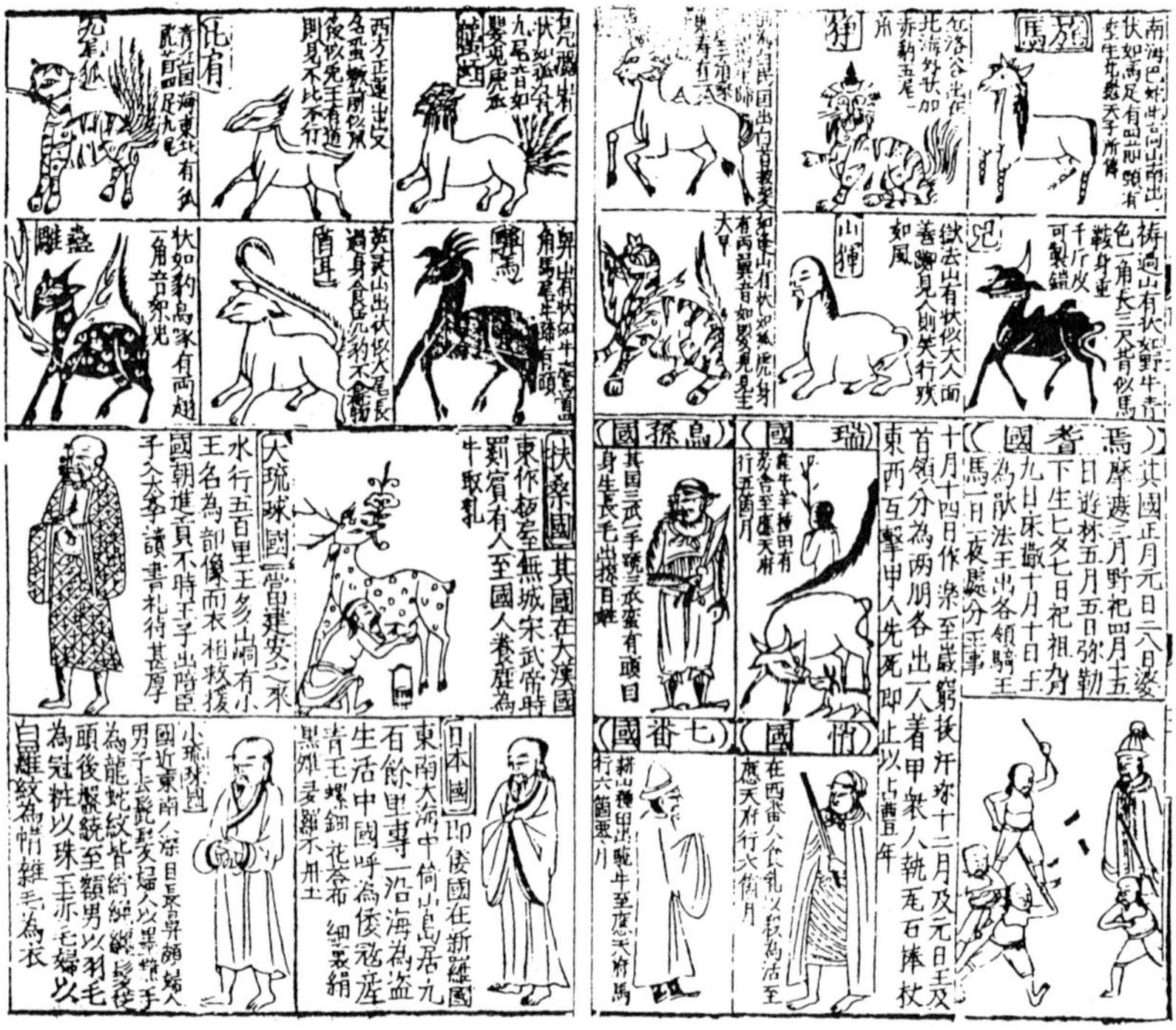

図38　(A)『三台万用正宗』（その２）

説明文は、

即倭国在新羅国／東南大海中、倚山島居、九／百餘里専一沿海、為盗／生活、中国呼為倭寇、産／青玉・螺鈿・花苔布・細裏絹・／黒雉・多羅木・丹土、

とある。刊行年の万暦乙亥三年（一五七五）は、これまで考察した諸書中では最も古いもので、絵も文章も初期のころのものと考えることができる。この着衣像は、半裸の倭寇像出現以前の明人が考えた標準的な日本人像だったと推定することができよう。

(B) **博覧全書**　一帙五冊（架番号、子・類書、20368）

帙題簽に「新刻採輯四民便用文林学海博覧全書（鼎鍥龍頭一覧学界不求人）」とあるのは、各冊不統一につけられた内題の一部を採ったものである。本の大きさは縦二四・四センチ、横一三・五センチ、匡郭縦二〇・五センチ、横一二・五センチである。表紙は各冊の左方に「文林学海／不求人　一」のように打付書で墨書し、右方に所収の門類の題を書いている。版心は「万事」「不求人」「風水」等があり、不統一である。表紙裏には「安政第三辰陽月得於／琰眉老人／洛南学里／富景亭仙鼎（印）（印）」、巻末に「洛南深草／梁川秦田介」の識語があり、幕末の安政三年（一八五六）には京都の学人の手にあったことを示している。刊行年について、仁井田は、律法門に「万暦七年九月」の年号があることや版式から考えて「明の万暦年間のものと思われる」（仁井田、一五五頁、補訂版七七五頁）としている。蓬左文庫本との対比は、仁井田（一五五頁、補訂版七七五頁）と酒井（九一―九三頁）の考察がある。すなわち蓬左文庫にはこれと同一の版の本があり、『名古屋市蓬左文庫漢籍分類目録』九八頁には「元和二年買本」の注記がある。

表紙に記された各冊の門類は、〔第一冊〕天文・地輿・諸夷・山海異物・風水、〔第二冊〕秘課・玉洞書・博奕・琴学・農桑、〔第三冊〕侑觴・笑談・花果・貨宝・称呼・孝服・追薦・祭文・分関・立関・啓書、〔第四冊〕人相・筭法・律法、〔第五冊〕蠲吉・選術・博奕・洗滌・算法・談笑・奇異・侑觴・雑覧、である。もと一八巻であったが錯乱があり、仁井田本には巻一から巻八までと巻一四から巻一八までの四冊が存し、第五冊は別本の「新鍥万書統宗不用求人」巻一五―巻二二である（仁井田、一五五頁、補訂版七七六頁、酒井、九二―九三頁）。

日本人図は巻三「諸夷門」にあり、仁井田は、

ととのった服装の日本人をのせている。そして倭寇の記事もない。裸身抜刀の倭寇図とか倭寇の説明をのせているものに比べては、古い系統のものであろうかと思われる。（仁井田、一五五頁、補訂版七七六頁）

としている。

人物図は(A)『三台万用正宗』と似た着衣像だが、(A)が左向きではだし、『三才図会』が左向き着靴だったのに対し、本書は右向きで靴を履いている。

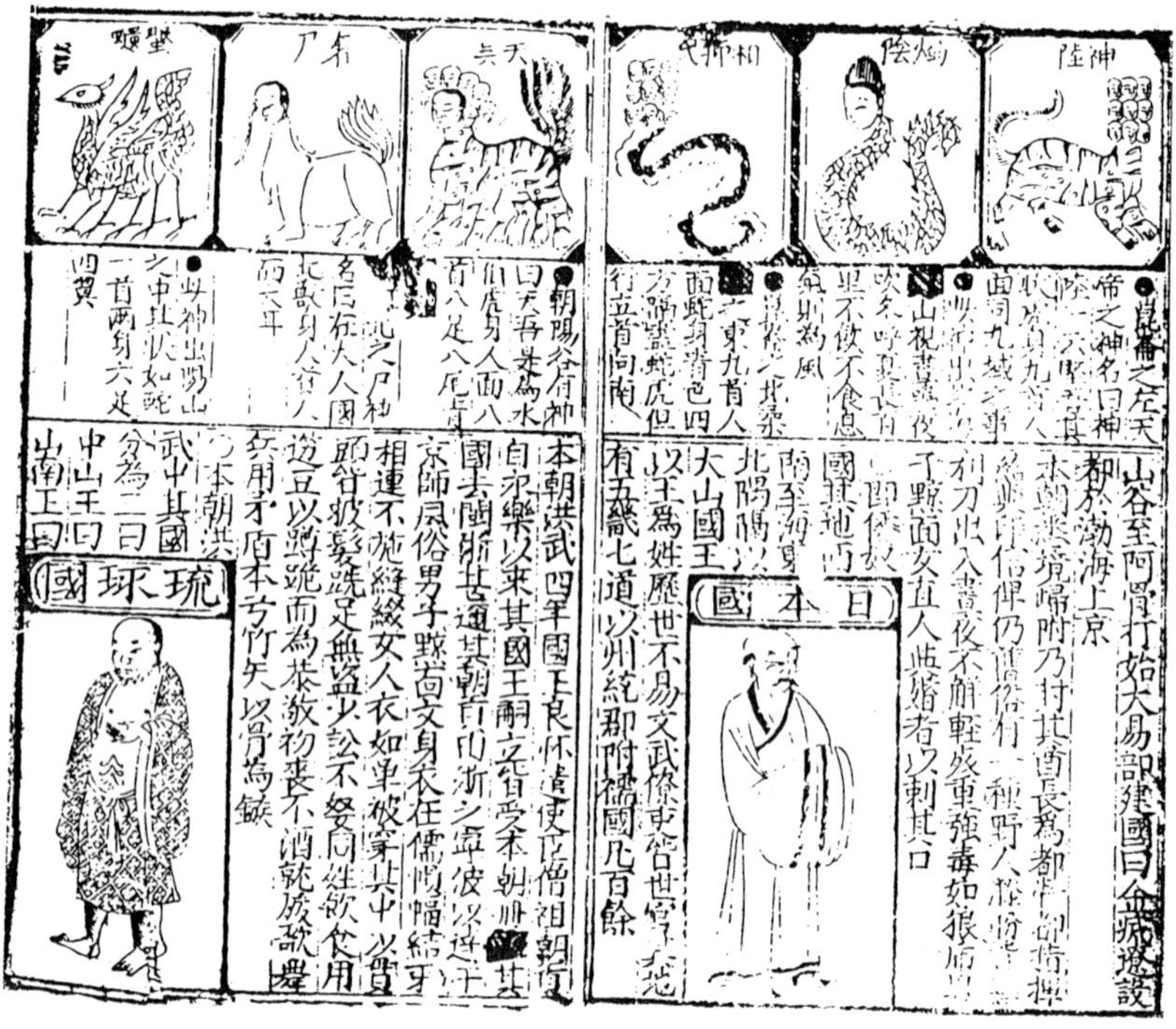

図39　(B)『博覧全書』

説明文はつぎの通りであるが、諸書のなかでは最も長文で、内容もいちじるしく異っている。

即倭奴／国、其地西／南至海、東／北隅隔以／大山、国王／以王為姓、歴世不易、文武僚吏皆世官、其地／有五畿七道、以州統郡、附儒国凡百餘

本朝洪武四年、国王良怀遣使臣僧祖朝貢、／自永楽以来、其国王嗣立、皆受本朝冊■其／国去閩浙甚邇、其朝貢由浙之寧波、以達于／京師、風俗男子黥面文身、衣在儒幘幅結牙／相連不施縫綴、女人衣如単被穿其中以貫／頭、皆披髪跣足、無盗少訟、不娶同姓、飲食用／笾豆、以蹲跪而為恭敬、初喪不酒就服歌舞／兵用矛盾、本弓竹矢、以骨為鏃、

日本の位置、国王（天皇）、州郡、明との通交、男子の風俗等に関する記述で、仁井田が指摘したように倭寇はでてこない。『三国志』のいわ

ゆる「魏志倭人伝」と共通した黥面文身や貫頭衣の記述もある（図39参照）。この図は仁井田補訂版七七六頁にも載せられている。

(C)**学海不求人**　一帙四冊（架番号、子・類書、20367）

帙題簽は「鼎鍥龍頭一覧学海不求人（新刻鄴架新裁万宝全書）」とある。

仁井田の朱書識語に「明万暦刊学海不求人残巻／昭和卅一年十月、神田山本書店／にて、書価参仟、仁井田」とある。

序文に「万暦甲寅歳陽春月吉旦」とあり、万巻楼の刊であることが記されている。万暦甲寅は、万暦四十二年、慶長九年、一六〇六年である。

門類は、〔第一冊〕天文・地輿・人紀、〔第二冊〕諸夷・時令・官品・四礼・柬札・民用・風月・書画・八譜・医林・夢員・相法・詞状・筭法、〔第三冊〕戯術・舞備・塋葦・卜筮笑談・謎令・雑覧・馬経・翎毛・尅擇、〔第四冊〕筈譜・耕佈・星命・陽宅・祈嗣・種子・脩真・筆法、である。

日本国の条は、(B)『博覧全書』と完全に一致する。同一の板木に拠ったものと推定される。ただ『博覧全書』で■となっていた部分が本書では明瞭に「封」と読むことができる。板木だけについていえば、本書の方が『博覧全書』よりも先に成立していたかもしれない。

二　半裸の倭寇像

(D)**五車抜錦**　一帙一〇冊三三巻（架番号、子・類書、20350）

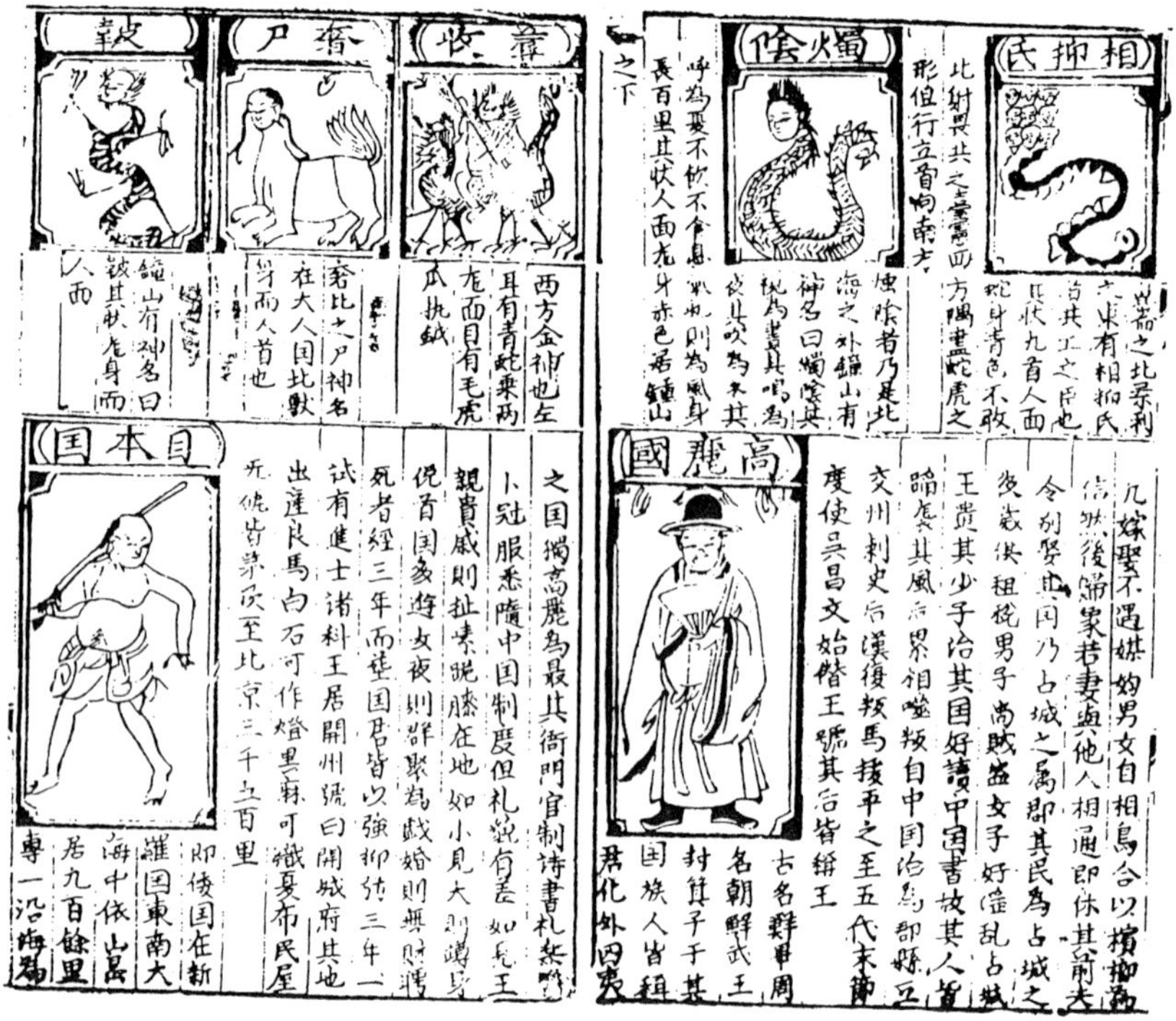

図40　(D)『五車抜錦』

表紙に書名はない。内題に「新鍥全補天下四民利用便観五車抜錦巻之一／錦城　紹錦　徐三友　校正／閩建　雲齋　鄭世魁　梓行」とあり、三三巻序に「万暦丁酉歳季春月吉旦」とあり、三三巻末尾の刊記に「万暦丁酉歳孟春月／書林鄭氏雲齋繡梓」とある。万暦丁酉は万暦二十五年、日本の慶長二年、一五九七年である。酒井忠夫は「提要（『四庫全書総目提要』―田中注）に載っていない明代のこの種の類書について知見の及ぶ限りでは最も古いものと考えられる」（酒井、七九頁）としているが、前述の(A)『三台万用正宗』の方がこれよりも二二年古いことになる。

門類は、天文・地輿・人紀・諸夷・官職・律例・文翰・啓劄・婚娶・喪祭・琴学・棋譜・書法・画譜・八譜・塋宅・尅擇・医学・保嬰・卜筮・星命・相法・詩対・体式・算法・武備・養生・農桑・侑觴・風月・玄教・法病・修真、である。

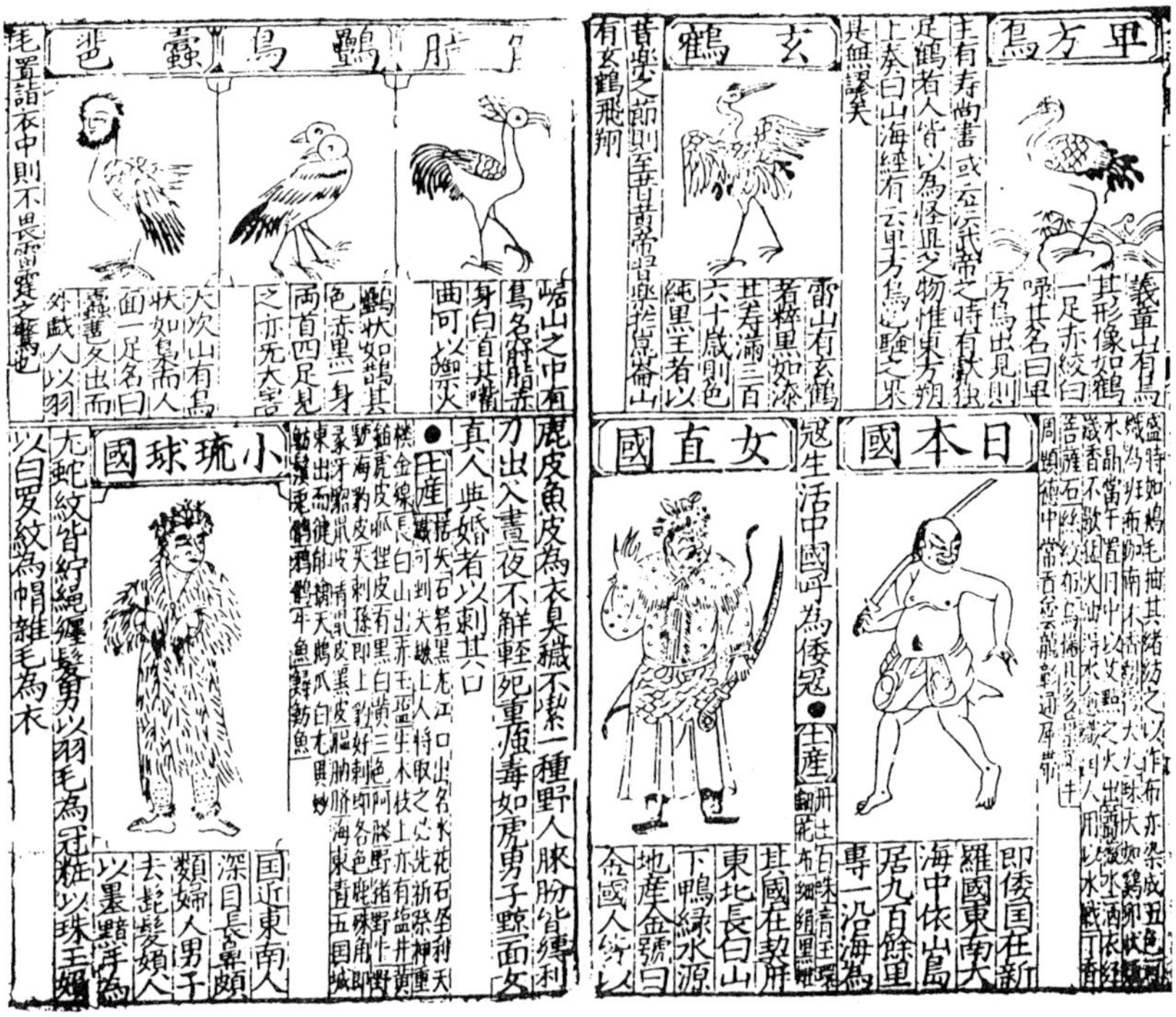

図41　(E)『学海群玉』

巻四「諸夷」の日本国の条の絵は半裸ではだし、大刀を肩にしたもので、拙稿①で紹介した『学府全編』のそれ（図25）とよく似ている。説明文は拙稿①で紹介した『万金不求人』のそれと同文である（図40参照）。

(E)学海群玉　一帙四冊二三巻（架番号、子・類書、20353）

本の大きさは縦二五・二センチ、横一四・三センチ、匡郭縦二〇・一センチ、横一二・八センチである。表紙の題簽は「学海群玉　一之二」「学海群玉　十之十四」のようになっている。内題は「新刻翰苑広記補訂四民捷用学海群玉／京南武緯子補訂／閩建熊冲宇刊」、版心は「学海群玉」である。扉は絵の下に「便用学／海群玉」と二行に分けて大書、その行間に「種徳堂刊／潭陽熊冲宇梓」とし、序三葉の末に「万暦歳次強圉協洽亥月之吉」とある。強圉協洽亥月は丁未十月のことで、万暦三十五年、日

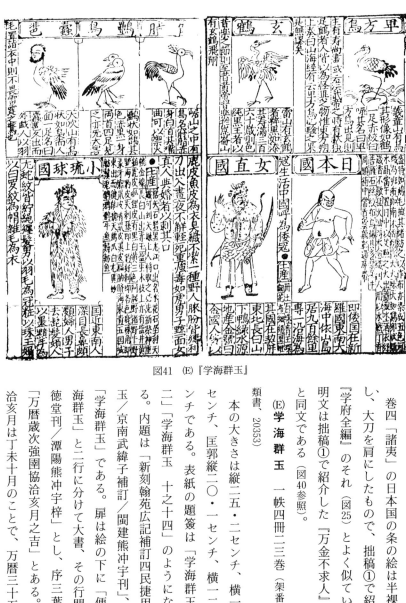

本の慶長十二年（一六〇七）である。

門類は、天文・地輿・人紀・時令・婚礼・喪祭・官品・律法・状式・諸夷・書啓・雲箋・八譜・琴学・書法・棊譜・画譜・武略・涓吉・農桑・夢書・卜筮・星命、である。

倭寇図は「諸夷」一〇巻にある。絵は半裸ではだし、大刀を肩にした類型的なもので『学府全編』の絵（図25）とほぼ同じ。文章は、

即倭国在新／羅国東南大／海中、依山島／居、九百餘里／専一沿海、為／寇生活、中国呼為倭寇、●〔土産〕丹土・白珠・青玉環・／鈿花布・細絹・黒雉、

である。前半は『万金不求人』と同一、後半は、『万金不求人』では上段に書かれていたものを下段の分注に移したとも思えるが、共通した品名がある一方、前者には存在しなかったものも記されている（図41参照）。高麗国と日本国の図は仁井田補訂版七六七頁にも載せられている。

(F)万用正宗不求人　一帙一二冊三五巻（架番号、子・類書、20366）

本の大きさは、縦二六・〇センチ、横一六・三センチ、匡郭縦二二・〇センチ、横一二・〇センチである。表紙題簽は「万用不求人　一」のように記されている。扉の刊記は「類聚三台／万用正宗」と二行に大書、(A)『三台万用正宗』と同文の書林余文台の識語がある。序は二葉あり「題万用正宗不求人全編引」に始まり、龍陽子の彙輯したものを簡要便利な書物とし「学府全編」と名づけたとし、「万暦己酉歳仲春吉旦」で終っている。万暦己酉は三十七年、慶長十四年、一六〇九年である。内題は各冊で異なるが、巻一には「鼎鋟崇文閣彙纂士民万用正宗不求人全編」とあり、冒頭に「京南龍陽子精輯、藝林□□□梓行」とあるのが注目される（酒井、八五頁）。酒井が指摘しているように本書と同一の版の本が日本国内には数ヵ所に蔵されている。倭寇図が収められているのは「鼎鋟崇文閣彙纂士民捷用

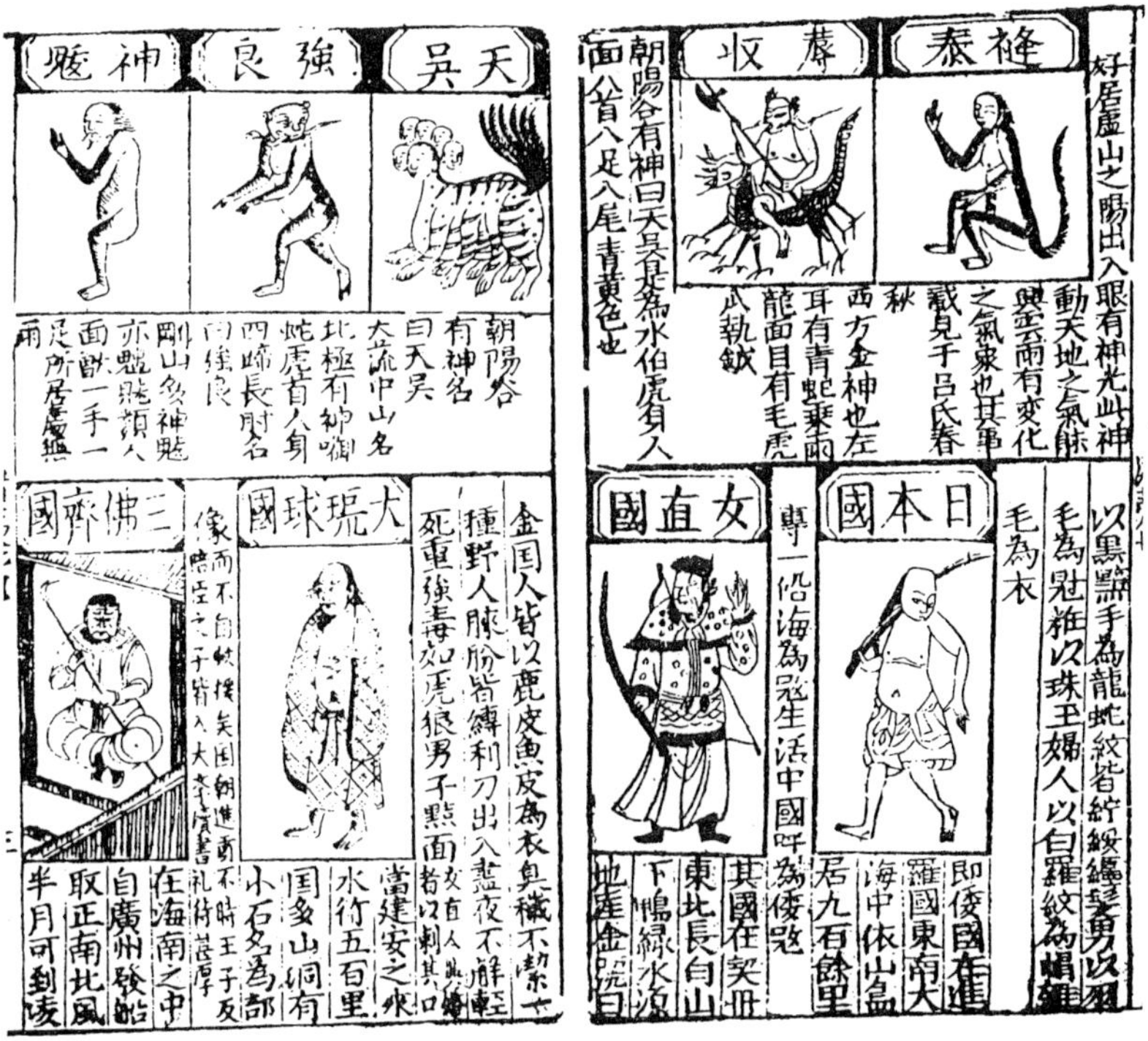

図42　(G)『万宝全書』

分類学府全編十三巻」である。絵も文章も拙稿①で紹介した内閣文庫本の『学府全編』と同一である。この本は、『内閣文庫漢籍分類目録』には「万用正宗不求人全編」の名称で載せられている。松下見林『異称日本伝』の倭寇図の典拠となった『不求人全編』も同版の書とすることができよう。

(G)万宝全書　一帙五冊三七巻（架番号、子・類書、20352）

本の大きさは、縦二五・五センチ、横一五・〇センチ、匡郭縦二一・五センチ、横一二・五センチである。帙題簽は「新刻艾先生天禄閣彙編採精便覧万宝全書」、表紙には題簽はなく、「万宝全書　一」のように直接に墨書してある。版心は「万宝全書」「便覧全書」「全書」とある。表紙裏の刊記は、「新刻便用／万宝全書」と二行に大書、行間に「毎部価銀一銭」の朱印を捺し、下に「書林存仁堂」と小字で書いている。

陳継儒の序があり、巻三七の末に刊記がある。上部に蓮葉、下部に蓮華を配し、匡郭内に二行に「崇禎戊辰歳仲冬／存仁堂陳懐軒梓」とある。戊辰は崇禎元年、寛永五年、一六二八年である。人紀門の記載などからみても崇禎年間のものである点に疑問はない。

日本に関する絵と文章は、拙稿②③に引いた内閣文庫所蔵『万宝全書』所収のものと同様である（図42参照）。

(H)鐫古潭山人二酉外記巻一九至二四新刻天如張先生精選石梁万宝全書　一帙三冊（架番号、子・類書、20348）

第一冊は巻四―巻八、第二冊は巻一〇―巻一四、第三冊は巻一五―巻二四、となっていて完本ではない。表紙に題簽はなく、版心は「不求人」とある。巻一八の末に崇禎十四年の刊記がある。寛永十八年、一六四一年である。仁井田の朱書の識語がある。

明崇禎十四年刊二酉外記、／神田山本書店にて購う、代価／五千円也、京都平中・日比野両氏および山本氏と滂喜斎本唐律疏議について余談、時に／昭和三十四年十一月八日／仁井田

日本に関する記事は巻五にあり、絵は半裸の『学府全編』系のもの、文はつぎの通りである。

即倭国在暹羅国東南大海中、依山島居／九百餘里、専一沿海為寇、土産、丹土・白珠・青珠・／螺田・花布・細絹・／黒雉

暹羅国の表記が注目される。このことは、拙稿②で紹介した康熙年間刊の『敬堂訂補万宝全書』と同様で、その先蹤とすることができよう。

むすび

みずからの不勉強を反省し、仁井田陞・酒井忠夫両先学の研究の軌跡をたどりながら小稿をまとめてみた。結果的

には拙稿①②③の論旨を大きく変改する必要はみとめなかったが、日本人図としては早い時期のものと思われる『三才図会』系で、それよりも古い着衣の日本人像二点を追加し得たこと、半裸像の成立は万暦年間以後であることを再確認し得たことなどは成果の一部とすることができようか。

それにしても、仁井田が日用百科全書と称し、酒井が日用類書と称した明末の絵入り百科全書が回を重ねて出版されたことと、その普及の範囲がきわめて広く、日本にも早くから輸入されて影響を与えていたらしい事情については改めて驚嘆させられた。

印刷とそれに基づく知識の普及、その国際認識への反映等、絵入り百科全書をめぐる諸問題の検討はなお多くの課題を今後に投げかけている。

第一〇　猿の輸出

室町時代、日本から朝鮮に猿を輸出したことがある。『朝鮮世宗実録』を見ると、世宗二十八年（文安三、一四四六）の七月丁卯（一日）の条に、「日本国筑前州藤原定清が人を遣わして猿を献じた」と書いてある。藤原定清は博多に居住していた富商で、しばしば朝鮮に使人を送っている。申叔舟の『海東諸国紀』には、定清の女婿について、康正二年（世祖二、一四五六）に朝鮮から歳遣船の派遣を許され、文明三年（成宗二、一四七一）には琉球国王使として朝鮮に渡り、のちに中枢府同知事の職を受けた者であり、大友氏の管下である、と記している。

『朝鮮世宗実録』の世宗二十八年の記事は、猿輸出の事実を伝えるだけで、その理由を明らかに示していないが、解答は同じ『朝鮮世宗実録』の一年後の記事に見ることができる。二十九年六月丁亥（二十七日）の条である。その文を訳すとおよそつぎのようになる。

司僕提調金宗瑞が「猿のあるところでは馬は病気にならない」といい、尹仁甫も「日本で猿を飼うのはもっぱら馬のためである。馬を養う者は、もしも猿がいなければ、かならず猿の絵を壁に貼って祈禱している。わが国（朝鮮）で、内乗に猿があれば馬は病気にならず、外乗に猿がないと馬はしばしば斃れる、というのもその験《しるし》である。内乗の猿には雄はあるが雌はない。今来ている日本人は雌雄の猿を持って朝鮮に来たのだが、雄が死んでしまった。これに対して礼曹が雌猿の価だけを支給するのは不当である。雄の価も給すべきである」といった。これを聞き、世子（のちの文宗）は承政院に命じ、尹仁甫から日本人に朝鮮では猿を求める意向があることを伝えさせた。

内乗・外乗は馬政を管掌する司僕寺のことで、内乗は国王の馬を養育する官署である。ここで問題にされているのは、日本人が持ってきた猿の価格支払いと、ひき続いて日本に猿をもとめるかどうかということである。明瞭なのは、猿がいると馬は病気にならないという厩猿の民間伝承が日本にあり、朝鮮にもまた類似の伝承が存し、日本の猿は朝鮮でも馬を疾病から護るものと考えられていたらしいことである。

朝鮮半島には猿が棲息していなかったので（広瀬鎮『猿』〈ものと人間の文化史〉法政大学出版局、一九七九年）、その入手方法は輸入にたよらざるをえなかったのである。なお、日本猿は極北の猿といわれている。

前年定清が猿を献じてから一年近くたっているから、ここで論議されている雌雄の猿は定清とは別の日本人が朝鮮に持っていったものと考えてよいであろう。

尹仁甫は、当時の朝鮮では有数の日本通として知られていた人物である。応永の外寇直後の応永二十七年（世宗二、一四二〇）日本回礼使宋希璟の通事として京都まで来ており、帰国後の同年十月七日に提出した復命書は、日本国内の事情を精細に報告し、朝鮮の対日政策決定に大きな影響をおよぼしたものであった。応永二十九年（世宗四、一四二二）にも日本回礼使朴熙中・副使李藝・書状官呉敬之一行の通事として同行来日し、応永三十一年（世宗六、一四二四）には日本国王使僧圭籌との応接に当り、嘉吉三年（世宗二十五、一四四三）には日本通信使卞孝文についで副使にあげられ、書状官申叔舟とともに日本に渡っている。文安三年（世宗二十八、一四四六）には上書して日本・琉球の形勢を論じ、遣使報聘の必要を献策した。世宗は歴代朝鮮国王のなかでも強力に親日政策を推進した王であり、日本渡航経験者は廟堂でも重きをなしていた。猿問題についても尹仁甫は日本での見聞を披瀝したのである。

『朝鮮世宗実録』には、二年後の世宗三十一年（宝徳元、一四四九）八月丙寅（十九日）の条にまた猿に関する記事が現われる。対馬島主の宗貞盛が僧道誾を遣わして、環刀と猿を献じ、大蔵経・白犬・白鶴の回賜を求めたというのである。環刀と猿で大蔵経以下の物を手に入れようというのはいささか虫がよすぎる要求のようだが、べつに等価交換という建て前があったわけではなく、いちがいに不当ともいえない。貞盛の使者が猿を持っていったのは二年前のような要望がなお朝鮮にあると考えていたからであろう。貞盛の方で白犬と白鶴をもとめたのにもなにかの理由があったにちがいないが、道誾は朝鮮で大蔵経が欲しい理由はくわしく述べているのに、白犬・白鶴についてはまったく説明していない。

猿を厩の守護者とする伝承は、古くから日本にあったものだが（柳田国男『山島民譚集』）、この伝承は日本一国に限られていたものではない。石田英一郎の『新版河童駒引考――比較民族学的研究――』（東京大学出版会、一九六六年）によると、猿を厩につないでその守護とする風習は、最近でも北部インドに行われており、この慣習を物語る史料はふるく仏経結集時代にまでさかのぼることができ、法顕訳の『摩訶僧祇律』に見えるという。石田はまた、漢文の文献では宋の洪邁の『夷堅志』、明の謝肇淛の『五雑組』、李時珍の『本草綱目』から関係の伝承を引用し、「厩の猿をはじめ、猿と馬との思想上の結合は、インドから中国をへて日本にいたる東亜の各地に、古くからみられる現象である」といっている。

朝鮮人が日本に猿をもとめたのは、猿を愛玩動物とか好奇の対象として考えていたためではなく、猿を馬の守護者として実用の動物と考えていたためであり、その背後には石田が指摘した猿と馬との思想上の結合という現象が輸入を促進する重要な要因として存在していたのである。一小動物の移動の理解にも、広範な地域に分布する信仰や伝承の影響を見のがすことのできないことを痛感させられるのである。

これまで述べてきたことは、猿が朝鮮人に受けいれられた話であるが、猿が朝鮮人から好まれなかったことについても記しておかなければならない。『朝鮮成宗実録』の十年（文明十一、一四七九）四月癸卯（十七日）条の記事である。ここには「ちかごろ琉球国から猿を送ってきた。はじめは好まなかったので辞退した。しかし、結局受けることにした」とある。朝鮮人の猿に対する考え方は一つではなく、いろいろな面が存在していたのである。

以上、最近気づいた史料を紹介しながらその背景を考えてみたのであるが、もとより網羅的に朝鮮の猿に関する史料や日本猿の史料などを調べたわけではなく、今後さらに多くの事例を追加することが可能であろう。高教を期待する次第である。

〔補　記〕

本章の旧稿は『日本歴史』四五二（一九八六年）に掲載したが、原稿執筆後に、これより少し前に本稿とは関係なく高橋公明が「日本猿、朝鮮へ行く」（『年報中世史研究』九、一九八四年）を発表していたことを知った。内容は拙文と重複する個所が多く、そこには「犬山モンキーセンターに電話で問い合わせたところ、朝鮮半島においては、現在は勿論、過去においても野生の猿がいた証拠は見つかっていないとのことであった」という報告などが記されている。

司僕寺に関しては、有井智徳「朝鮮初期馬政研究」（『朝鮮学報』五九、一九九六年）が最近発表された。

第一一　豊臣秀頼琉球潜入説

元和元年（一六一五）五月八日、豊臣秀頼は大坂城二の丸で切腹して果て、大坂夏の陣は終った。秀頼の死亡はまぎれもない事実であった。即日、落城の報は日本の各地に伝えられ、残党の捜索がはじめられた。ところが、まもなく秀頼生存説がささやかれだし、かなりの速度で広範囲の地域にひろがっていった。

秀頼が生存したという説は、多くの書物に書きのこされているが、なかで最もなまなましい記事で注目されるのは平戸の初代イギリス商館長をしていたリチャード・コックスの日記である。この日記は、大坂夏の陣の直後の五月十五日（日記の原文では一六一五年六月一日）に書きはじめられていて、当時の世相や人心の動きを克明に描きだしている。訳文は東京大学史料編纂所から『日本関係海外史料　イギリス商館長日記』訳文編之上（一九七九年、以下『コックス日記』と略称する）として出版されている。これによると、秀頼自殺の八日後には、大坂落城の報が博多から平戸の松浦信実のところに届き、十日後の十八日には早くも秀頼切腹の報が伝えられている。しかし、六月一日（一六一五年六月十六日）の記事では、秀頼がまだ生きていて、諸大名が彼のもとにおもむいたという噂を記し、それを作り話として否定している。さらに六月五日、コックスは在京の平戸の王（松浦隆信）から、秀頼の死体が発見されないので逃亡したのではないかという風評があるという報が平戸に届いたことを聞き、「私はそれを信ずることができない。当地南の地方の人々だけが、老公（徳川家康）よりは若君（秀頼）に同情するため、彼等がそうあって欲しいと望むがままを語っているに過ぎない」という自身の感想を書き添えている。

六月二十二日（七月七日）の日記ではつぎのような話を伝えている。

当地にこんな報告がある。すなわち、皇帝（家康）はシャシュマ（薩摩）の王とその他総べての当地方のトノたちを引留めておき、彼等をその領地（すなわち王国）から移して北方の他の諸国へ配置し、そして北方のトノたちを彼等の故地に配置する積りでいる、というのである。しかし私はそれはむしろ、（幾分）フィデイア様（秀頼）の逃亡によるものと考える。すなわち彼は秘かに彼等の領国の孰れかに潜伏して、機会を窺い、彼等の帰りを待っているかも知れないのであり、そのことを防ぐため、彼（皇帝）は彼等を彼（フィディア様）が生存しているか既に死去したかの確報を知ることができる時まで彼の許に引留めておくのだ、と考える。

コックスは秀頼生存説をつねに否定しながらも、いくらかの疑いを消し去ることができなかった。もしも秀頼が生きていたとしたら、それは西国の諸大名にも大きな影響があり、また彼自身にも関係があると考えられたからであろう。これより二十日後の閏六月十二日（七月二十七日）の記事にも、秀頼が薩摩か琉球諸島かに逃れたという報をあげ、「私はそれがその通りか否かなお疑っている」としている。同月二十九日（八月十三日）には、「一般の風説ではフィデイア様が今なお五ないし六人の重臣とともに生存していて、シャシュマにいると考えられている」という、京都から平戸に到着したイートンの談話を書きとめている。

七月十九日（九月一日）の記事では、ウイリアム・アダムズ（三浦按針）が家康から駿河によばれていることを聞き、家康がアダムズをよんだ真意について、「キャプテン・アダムズ彼自身は、これは大坂を失ったのちフィデイア様がそこへ隠棲すべき場所としてリケア（琉球）に新たに建造されたと考えられている城塞のことを彼に訊ねるためであろう、と推測している」というアダムズの推測を書きとめている。

九月十四日（十月二十六日）、コックスはイートンに充てた手紙で、秀頼が薩摩に生存していて多量の船用資材を調達しているという風説が平戸にあることを報じた。同十八日（三十日）には、長崎の中国人李華宇が、ジャンクを幕府に接収されたことを報告してきたが、そのついでに、幕府が高山国（台湾）に兵士を運ぶという長崎での噂を伝えてきた。コックスはこれに対し、「私は、どちらかと言うと行先はリケア諸島であろうと思う。その地にはフィデイア様が潜伏しているとたぶん皇帝は考えているのである」といっている。

翌元和二年（一六一六）になっても秀頼生存説は消滅していない。三月二十五日（四月二十九日）に、コックスは京都のウィッカムから秀頼生存の噂を伝える手紙を受けとり、同月三十日（五月五日）の日記では、長崎代官村山等安の子息秋安が高山国（台湾）攻略の兵士を乗せた船一三艘で出発したことを記した後に、

噂によれば、彼（秋安）は今五島におり、ミアコから来る筈のもっと多くの援軍を待って滞留している由であるが、彼等はフィデイア様を捜すためリケアへ向かって行くつもりだと考えられている。

としている。秀頼生存説は根強くのこっていて、なにかにつけて再燃し続けていたのである。

元和二年四月十七日に徳川家康が死ぬと、秀頼生存説はまた息を吹きかえす。『コックス日記』の五月十日（六月十三日）の条では、

当地（平戸）に、フィデイエ《（マヽ）》（秀頼）様が生きていてダイレ（内裏）の保護のもとに置かれており、皇帝（家康）は死去して、そのことは今や一般に知らされており、そして彼（秀頼）が皇帝となってその大坂の居城は再建される、との噂が弘まっている。しかし、私は、これを虚報だと確信している。

と書いている。

ついで六月四日（七月七日）には、長崎の李華宇より平戸の李旦への情報として「シャシュマのトノすなわち王が、今なお生きていると伝えられているフィデイア様の正義のために新しい皇帝（徳川秀忠）に対して戦いを挑むつもり

でおり、彼は先ず長崎から始めるつもりである」という噂があったことを記している。七月十六日（八月十八日）には、コックスは江戸に向う旅の途中で、岡崎にいたが、松平忠輝が秀頼を擁立しようとする謀反の罪に問われて切腹したという噂を聞いている。七月二十六日にコックスの一行は江戸に入った。ここでも、八月十八日（九月十八日）に、秀頼の側近にいたものが幕府から秀頼の生死や居処を訊問され拷問を受けたというウイリアム・アダムズの話を記している。

このの ちも、秀頼生存にまつわる風説は日記の何ヵ所かに記されている。

以上、コックスの日記の中から秀頼の死の直後から翌年にかけての生存の噂をひろいあげてみたが、生存の風説がこのように詳細に書きとめられているという事実は、秀頼の生存説が西国の諸大名にとって、またそれとの対応において、コックス自身にとってもきわめて重大な意味を持つ問題として受けとめられていたことを物語っている。

ところで、『コックス日記』以外の書物に見える秀頼生存説はどのようなものであったろうか。『大日本史料』第十二編之二十には、主要な文献に秀頼生存の記事が豊富にのこされていることを示している。すなわち、『慈性日記』『旧典抜書』『薩州旧伝記』『毛利氏四代実録考証』『聞書雑和集』『譚海』『続日本史』『採要録』『先公実録』『甲子夜話』『甲子夜話続編』『亀山抄』『薩摩風土記』『墓所一覧遺編』『湧幢小品』『異本塔寺長帳』『老談一言記』『狩川大堰由来記』等である。これらを参考に伝説上の秀頼の行動を整理するとつぎのようになる。

(1)単に生存していたことを記して、特定の潜入地を示さないもの。
(2)豊後日田から薩摩に潜入したとするもの。
(4)薩摩の谷山に居住し、生涯を終えたとするもの。
(5)大隅に潜入したとするもの。

(6)薩摩を経て、琉球に至ったとするもの。

知名度の高い人物がいたましい最期をとげると、その死をいたむ民衆が、その人物を生かしておいて別の世界で活躍させるのが英雄不死伝説であるが、その活躍地は、国内ばかりでなく海外であることも多い（豊田武『英雄と伝説』〈塙新書〉塙書房、一九七六年）。島国の日本では、国内よりも海外の方が活躍の舞台が多いからであろう。鎮西八郎為朝の南島、とくに琉球入り伝説、源義経の蝦夷渡り伝説と、それに関連したチンギス・ハン説、朝比奈三郎義秀の高麗渡海伝説、近くは西郷隆盛のインドシナやロシア等への逃亡説、ヒットラーの生存説などがある。秀頼の場合もこのような英雄不死伝説につらなる風説と考えてよいであろう。

ところで、秀頼の潜伏地には何故、薩摩―琉球のルートが選ばれたのであろうか。火のないところに煙は立たないというが、噂が発生するには、当然その母胎となる政治状況や社会事情が存在していたのである。

さきに整理した六つの潜入地は、大部分が九州であり、しかも最終的には薩摩と関係をもっている。大隅とあるのは、島津氏の領内であることから薩摩と同様に考えてよいであろう。豊臣秀吉恩顧の大名が九州に多かったとか、秀頼の声望が九州で高かったとか、島津氏と秀頼とが特別に親密であったとかいうことではなく、九州が徳川政権の影響力から最も離れた遠い地であり、とくに島津氏の所領は徳川氏の力が最も届きにくいところという認識が一般民衆の中にあり、それが作用して秀頼薩摩潜入説が成立したように思われる。東北の伊達氏から蝦夷地へというコースも潜入地の候補にあげられるかと思うが、こちらは伊達氏と徳川氏との関係が島津氏よりも親密であると一般から考えられて除外されたのであろうか。

悲劇の主人公が国内に潜伏するのでなく、海外に逃亡して、そこで活躍するという説話が形成されるのは室町時代以降のことらしい。義経の場合も彼が蝦夷地まで行くようになったのは室町時代以後の説話にならないと見えない。

元寇や倭寇の時代を経過して、外国は日本人にとって遥かな遠い国というよりは一歩近い国としての認識に変ったのであろう。ところで、秀頼が海外に逃亡する場合にはなぜ琉球かということが問題になろう。大陸の明や朝鮮、北方の蝦夷が選ばれなかったのはなぜかということである。朝鮮および明とは、文禄慶長の役で戦火をまじえて以来まだ十数年しか経過していない。まして、出征軍を送りこんだ張本人の秀吉の子息が身を隠す場所としては適当なところとはいえない。蝦夷もまた朝鮮や韃靼に隣接している土地というのが当時一般の認識であったから（H・チースリク編『北方探検記——元和年間に於ける外国人の蝦夷報告書——』吉川弘文館、一九六二年）、政宗と家康との関係の如何にかかわらず、秀頼が潜伏する場所としては、明や朝鮮と同様の意味で適当なところではなかった。かくて、秀頼に、海外での活躍の舞台があるとすれば、南方の海域以外には存在しなかったのである。琉球と薩摩との関係が密接であるということが当時の人びとにとって周知の事実であったことから考えても、秀頼の落ちゆくさきは薩摩—琉球のルートしかなかったともいえよう。当時、九州地方にはヨーロッパ人や中国人がかなり自由に来航していたし、日本からもアジアの各地に向って朱印船が渡航をはじめていた。このような十七世紀初頭における対外関係の動向と、それにもとづく一般の国際認識とは、秀頼琉球潜入説成立の重要な背景になっていたのではなかろうか。

小さな一つの噂話も、それが生まれるには、国内政情と国際事情に対する民衆の認識が基底に存在していた事実を指摘したいのである。

〔補　記〕

秀頼生存説については、古く高柳光寿「豊臣秀頼薩摩落説」（『中央史壇』一〇—七、一九二五年、のち『高柳光寿史学論文集』下、吉川弘文館、一九七〇年、に収録）があるが、本稿では日本人の視圏が海外にひろがってゆく過程に力点をおいて書いてみた。

なお、真栄平房昭「大航海時代のイギリス・オランダと琉球」(『新琉球史――古琉球編――』琉球新報社、一九九一年)は、ウィリアム・アダムズの琉球滞在中の「日誌」により、一六一五年一月二十一日に大坂の陣の落人で位の高い人物が首里に来た、とする記事があることを紹介している。実際に冬の陣の落人が琉球にまで逃れて行った事実があったのかもしれない。山下重一「三浦按針(ウィリアム・アダムズ)の琉球航海記」(『南島史学』四七、一九九六年)も、アダムズが大坂の陣における東軍勝利の報に喜んだことを紹介している。

あとがき

前近代の東アジア通交圏を考察するにあたって、近代的な国境の観念はしばしば障害となることがある。国際交流の担い手には、国家の威信を背負った人々とともに、あるいはそれ以上に国家・国民・民族・国境の観念にとらわれずに行動した自由の民の存在があったことに注目しなければならないのである。それが倭寇・商人・使節請負人などである。最近、海洋の面から、あるいは境界領域の面から歴史の展開を考察しようとする論考が数多く発表されるようになったのもそのためである。倭寇や通交貿易史の問題は、このような視角を無視して研究することは不可能である。

本書には、前近代の東アジアにおける国際交流の実態を明らかにし、通交圏の性格を論じた基礎的諸研究と、東アジアに展開された国際相互認識の様態と性格を考究した諸論考を収めた。国際相互認識の解明は、国際関係理解の帰結点であると同時にその出発点ということができよう。

叙述の方法として、文字による文献史料とともに地図・人物図などの絵画史料を積極的に利用してみた。絵画史料は一般的には絵空事であることが多いが、それだけに文字史料には匿されている意識や認識をみることのできる恰好な素材となる場合が少なくない。絵画史料の討究は、限界はあるけれども、国際相互認識を探るにはかなり有効な手段と思われるのである。

所収の論考について説明しよう。

第一「倭寇と東アジア通交圏」は、海からの視点を導入して、十四―五世紀に朝鮮半島で行動した倭寇について考察し、大規模騎馬集団は、(1)日本人のみの集団、(2)日本人と高麗人との連合、(3)高麗人のみの集団、の三者が考えられるが、主流になったのは(2)・(3)であろうと推測した。また倭寇は、東アジア通交圏全域を行動範囲としたが、この地域は諸国王を中心に華夷秩序・冊封・交隣の関係などによって形成されており、それを結びつけ、国際交流の担い手になったのが倭寇・商人など国境にとらわれない自由の民の存在だった事実を明らかにした。朝鮮人申叔舟『海東諸国紀』の「海東諸国総図」はこの通交圏の実在を象徴する地図であった。本書の総説にあたる論考である。

第二「相互認識と情報」は、まず明・清時代の中国で作成された数多くの類書の日用百科全書のなかに描かれた異民族の人物図をとりあげて中国人の異国認識を検討し、ついで琉球をめぐる朝鮮・中国・日本の認識の相違を比較し、さらに国際認識の性格・限界を論じ、誤解・曲解が国際関係の動向を規制した事例を述べた。私なりに一つの日本文化論を書いたつもりである。

第三「「勘合」の称呼と形態」は、日明間の通交証として重視された勘合について、称呼に関する史料を示して、「勘合符」の呼び方は不当であることを確認し、従来、不明確のままにされていた勘合製作の方法とその形態を、『戊子入明記』所収図について、中村栄孝の推測をもとに分析し、図示解説した。

第四「『海東諸国紀』の日本・琉球図」は、中世日朝関係の基本史料の一つである申叔舟『海東諸国紀』所収の日本・琉球図の研究である。地図の内容を詳細に検討してその特質を解明するとともに、地図が作成された経緯を論じ、朝鮮人の東アジア認識におよび、この地図にこめられている東アジア史的な意義を考えた。また古版本の考察とあわせて、これまでその存在は知られていたけれども内容がほとんど紹介されることのなかった南波松太郎氏所蔵本を紹介した。

第五「不知火海の渡唐船」は、『相良家文書』『八代日記』等の史料にもとづいて戦国期に肥後八代を領有した相良氏の海外交渉を述べ、『日本一鑑』『籌海図編』等の中国史料の記述と比較検討して倭寇との関係を考察し、倭寇活動に対する日明両国の意識のずれを考えてみた。

第六「『倭好』覚書」は、十六世紀の東アジアにおける貿易品に関する重要史料の一つである明人鄭若曾『日本図纂』所収の「倭好」を紹介した覚書で、本文に読み下し・解説・参考を付し、二二種にわたる品目の内容を詳細に検討した。またこの史料の特質や情報源、日本に伝えられてどのような評価を受けてきたかなどについても論述した。

第七「倭寇図雑考」・第八「倭寇図追考」・第九「倭寇図補考」の三論文は、中国の明・清時代に作成された日用百科全書に収められた諸夷人物図のなかの日本人像を紹介して、その変貌の過程をたどり、中国における日本人認識の推移を考察した。第七論文は国立公文書館内閣文庫所蔵の史料を中心に明代中国人の日本人像を、第八論文は東京大学所蔵の史料を中心に清代中国人の日本人像を、第九論文は東京大学東洋文化研究所所蔵の仁井田陞氏旧蔵書を中心に日本人像を検討した。日本人図を風俗史料としてだけではなく、中国人の日本人（倭寇）認識を示す史料として検討し、その変遷をたどった。

一つの主題をあつかいながら三つの論文を書くことになったのは、大学紀要に執筆したため、締切期日の関係などで準備に十分な時間がとれなかったことと、新しい史料に気づくたびに興味と関心がひろがったからである。記述が重複したり前後したりして読みにくいものになった点は諒恕をお願いする。この三論文は第二論文とあわせて再構成しようかとも考えたのであるが、旧論文には私の関心の広がりがそのまま表現されているので捨てがたく、旧稿の体裁を存することにした。

日本人図（倭寇図）に表わされた中国人の日本観は、中国人だけでなく日本人の心底にも深く刻まれた。このことは日中両国の歴史の展開にも大きな影響をもたらしたのではないだろうか。

第一〇「猿の輸出」は、極北の猿である日本猿が、猿を廐の守護者と考える日・朝両国に共存する習俗を媒体にして、日本から朝鮮に輸出された事実に興味を覚えて書いた。猿の輸出という一見小さく見える問題も、背後の東アジア全域の習俗と密接な関係を持っていた事実を指摘したかったのである。

第一一「豊臣秀頼琉球潜入説」は、風説の伝播が一般日本人の地理的視圏の拡大と無関係ではありえなかった事実を紹介した。

本書は、東京大学定年退官前後から最近まで一〇年あまりの間に発表した論考のうち表題に関係のあるものを集めて編成した。旧稿の転載収録を許された各位、ならびに図版の掲載を許可された諸機関に感謝する。

一書とするにあたり、用字や仮名遣など若干の統一をはかり、訂正・補筆したが、大部分は発表時のままにした。長年月にわたって、それぞれ独立の論考として発表したものなので、重複した記述が多く、また異なった多方面の読者を対象に執筆したため、文体をはじめ史料引用の方法や振り仮名の付け方などにも不統一が目につく。

旧稿発表後に気付いたこと、教示や批判を受けたこと、新たに得た情報などは、本文中で処理できなかった諸点とともに各章末に〔補記〕として追加した。とくに、近年における対外関係史研究の進展にはめざましいものがあり、旧稿の発表後、多くの関係論文が発表され、拙稿に言及したものも少なくない。それらには私見をいちいち述ぶべきであるが、執筆の余裕がなく、さしあたって論文名をあげるにとどめた。遺漏も存するとは思うが、海容をお願いしたい。

『朝鮮王朝実録』は、一般には『李朝実録』『太祖実録』『世宗実録』『太祖康献大王実録』『世宗荘憲大王実録』などの名称で引用されることが多いが、本書では『朝鮮王朝実録』『朝鮮太祖実録』『朝鮮世宗実録』などの方式により書名を統一した。『明実録』についても『大明実録』『皇明実録』『太祖実録』『太宗実録』などは用いず、『朝鮮王朝実録』との混同を避けるため、『明太祖実録』『明世宗実録』などの書名に統一した。

既発表の旧稿に対して教示をたまわった諸賢、出版に関して尽力をいただいた吉川弘文館の方たちに厚くお礼を申しあげる。

千九百九十六年十一月三日　文化の日に

田　中　健　夫

初出一覧

第一　倭寇と東アジア通交圏
朝尾直弘・網野善彦・山口啓二・吉田孝編『日本の社会史』1　列島内外の交通と国家
岩波書店　一九八七年(昭和六十二)一月

第二　相互認識と情報
荒野泰典・石井正敏・村井章介編『アジアのなかの日本史』V　自意識と相互理解
東京大学出版会　一九九三年(平成五)一月

第三　「勘合」の称呼と形態
『歴史と地理』三六一「日本史の研究」一三〇　一九八五年(昭和六十)九月

第四　『海東諸国紀』の日本・琉球図——その東アジア史的意義と南波本の紹介——
『海事史研究』四五　一九八八年(昭和六十三)三月

第五　不知火海の渡唐船——戦国期相良氏の海外交渉と倭寇——
『日本歴史』五一二　一九九一年(平成三)一月

第六　「倭好」覚書——十六世紀の海外貿易品に関する一史料の注解——
石井謙治編『日本海事史の諸問題』対外関係編　文献出版　一九九五年(平成七)五月

第七　倭寇図雑考——明代中国人の日本人像——
『東洋大学文学部紀要』41集　史学科篇13　一九八八年(昭和六十三)二月

第八　倭寇図追考——清代中国人の日本人像——
『東洋大学文学部紀要』46集　史学科編18　一九九三年(平成五)三月

第九　倭寇図補考──仁井田陞氏旧蔵書について──
『東洋大学文学部紀要』47集　史学科編19　一九九四年（平成六）三月

第一〇　猿の輸出
『日本歴史』四五二　一九八六年（昭和六十一）一月

第一一　豊臣秀頼琉球潜入説
『ＵＰ』一二一　一九八二年（昭和五十七）十一月

東アジア通交圏と国際認識（オンデマンド版）

Digital Publishing

2019年9月1日　発行

著　者　田中健夫《たなかたけお》

発行者　吉川道郎

発行所　株式会社 吉川弘文館
〒113-0033 東京都文京区本郷7丁目2番8号
TEL 03(3813)9151(代表)
URL http://www.yoshikawa-k.co.jp/

印刷・製本　株式会社 デジタルパブリッシングサービス
URL http://www.d-pub.co.jp/

田中健夫（1923～2009）
ISBN978-4-642-71300-9

© Yoshiko Tanaka 2019
Printed in Japan

JCOPY〈出版者著作権管理機構　委託出版物〉
本書の無断複写は著作権法上での例外を除き禁じられています．複写される場合は，そのつど事前に，出版者著作権管理機構（電話 03-5244-5088，FAX 03-5244-5089，e-mail: info@jcopy.or.jp）の許諾を得てください．

著者略歴

一九二三年　群馬県高崎市に生まれる
一九四五年　東京帝国大学文学部国史学科卒業
東京大学史料編纂所教授、東洋大学文学部教授を経て
現在　駒沢女子大学人文学部教授
　　東京大学名誉教授　文学博士

主要著書

『中世海外交渉史の研究』（一九五九年、東京大学出版会）
『島井宗室』（一九六一年、吉川弘文館）
『中世対外関係史』（一九七五年、東京大学出版会）
『倭寇―海の歴史』（一九八二年、教育社）
『対外関係と文化交流』（一九八二年、思文閣出版）
〈岩波文庫〉『海東諸国紀―朝鮮人のみた中世の日本と琉球―』（訳注、一九九一年、岩波書店）
〈訳注日本史料〉『善隣国宝記・新訂続善隣国宝記』（編、一九九五年、集英社）
『前近代の国際交流と外交文書』（一九九六年、吉川弘文館）

東アジア通交圏と国際認識

平成九年二月一日　第一刷発行

著者　田《た》中《なか》健《たけ》夫《お》
発行者　吉川圭三
発行所　株式会社　吉川弘文館
郵便番号一一三
東京都文京区本郷七丁目二番八号
電話〇三―三八一三―九一五一〈代〉
振替口座〇〇一〇〇―五―二四四番
印刷＝平文社　製本＝石毛製本

© Takeo Tanaka 1997. Printed in Japan

索　　引

さ

わ